Ética
Pessoal
PARA O MUNDO REAL

Ética Pessoal

PARA O MUNDO REAL

Criando um Código Ético e Pessoal para Guiar suas Decisões no Trabalho e na Vida

Ronald A. Howard / Clinton D. Korver
com Bill Birchard

M.Books do Brasil Editora Ltda.

Rua Jorge Americano, 61 - Alto da Lapa
05083-130 - São Paulo - SP - Telefones: (11) 3645-0409/(11) 3645-0410
Fax: (11) 3832-0335 - e-mail: vendas@mbooks.com.br
www.mbooks.com.br

Dados de Catalogação na Publicação

Howard, Ronald A.
Ética Pessoal para o Mundo Real: Criando um Código Ético e Pessoal para Guiar suas Decisões no Trabalho e na Vida/Ronald A. Howard e Clinton D. Korver
2011 – São Paulo – M.Books do Brasil Editora Ltda.

1. Ética 2. Cultura Organizacional 3. Recursos Humanos 4. Administração
ISBN: 978-85-7680-117-7

Do original: Ethics for the real world: creating a personal code to guide decisions in work and life.
Publicado originalmente em inglês pela Harvard Business Press.
© 2008 Ronald A. Howard e Clinton D. Korver
© 2011 M.Books do Brasil Editora Ltda.

Editor: Milton Mira de Assumpção Filho

Tradução: Maria Lúcia Rosa
Produção editorial: Lucimara Leal
Coordenação gráfica: Silas Camargo
Editoração: Crontec

2011
Proibida a reprodução total ou parcial.
Os infratores serão punidos na forma da lei.
Direitos exclusivos cedidos à
M.Books do Brasil Editora Ltda.

AGRADECIMENTOS

Gostaríamos de agradecer aos muitos estudantes excelentes que tivemos nas últimas décadas. Principalmente àqueles que nos autorizaram a usar seus exemplos pessoais neste livro: Omar A. Al-Saif, Mike Boutross, Deepti Chatti, Megan Goering, David Huynh, Jessie Juusola, Boyi Low, Junayd Mahmood, Somik Raha, Cliff Redeker. Chester Shiu, Will Tang. Jonathan Yi-Kwang Teo e Neal Vora.

Também gostaríamos de agradecer a Bill Birchard, nosso redator. Bill fez um excelente trabalho, auxiliando-nos a converter o material sobre ética, ensinado por meio de uma abordagem socrática para alunos pós-graduandos, em uma forma acessível para um público bem mais amplo. Ele também conduziu nosso projeto com habilidade e pulso firme. Com a ajuda dele, cumprimos o cronograma e entregamos o manuscrito completo pontualmente.

Gostaríamos de agradecer a nossa agente, Helen Rees, que nos ajudou a encontrar a casa editorial para o livro. Nossa editora na Harvard Business Press, Jacque Murphy, nos levou a escrever um livro ainda melhor, e agradecemos a ela pelos comentários e opiniões.

Muitos outros deram contribuições significativas a este projeto, entre eles Charles Anderson, direto-executivo da United Way of the National Capital Area; Ibrahim Mojel, professor assistente de Ron no curso de Ética durante os últimos anos, os revisores e a equipe da Harvard Business Press.

Gostaríamos de fazer um agradecimento separado às pessoas importantes para cada um de nós.

Ron Howard

As bases para este livro remontam há trinta anos, nesta época percebi que meu trabalho para aprimorar as decisões humanas era essencialmente amoral. Quando e se devemos usar ferramentas como um computador, por exemplo, é algo que tem, frequentemente, implicações éticas. Era minha responsabilidade oferecer aos estudantes meios de ampliar sua sensibilidade ética. O curso de pós-graduação resultante se beneficiou de várias contribuições de muitas pessoas, não só de alunos, mas também de dezenas de professores assistentes que aprimoraram continuamente a qualidade da experiência. Agradeço a todos eles.

Agradeço a Clint Korver pela energia e entusiasmo que tornaram este livro possível. As contribuições de Clint aparecem em todos os aspectos do conteúdo e da forma. Se "os alunos conhecem seu professor", ninguém me conhece melhor do que ele.

Clint Korver

Eu gostaria de agradecer a minha esposa, Miriam Rivera, por sua opinião sobre como dizer a verdade de maneira mais produtiva. Miriam contribuiu de todas as formas para este livro. O mais importante, eu gostaria de agradecer a ela por me ajudar a levar uma vida coerente com meu código ético. Eu também gostaria de agradecer a minhas duas filhas, Serena e Sophia, pelas expressões felizes e pelas mensagens de carinho no quadro de anotações que tornavam meu trabalho à noite e aos finais de semana mais prazerosos. Também gostaria de agradecer aos meus pais e a minha irmã por criarem uma base ética que me serviu para toda a vida.

Finalmente, gostaria de agradecer a meu amigo, coautor e professor, Ron Howard. Além de me ensinar as ferramentas da profissão, Ron forneceu um exemplo de como dar sentido à vida.

SUMÁRIO

INTRODUÇÃO
Tomada de Decisão Competente 11
    Para os Iniciantes 12
    Alguns Esclarecimentos 14
    Nós Somos Eles 15
    Nossa Prescrição 16
    Uma Abordagem da Engenharia 18
    Alguns Esclarecimentos 19
    Nossa Experiência 21

CAPÍTULO 1
Quase Ético 23
    Tentação de Mentir 25
    Tentações de Praticar uma Fraude 30
    Tentações de Roubar 34
    Tentações de Causar Danos 36
    A Tragédia da Insensibilidade 39
    Hora do Exame 42
    Sua Vez: Um Momento de Remorso 43

CAPÍTULO 2
Trace Distinções 45
    O Poder das Distinções 47
    Prudente, Legal ou Ético? 49
    Negativa ou Positiva? 54

Ações ou Consequências?...55
Raciocinar *Versus* Racionalizar...59
Testando a Racionalização..61
O Poder de Distorcer o Contexto..62
Da Floresta ao Jardim Ético..64
Sua Vez: Ética nas Notícias...66

CAPÍTULO 3
Consulte as Referências..67
Nosso Legado Religioso 69
Nosso Legado Secular..75
Nosso Legado de Trabalho...80
Engano dos Ricos e Famosos 83
Conciliando as Referências 85
Sua Vez: Descreva Seus Princípios..87

CAPÍTULO 4
Elabore Seu Código 89
O Processo do Código de Ética...91
    Passo 1: Esboce os Padrões 92
    Passo 2: Teste o Código..96
    Passo 3: Refine o Código 102
Fatores de Fracasso 105
Manual do Proprietário Ético 108
Sua Vez: Faça o Protótipo de Seu Código 109

CAPÍTULO 5
Opte pela Ação 111
Decisões de Qualidade...113
Passo 1: Esclarecer 115
Passo 2: Criar Alternativas 119
Passo 3: Avaliar Alternativas 124
Arcar com as Consequências 128
Pensamento Ético Apurado..134
Sua Vez: Use Suas Ferramentas de Decisão..................................135

CAPÍTULO 6
Transforme a Vida..137
   A Opção de Evitar 139
   Transforme as Mentiras: Diga Toda a Verdade 141
   Transforme a Fraude..144
   Transforme Promessas Não Cumpridas................................148
   Transforme o Roubo 150
   Transforme os Danos 152
   A Opção de Crescimento 155
   Sua Vez: Transforme a Vida Diária..156

CAPÍTULO 7
Transforme o Trabalho...157
   Existe um Único Você...159
   A Profissão Certa..160
   A Afiliação Certa...162
   Transforme a Mentira no Trabalho.......................................163
   Transforme a Fraude no Trabalho 167
   Transforme Promessas Não Cumpridas no Trabalho............170
   Transforme Tentações para Guardar (e Revelar) Segredos ...171
   Transforme o Roubo no Trabalho 173
   Transforme os Danos no Trabalho 175
   A Opção de Crescimento no Trabalho..................................177
   Sua Vez: Transforme o Trabalho Diário................................178

EPÍLOGO
Hábito da Sabedoria..**179**

APÊNDICE A
Aspectos do Pensamento Ético **183**

APÊNDICE B
Códigos Éticos..**185**

NOSSAS MENSAGENS 203

NOTAS 213

SOBRE OS AUTORES 235

ÍNDICE REMISSIVO 237

INTRODUÇÃO

Tomada de Decisão Competente

O homem tem uma aptidão natural para a virtude; mas a perfeição da virtude deve ser adquirida pelo homem por meio de algum tipo de treinamento.

São Tomás de Aquino[1]

A semente deste livro foi plantada na década de 1970. Foi semeada durante um momento de tentação de tomar a decisão ética errada. O autor, Ron Howard, trabalhando como consultor de análise de decisão, foi solicitado por um contratante da Defesa para analisar qual dos aviões combatentes a Força Aérea norte-americana deveria escolher para sua frota. O contrato era grande, lucrativo e atraente.

O cliente comentou: "É claro que todos nós sabemos o resultado da análise".

Howard ergueu a sobrancelha. Bem, não, ele não tinha a menor ideia. O avião dos contratantes poderia ser a melhor escolha, mas primeiro ele teria de fazer a análise. A linguagem corporal inconfundível do cliente, no entanto, sugeria que Howard cedesse à tentação de não efetuar uma análise completa. Howard só precisava dizer sim para manipular os resultados e o contrato seria dele.

Howard percebeu, como nunca antes, que as análises técnicas e financeiras não oferecem tudo o que é necessário para decisões inteligentes. Ele recusou a incumbência oferecida pelo contratante da defesa; não poderia ser tentado a fraudar. Mas o episódio despertou-o para uma questão provocativa: como uma pessoa analisa situações sistematicamente de modo a tomar decisões éticas claras e corretas?

Anos mais tarde, depois de lecionar Ética durante duas décadas e meia, ele colaborou com o coautor Clint Korver para dar a resposta neste livro: Devemos ter domínio das distinções éticas para permitir o pensamento ético claro. Devemos assumir antecipadamente o compromisso com os princípios éticos. Além disso, devemos exercitar habilidades disciplinadas de tomada de decisão para fazermos escolhas sensatas.

Ao aprendermos uma nova forma de pensar, em outras palavras, podemos todos tomar decisões competentes. Esta é a simples mensagem deste livro.

Para os Iniciantes

Começamos nossa jornada quando reconhecemos uma falha humana comum: por amor, dinheiro ou outras "boas" razões, com frequência violamos nossa ética. Mentimos, enganamos, roubamos ou prejudicamos os outros. E a causa em geral é a mesma: lapso de pensamento. Quando não desenvolvemos a capacidade de raciocinar eticamente, nos acomodamos às transgressões. E desenvolvemos maus hábitos. Enquanto estivermos desatentos à ética, surpresas desagradáveis quase sempre ocorrerão.

Mas romper com maus hábitos e formar novos pode remediar essa falha. Podemos aprender a perceber quando ficamos fascinados pela tentação. Podemos não só identificar e fazer a coisa certa; podemos transformar episódios de tentação em nosso benefício, e para o benefício daqueles à nossa volta.

O objetivo de nossos esforços é claro: em vez de perder o controle e fraquejar no desvio ético, aprendemos a superá-lo.

Nas páginas a seguir, primeiro nós nos sensibilizaremos de nossos desvios éticos. Em geral, tais comprometimentos ocorrem porque estamos pouco cientes do alvo de nossa falta de julgamento. Mesmo um ícone de honestidade como Abraham Lincoln comprometeu a verdade com mais frequência do que a história popular permite. Em 1858, ao disputar a presidência dos Estados Unidos, muitas vezes ele não deixava claro se era a favor ou contra a escravidão. Dependendo do público ao qual se dirigia, e se ele estava no Norte ou no Sul, suas mensagens pareciam se contradizer.

Mais recentemente, descobriu-se que um ícone da história militar, Stephen Ambrose, plagiou pelo menos cinco livros. Autor dos best-sellers *Citizens Soldiers* e *The Wild Blue*, no início ele foi elogiado por seu trabalho, principalmente pelos livros sobre a Segunda Guerra Mundial. Ambrose era um professor respeitado e enriqueceu com os direitos autorais. Mas dizem que ele continuou a copiar até o final de sua carreira. Parece ter sacrificado seu caráter em função da conveniência.

Se Ambrose e Lincoln comprometeram sua ética para obter ganhos pessoais, algum de nós estará imune a essa falha? De fato, quase todos somos vulneráveis, e muitas vezes por razões não válidas — para evitar constrangimento, para impressionar os amigos ou simplesmente para evitar o esforço de pensar. Nas atividades diárias, muitas vezes ignoramos desvios éticos menores. Pensamos, equivocadamente que, para todos os fins práticos, somos eticamente irrepreensíveis — pelo menos nossa conduta está quase acima de reprovação.

Quase, como o executivo que falta a um compromisso e, constrangido em admitir a verdade, diz aos colegas que estava doente. Quase, como um gerente que superfatura o comprovante de gastos de uma viagem para compensar a fadiga na estrada. Quase, como o chefe que cava sua promoção assumindo os créditos pelo trabalho de um subordinado.

Quase ético, mas não muito. E dizemos para nós mesmos: "Que mal isso vai causar?". O mal não está tanto nos pequenos erros éticos; está na prática de um pensamento distorcido; está em nos habituarmos a nos fazer de tolos. Ao começarmos nossa jornada para um pensamento mais efetivo e ético, seja como indivíduos, líderes, professores ou outros, nosso raciocínio pode ficar confuso. Mas acabaremos com hábitos que nos permitirão traçar linhas éticas claras para guiar ações corretas.

Alguns Esclarecimentos

Nossa experiência como professores e consultores rendeu muitas ideias sobre a tomada de decisão ética. Vale, desde o início, mencionar algumas. A primeira é que as pessoas costumam fazer escolhas éticas por reflexo. Diante de um dilema, quando nos falta tempo e energia para pensar em questões difíceis, deixamos nos cegar pela tentação. E tomamos decisões apressadas das quais nos arrependemos.

Uma segunda ideia é que, ao racionalizarmos nossas respostas reflexivas, ficamos tolerantes aos deslizes éticos. Podemos cometer pequenas transgressões que nos servirão de precedente. Esse precedente levará a outro, então a um terceiro e assim por diante, até que perdemos de vista os princípios que estamos violando. Embotamos nossa faculdade de discriminar. Nos piores casos, iniciamos uma queda sem volta, incorrendo em sérias transgressões.

Uma terceira ideia é que nossas transgressões, ao contrário do que percebemos no momento, nos causam um desconforto permanente. No primeiro dia de nossas aulas de ética, pedimos aos estudantes — trabalhamos com muitos deles durante vários anos — para citarem uma situação ética delicada vivida por eles. Muitos chegam a uma situação que lhes causou remorso — uma mentira "inofensiva" aqui, um pequeno roubo ali. E o que mais incomoda é quando esses deslizes prejudicaram relacionamentos.

A mensagem é que, embora pensemos com frequência que a ética define o caráter, ela pode influenciar ainda mais os relacionamentos. Transgressões éticas erguem barreiras sociais e emocionais entre as pessoas — barreiras que os teimosos têm dificuldade em discutir. É muito ruim ter o caráter manchado; mais ainda é abalar relacionamentos. A transgressão ética cria ambos.

Quando desenvolvemos nossa capacidade de tomar decisões éticas competentes, essas três ideias surgem repetidamente. A lição é que é melhor escolher em vez de reagir, desenvolver a sensibilidade em vez de ficar entorpecido e ficar atento ao impacto de deslizes éticos nos relacionamentos.

Nós Somos Eles

Nós nos deparamos com muitas pessoas que não dão valor aos desdobramentos da conduta ética inconsistente, principalmente quando se trata de transgressões menores. No entanto, para tomarmos decisões éticas competentes, achamos útil levar a sério tanto as grandes imprudências quanto as pequenas. As falhas de pensamento em geral são as mesmas em ambos os casos.

Por exemplo, podemos nos referir à mentira como sendo um exagero, uma maneira criativa de falar, uma invenção. Podemos nos desculpar por termos sido defensivos, esquecidos ou táticos. Mas quando usamos eufemismos para nos referir a tais ações, nós as redefinimos de modo que elas não chegam a ser erradas. Isso inculca um padrão de pensamento arriscado, em que encobrimos nossa capacidade de raciocinar — e às vezes supomos erroneamente que o raciocínio faz sentido para aqueles com quem nos relacionamos.

Em uma pesquisa de opinião feita com oito mil adultos pela Zogby International, 97% afirmaram se considerar confiáveis. Por outro lado, apenas 75% consideram as pessoas com quem trabalham ou se relacionam como dignas de confiança.[2] Isto nos permite especular que a defasagem entre esses dois dados pode refletir mais do que diferenças de percepção. Condutas que podem parecer éticas para nós podem não ser consideradas tão nobres pelas pessoas com quem nos relacionamos.

Como enfatizaremos nos capítulos adiante, as transgressões surgem na vida de pessoas de todos os níveis sociais. Os indivíduos que as cometem têm todos os níveis de educação e trabalham em todas as profissões, ocupações e setores. É contraproducente pensar que não estamos em um cenário cheio de armadilhas, nas quais podemos tropeçar. A tentação está em toda parte — e os deslizes também.

Um perigo é que poderemos ser pegos em uma sequência não apenas de pequenas tentações, mas de grandes também. Talvez elas mudem nossa vida ou sejam uma ameaça para ela. O pensamento falho pode nos levar a erros nunca imaginados. Philip Zimbardo, professor de psicologia na Universidade de Stanford, estudou durante décadas a gênese do mal. Ele escreve: "Praticamente qualquer um pode praticar maldades que privam outros seres humanos de sua dignidade, humanidade e da vida... Vivemos com a ilusão de superioridade moral... Nós nos orgulhamos falsamente ao dizer 'Eu não sou esse tipo de pessoa'".[3]

O fato é que todos nós somos esse tipo de pessoa. Nós somos eles. Como veremos nos capítulos adiante, por meio de pensamentos equivocados, negação e racionalização, podemos ser todos colocados em uma posição de vender nosso caráter por uma pequena quantia de dinheiro, de sacrificar nossos relacionamentos por uma bobagem. Esta é mais uma razão para seguirmos uma abordagem consciente, sistemática para romper com hábitos que coloquem o pensamento ético em risco — mesmo nas pequenas coisas.

Nossa Prescrição

Os capítulos deste livro estabelecem um plano para esse esforço consciente. É um plano para tomarmos decisões éticas competentes.

Na primeira fase, desenvolvemos a consciência da tentação e do comprometimento da ética.

- **Capítulo 1.** Sensibilizamo-nos às tentações éticas mais comuns: mentir, enganar, roubar ou prejudicar. Nosso objetivo é nos tornarmos cientes dessas tentações — e das consequências imprevistas de nossas transgressões.

Na próxima fase, aprendemos a usar a lógica e princípios éticos para estimular o pensamento claro.

- **Capítulo 2.** Aprendemos a fazer as distinções necessárias para raciocinar eticamente: a diferença entre as dimensões prudencial, legal e ética de uma ação; entre a ética positiva e negativa; e entre as escolas de pensamento baseado na ação e nas consequências. Nosso objetivo é refletir sobre o pensamento ético.

- **Capítulo 3.** Aprendemos a identificar os princípios éticos que derivamos, consciente ou inconscientemente, de nossa religião, educação e cultura. Também aprendemos a identificar as falhas nas quais nossos princípios nos dão orientações inadequadas. Nosso objetivo é nos tornarmos cientes de nossa voz interior.

Na terceira fase, aprendemos a fazer escolhas éticas.

- **Capítulo 4.** Identificamos os desafios éticos comuns em nossa vida, os avaliamos com as habilidades de raciocínio ético do Capítulo 2 e assumimos o compromisso com novos princípios éticos. Nosso trabalho é semelhante ao estabelecimento de um sistema de arquivos: uma vez que distribuímos nossos desafios éticos pelas pastas adequadas, não precisamos mais avaliá-las. Nosso objetivo é criar um código ético. Podemos, então, usar o código para tomar decisões disciplinadas, que engrandecem a vida.

- **Capítulo 5.** Aprendemos o processo de três etapas para a tomada da decisão ética criativa. Praticamos esclarecer o desafio ético, gerar alternativas criativas e avaliar alternativas para escolher respostas defensáveis éticas. Nosso objetivo é nos tornarmos capazes e determinados.

Na fase final, aprendemos a ir além dos fundamentos éticos para usar a ética como alavanca para uma vida melhor.

- **Capítulo 6.** Em vez de usar o processo de três etapas só para fazer a "coisa certa", lutamos para usá-lo e fazermos o que for "melhor". Aprendemos a buscar toda a verdade de nossa conduta, a redefinir situações para focalizar nossos relacionamentos e a usar o teste da "pessoa amada". Nosso objetivo é transformar nossa vida pessoal por meio de escolhas éticas sensatas.

- **Capítulo 7.** Aprendemos a fazer a "melhor" coisa no trabalho, bem como em nossas vidas pessoais. Novamente, usamos o conceito de verdade absoluta, redefinimos situações para focalizar os relacionamentos, e adotarmos o teste da "pessoa amada". Nosso objetivo é transformar nossa vida profissional por meio de escolhas éticas sensatas.

Todos nós ansiamos por perceber o melhor em nós. Que garantia podemos ter de que estamos conseguindo se não sabemos ao certo se estamos tomando decisões éticas da forma certa? Desenvolvendo novos hábitos de pensar, aprendemos a reagir com inteligência a desafios éticos e a preservar o sentido e a integridade em nossas vidas.

Uma Abordagem da Engenharia

Muitos livros sobre ética enfocam questões densas e controversas com as quais poucas pessoas lidam na vida diária — aborto, eutanásia, pena de morte, uso de armas de destruição em massa. Este livro, em contrapartida, trata de questões com as quais as pessoas se confrontam no dia a dia — mentiras inofensivas, segredos, promessas, fazer cobranças majoradas, colocar os outros em risco. Com essa finalidade, este livro segue uma abordagem própria da engenharia. O que é uma abordagem de engenharia? Os engenheiros começam um projeto com uma relação das necessidades das pessoas a quem eles estão servindo, de modo que possam oferecer um produto ou sistema eficiente. Os engenheiros, então, usam princípios fundamentais de como as pessoas os sistemas operam, para construir uma solução prática e satisfatória.

Fizemos o mesmo com a ética. Descobrimos que as pessoas precisam de ferramentas para tomar decisões que (1) ofereçam clara orientação ética, (2) sejam amplamente aplicáveis a tudo, desde a situação mais comum até as situações mais delicadas do ponto de vista ético e (3) sejam fáceis de entender e apoiar. Então construímos ferramentas usando os princípios fundamentais da ética e da tomada de decisão, desenvolvendo a solução que você encontra neste livro.

Os engenheiros gostam de resolver o problema de uma vez só, sem retomá-lo várias vezes. É por isso que o principal componente de nossa solução é um código ético pessoal. Esse código orienta a ação nas situações mais eticamente delicadas. Juntamente com o código, descrevemos distinções e habilidades fundamentais para a tomada de decisão ética, a fim de orientar a ação em circunstâncias não abrangidas pelo código. Combinados, esses princípios e ferramentas permitem aos leitores tomarem as decisões mais qualificadas em uma ampla variedade de situações delicadas, do ponto de vista ético.

Expressando de outra forma, em vez de prescrever a ética, o livro pede aos leitores para desenvolverem a sua e assumirem responsabilidade pessoal por ela. Embora em vários momentos nossas visões fiquem evidentes e demonstrem nosso entusiasmo, não temos as respostas certas. Qualquer que seja o grau de persuasão dos indivíduos, eles precisam inventar sua própria ética de acordo com sua voz interior. Este livro é um guia de autoajuda, que auxilia cada pessoa a evitar deslizes diários por meio do desenvolvimento do hábito de pensar mais efetivamente.

Como queremos que os leitores desenvolvam principalmente suas próprias capacidades de tomar decisões, insistimos para que resistam à tentação de criticar a ética dos outros. Embora possa ser tentador criticar, isso nos desvia da principal tarefa: a de nos aprimorarmos. A questão não é se as ações dos outros estão certas ou erradas, e sim quais as ações devemos tomar ou evitar, por vontade própria. Em outras palavras, o objetivo do livro é que cada um de nós esclareça nossos princípios. Tentar seguir os outros atrasa nosso aprimoramento.

Ao seguir a abordagem da engenharia, este livro oferece uma forma de aprender a pensar eticamente que não é disponível em nenhum outro lugar. É uma abordagem que nasce dos conhecimentos e da experiência dos autores na tomada de decisão. Por um lado, fundamenta-se em uma base de pesquisa acadêmica rigorosa sobre a melhor maneira de se tomar decisões inteligentes. Por outro, traduz princípios complexos da filosofia e da pesquisa comportamental, a fim de fornecer um conjunto de ferramentas práticas, definitivas, com as quais serão tomadas decisões para o crescimento pessoal.

Alguns Esclarecimentos

Antes de começar, convém esclarecer algumas questões que frequentemente aparecem na ética. A primeira é a distinção entre moral e ético. Embora muitos usem as palavras sem distingui-las, não é o nosso caso. Para nós, *moral* refere-se ao comportamento costumeiro em nossa ou em outra cultura ou sociedade. Ética refere-se à conduta considerada certa ou errada de acordo com nossas crenças — não importa qual seja a cultura ou sociedade.

Nossos pais podem nos dizer que sexo antes do casamento é imoral; nossa ética pode dizer que não é, ou que não é uma questão ética. Uma vez que o uso das duas palavras é confuso, evitamos usar o termo "moral". E pela nossa definição, este livro é sobre ética, e não moral.

Uma segunda questão refere-se ao escopo de nossa preocupação ética. Muitos se referem à ética ambiental, ou à ética do tratamento animal, ou à ética de destruir sítios históricos. Embora o tratamento do ambiente, animais e sítios históricos seja importante, determinamos que tais questões estão fora do campo da ética pessoal. Embora usar o solo de uma floresta tropical virgem para o plantio seja repreensível, não consideramos isso uma questão de ética, a menos que o corte de árvores envolva o comprometimento com a mentira, a fraude, o roubo e o prejuízo aos outros. Neste livro, consideramos que deve haver um "outro" envolvido para que uma situação seja ética.

Uma questão de escopo fundamental é a área de interesse que traçamos em torno das decisões éticas. Levamos em consideração os efeitos apenas para nossa família? Nossa comunidade? Nossa empresa? Nossa nação? Toda a humanidade? As decisões que tomamos dependem, com frequência, do bem-estar de quem estamos considerando. Quem são as partes afetadas pela decisão? Qual a amplitude que queremos atingir? Nossas decisões sobre o que é certo e errado devem especificar quais as pessoas devem ser incluídas, ou quais partes limitam nosso "espaço ético".

Uma terceira questão é se o conteúdo de nossos pensamentos é um assunto ético. Muitas vezes ouvimos: "O pensamento é o pai da ação". Pensamentos corretos podem levar a ações corretas; pensamentos errados levam a ações erradas. Mas em nossa abordagem voltada para a ética, nós nos preocupamos apenas com a ação. Se algo é ou não ético é uma questão de seu efeito sobre os outros.

É interessante que descobrimos em nossas aulas de ética que o que mais incomoda os estudantes não são apenas as lembranças da transgressão. É também uma inquietação por não saberem ao certo as questões éticas levantadas por uma transgressão. O que foi realmente errado? Por quê? As pessoas são tomadas pela ambiguidade, principalmente a ambiguidade que indetermina quando um assunto é ou não uma questão ética.

Nesses casos, oferecemos outra distinção, a diferença entre remorso e arrependimento. Diante de uma transgressão ética, com frequência sentimos remorso. Podemos, evidentemente, nos arrepender de decisões inadequadas que não têm nada a ver com a ética, mas desvios éticos tendem a nos causar emoções diferentes. Elas se prendem como uma garra em nossa memória. Tentamos repetidamente arquivá-las como experiências consistentes com nossos valores e autoimagem. Mas elas não parecem se encaixar no arquivo de valores; saltam aos olhos como objetos largados sobre a mesa de nossa mente. É então, quando sentimos remorso, que sabemos se estamos prontos para aprender uma nova forma de pensamento ético.

Nossa Experiência

Como autores, tratamos da ética de um ponto de vista singular. Ron Howard é livre-docente na Universidade de Stanford e diretor da Decision and Ethics Center em Management Science and Engineering Department. Ele é professor de ética há vinte e cinco anos. Mas é mais conhecido como especialista em tomada de decisão. Mais de quarenta anos atrás, ele cunhou o termo análise de decisão para descrever uma abordagem que agora é um campo profissional que oferece assistência a decisões em negócios, medicina, engenharia e nas decisões pessoais.

Clint Korver é empreendedor, tendo iniciado vários empreendimentos no Vale do Silício e, como aluno de pós-graduação na década de 1990, ajudou Howard a dar cursos de ética. Ele também lecionou ética como professor visitante em Grinnell College. Especialista em tomada de decisão, é fundador e CEO da DecisionStreet, uma empresa virtual que constrói ferramentas baseadas na web para ajudar as pessoas a tomarem importantes decisões na vida em áreas como: saúde, riqueza, habitação e assuntos de família.

Juntos, damos uma contribuição singular ao campo da ética. Contamos com a sabedoria de dois campos separados para criar um processo unificado. A combinação dos dois campos não poderia ser mais natural, pois o desafio da ética é o desafio de tomar decisões inteligentes. Nossa contribuição está na aplicação da metodologia rigorosa de nosso campo a conceitos éticos antigos. Dessa forma, tornamos a sabedoria dos gigantes da filosofia ética amplamente útil.

Aplicar análise de decisão à ética oferece uma nova via para a tomada de decisões éticas. Como tomadores de decisões éticas não qualificados, podemos acabar anulando partes de nós mesmos a fim de conviver com desvios éticos. Mas, como tomadores de decisões competentes, podemos aceitar integralmente nosso eu e levar vidas mais simples e satisfatórias. Embora comecemos nossa caminhada para o pensamento ético efetivo com uma falha desagradável, acabamos corrigindo essa falha e nos sentimos bem — aprofundando nossos relacionamentos com amigos, família e colegas de trabalho.

CAPÍTULO 1

Quase Ético

Acordando para a Transgressão

Os elos do hábito são fracos demais para serem percebidos, até que se tornam fortes demais para serem rompidos.

Atribuído a Samuel Johnson (lexicógrafo inglês e autor, 1709-1784)

LORI ALTSHULER, Vivien Burt, Lee Cohen e Adele Viguera provavelmente nunca esperaram ver seus nomes na capa do *Wall Street Journal* — menos ainda por um erro ético.[1] Os quatro são médicos respeitados nas escolas de medicina da Harvard e UCLA. Altshuler, por exemplo, é titular de psiquiatria em UCLA e recebeu vários prêmios por docência e pesquisa. Dirige dois programas de pesquisa sobre transtornos de humor e saúde da mulher.

Mas em 7 de julho de 2006, os quatro médicos foram manchete na primeira página do *Wall Street Journal*. Publicaram uma pesquisa no *Journal of the American Medical Association*, ou *JAMA*, defendendo o uso de antidepressivos em mulheres grávidas. O lapso ético: eles não revelaram que também "faziam um extra" para os fabricantes medicamentos controlados. Altshuler presta consultoria, ou recebe auxílio pecuniário, de pelo menos sete fabricantes de medicamentos, entre eles Eli Lilly, Pfizer e Bristol-Myers

Squibb.[2] Mas isso não reflete a realidade com exatidão. Há anos as publicações médicas têm sido afetadas pela falta de divulgação de conflitos de interesses.[3] O *JAMA* proíbe expressamente essa omissão, mesmo quando os autores acham que não há conflito de interesses: sete meses antes desse deslize, os editores do *JAMA* aconselharam explicitamente os autores a divulgar essas informações.

Na opinião de alguns médicos, a transgressão também não foi algo sem importância. Pesquisas recentes levantam questões acerca do aumento de defeitos congênitos em recém-nascidos quando suas mães usam antidepressivos durante a gravidez.[4] Alguns leitores de *JAMA* mostraram inconformismo por julgarem a atuação médica tendenciosa.[5]

Isso validaria uma verdade antiga: maus elementos infiltram-se entre profissionais altamente credenciados. Mas não foi esse o caso. Os autores eram profissionais excelentes. E em uma carta ao *JAMA*, expressaram arrependimento: "Deixamos de divulgar benefícios financeiros... o [que] teria dado plena transparência com respeito a conflitos de interesse potenciais".[6]

A história indecorosa desses médicos ilustra como mesmo as pessoas mais competentes podem se comprometer eticamente. Com frequência, simplesmente não estão atentas a isso. O que também aponta para um fato de arrepiar: o mesmo pode acontecer a todos nós — se não formos alertas e espertos aos aspectos éticos.

Desvios éticos, tanto grandes quanto pequenos, nos afetam, e subestimamos o quanto. De um lado, um desvio pode levar a outro, quando deixamos nossos padrões escorregarem. Quando transgredimos, podemos descobrir que é difícil resistir ao escorregadio caminho, onde cada desvio se torna mais fácil, e não relevar as suas consequências. Quando desenvolvemos maus hábitos, não importam nossas realizações e virtudes, podemos nos ver em situações chocantes.

O que causa o maior sofrimento à maioria das pessoas é que os desvios criam barreiras aos relacionamentos. À medida que nos engajamos em atos eticamente questionáveis, temos dificuldade em discutir certos assuntos com amigos, familiares ou colegas. Perdemos a espontaneidade e a autenticidade nos contatos sociais. Temos que gastar energia para manter nossas enganações. Esse esforço cria um tipo de sobrecarga mental, um desgaste contínuo, e às vezes leva a mais desvios, para encobrir o primeiro. As pessoas percebem nosso distanciamento quando tentamos encobrir nossas pegadas, e acabam se distanciando de nós.

Os desvios se tornam uma sobrecarga, pois destroem nosso senso de integridade. Mesmo se considerarmos que circunstâncias extenuantes justificam nossos atos, com frequência ficamos constrangidos por eles. Para proteger nosso orgulho, em geral tentamos mantê-los em sigilo — e fora dos jornais e das fofocas. Podemos persistir nos erros ou bloqueá-los. Qualquer que seja o caminho, percebemos que nos lembramos de pequenos desvios durante anos. É como se tivessem acontecido ontem. Pesam em nosso caráter.

Mas podemos aprender a evitar essa espiral descendente — um caminho que com frequência escolhemos por ignorância, descuido ou apenas pela simples conveniência. Podemos optar por identificar as tentações logo de início e usar nossa consciência recém-encontrada como base para decisões éticas acertadas. Nossa jornada começa quando nos sensibilizamos para a série de deslizes que já cometemos, para o nível de transgressão e para as consequências duradouras tanto para nosso caráter quanto para nossos relacionamentos.

Tentação de Mentir

A maioria das transgressões éticas encaixa-se basicamente em três categorias: engano, roubo e danos. Embora haja muitas variantes, estas abrangem a maior parte dos atos incorretos. Elas nos tentam como sereias da mitologia grega – achamos difícil escapar de suas seduções.

Mentir, uma forma de enganar, desempenha um papel central no desvio ético. Trataremos separadamente da mentira porque parece bastante comum no pensamento ético. Mentir é definido como contar a alguém algo que não sabemos se é verdade, com a intenção de enganar. Não inclui enganar os outros por um equívoco, como quando dizemos a um amigo que estamos com o carro estacionado próximo ao terminal de retirada de bagagem e depois descobrimos que nosso carro foi rebocado.

Uma indicação do papel fundamental da mentira em nossas vidas é o número de palavras que temos para descrevê-la. Inventamos lorotas, embromamos, falsificamos, engambelamos, tapeamos, disfarçamos, encobrimos, exageramos, subestimamos, damos informações erradas, ludibriamos e esticamos a verdade. E embrulhamos, inflamos, enfeitamos, iludimos, falseamos, distorcemos e douramos a pílula. Com aparente seriedade, fingimos, trapaceamos, perjuramos, dissimulamos, distorcemos e dizemos mentiras deslavadas.

Somos quase todos mentirosos experientes. Em um estudo, 147 universitários e membros da comunidade anotaram, todos os dias, mentiras em seus diários. Os alunos reportaram dizer em média duas mentiras por dia e os membros da comunidade, uma. Ninguém achava que dizer mentiras era grave (embora nenhum deles perguntasse isso às pessoas para quem mentiram).[7]

Se tivéssemos uma câmera de vídeo para registrar nossas vidas, poderíamos ficar surpresos com o incrível cenário de mentiras. Se usássemos essa câmera para ter uma visão panorâmica da vida dos outros, veríamos falta de sinceridade em toda parte. Imagine-se no lugar das seguintes pessoas, cujas histórias se baseiam em acontecimentos reais:

- Você é consultor e sabe que sua oferta, de $300.000, para a primeira fase de um projeto, afastará seu cliente. Você poderia oferecer $200.000, sabendo que seu cliente logo concordará com o trabalho e as despesas extras. Você é tentado a minimizar o custo.

- Você é um jovem engenheiro e não consegue que um teste de software funcione como especificado antes de uma feira comercial do setor. Seu gerente insiste para que você passe gravações antigas do teste na feira, fingindo que este é um teste ao vivo. Você está tentado a concordar.

- Você é empreendedor e procura recursos para financiar uma nova empresa. Está tentado a inflar sua previsão de receita, calculando o dobro, para compensar o desconto esperado.

Você pode ter passado ou não por essas situações, mas sem dúvida se viu em situações semelhantes. Em cada uma delas, provavelmente tenha tido pelo menos uma razão muito boa para comprometer sua ética — e às vezes fez isso. Mentiu. E pode ter se sentido mal por isso. Pode até ter ficado com a consciência pesada.

Mas não deveria se achar o único a fazer isso. Comprometer sua ética como uma forma de se dar bem na vida é algo que tem uma tradição famosa, embora degenerada. Mesmo líderes respeitados costumam mentir. Mantêm a cabeça erguida e tentam tirar o maior proveito da mentira. Por que nós não poderíamos fazer isso?

Kenny Rogers, treinador do Detroit Tigers, fez catorze entradas sem marcar pontos no campeonato de beisebol de 2006, ajudando sua equipe a se classificar para o World Series. No terceiro jogo da série, os fãs notaram um remendo marrom na palma da luva esquerda, sugerindo uma resina de pinho cujo uso era proibido. "Era terra grudada e eu a tirei", ele disse mais tarde, quando os repórteres o indagaram".[8] Embora Rogers tivesse suportado duras críticas da imprensa, saiu com uma vitória brilhante no World Series.

A mentira grave pode começar na adolescência. Em estudos de milhares de alunos pelo Center for Academic Integrity, mais de 70% admitiram ter colado em provas, em uma ou mais ocasiões, e mais de 40% admitiram alguma forma de cópia.[9] Mas a mentira grave persiste na fase adulta. Em um estudo, um de cada três médicos residentes disse que inventara o valor em um exame de laboratório.[10]

Se passássemos um vídeo de nossas ações do ponto de vista dos outros — amigos, família e colegas —, veríamos um cenário diferente daquele quando o passássemos de nosso ponto de vista. Vemos com mais clareza por que as defesas das pessoas aparecem — mesmo que nossa mentira seja "inofensiva".

Muitos anos atrás, um professor de engenharia estava dirigindo para a Califórnia com sua família quando aprendeu uma lição sobre o lado sombrio da mentira.[11] Ao passar pela inspeção na fronteira do Arizona, um agente perguntou se *o trailer* tinha algum produto agrícola. De fato, ele tinha tomates no refrigerador, mas, por estar com pressa, disse "Não". O agente fez sinal para ele seguir.

"Mas, pai", seu filho pequeno reclamou, enquanto ele seguia. "Nós temos!"

Para o filho, estava claro que o pai sabia. O pai mentiu. Durante os anos que se seguiram, quando o professor relembrava aquele episódio, ele se arrependia daquele momento, pensando: "Eu traí meus princípios para evitar uma conversa de dois minutos sobre tomates!". Isso também manchou seu papel como exemplo — e talvez tenha preparado terreno para se tornar o autor deste livro.

Mentir tem um custo psicológico. Mesmo que ninguém descubra nossas mentiras, nós sabemos. Nossas mentiras entram frequentemente em conflito com as pessoas que gostaríamos de ser. Para assegurar o alinhamento entre nossos valores e ações, podemos fazer da mentira um ato banal, rompendo as barreiras psíquicas para mentiras maiores. As mentiras podem parecer mais necessárias, menos repreensíveis.

Mesmo que nos contentemos em viver com uma autoimagem abalada, mentir pode criar barreiras aos relacionamentos, porque devemos cuidar para não nos trairmos. Uma mentira, quando revelada, lança suspeita sobre tudo o mais que dizemos. Provocamos uma série de críticas e enfrentamos mais exigências por parte dos outros, para mostrar que merecemos a confiança deles. Enquanto isso, nossos amigos perguntam: "Em que outras ocasiões isso aconteceu?".

Extremamente perigosas são as mentiras "inofensivas", inocentes, que costumamos ver como inverdades triviais, diplomáticas ou até mesmo bem-intencionadas. Incluir mentiras inocentes na categoria de comportamento ético aceitável seria anuir aos mesmos hábitos de pensamento perigosos que incluem as inverdades mais reprováveis nessa categoria. Sugere que deveríamos perguntar: "Qual é o matiz de minhas mentiras" — como se a indulgência a mentiras menores representasse um pensamento mais adequado. Mas a pergunta relevante é: "Estas são mentiras ou não?".

Poucos admitem o quanto uma mentira nos beneficia em comparação às pessoas para quem mentimos. Em um estudo sobre mentir em relacionamentos amorosos, 122 alunos universitários relataram mentiras em relacionamentos anteriores. Cada indivíduo relatou uma mentira dita e uma recebida. Os resultados foram consistentes: quando estavam no lado do emissor, as pessoas viam as circunstâncias da mentira de um modo muito mais favorável do que quando estavam no lado do receptor. Viam suas mentiras de uma forma mais altruísta, motivada, espontânea, justificada pela situação e provocadas pelo receptor.[12]

Os dados específicos são reveladores: Quando estavam no lado de quem mentiu, 32% dizia ter feito isso para evitar aborrecer o receptor. Quando estava no lado de quem ouve a mentira, apenas 4% acreditava no mesmo. Quando no lado de quem mentiu, 62% dizia que a mentira era justificada e, no lado de quem a ouviu, apenas 8%. No lado de quem mentiu, 8% achava que a raiva de quem a ouviu era justificada, e no lado de quem a ouviu, 57%.

Se formos o mentiroso, com frequência subestimamos, em nossa "análise custo-benefício", o aspecto potencialmente negativo. Esquecemos que a maioria das pessoas não gosta de que mintam para elas, não importa o quanto sejamos espertos e cautelosos. Sentem-se manipuladas, enganadas, trapaceadas sobre notícias importantes relacionadas com suas vidas. Sentem-se privadas do controle de suas escolhas. Sentem-se alvos de chacota.

Se fazemos um corte de cabelo feio e alguém tem a generosidade de nos dizer isso, podemos fazer um novo corte. Se temos um diagnóstico de câncer irreversível e alguém é honesto o suficiente para nos contar a verdade, podemos nos preparar para chegar a um acordo quanto ao nosso futuro. Se todos nos dão apenas boas notícias, não temos a oportunidade de ponderar alternativas ou considerar escolhas verdadeiras.

Imagine se o painel de nosso carro mostrasse sempre o tanque de combustível cheio. Embora isso pudesse nos ajudar a nos sentir melhor no curto prazo — evitando a ansiedade quando o medidor mostra o tanque de combustível quase vazio —, no longo prazo ele nos negaria a oportunidade de perceber e resolver pequenos problemas, antes de se tornarem grandes. Queremos que os painéis de nossos relacionamentos — *feedback* das pessoas em nossas vidas — mintam?

Embora empreguemos mentiras, com frequência não as examinamos, e não contabilizamos plenamente suas consequências. Não vemos como colocar nossos interesses acima dos interesses dos outros. Precisamos acordar para nossa insensibilidade, para os maus hábitos, a ignorância e as atitudes arrogantes. Somente então poderemos transformar as tentações para o comprometimento em chances de construir um caráter digno e aprofundar relacionamentos.

Tentações de Praticar uma Fraude

Junto com as mentiras, muitas são as formas de fraude. Cometer uma fraude, ou enganar, em seu sentido mais amplo, pode significar deixar de corrigir uma impressão imprecisa, fingir ignorância, não dizer toda a verdade, reter informação, amenizar a verdade ou usar excessivamente o tato. A prática da fraude consiste em dar intencionalmente uma impressão falsa, quer se diga ou não uma mentira. Inclui todas as maneiras de provocar equívocos, além de contar mentiras. Como às vezes temos dificuldade em perceber os equívocos que causamos, precisamos nos sensibilizar a eles separadamente.

Podemos enganar com palavras, mas também por meio de gestos, disfarce, falta de ação ou até mesmo o silêncio. Podemos até enganar com sentenças que são verdadeiras, ou pelo menos "tecnicamente" verdadeiras. "Não tive relações sexuais com aquela mulher, Monica Lewinsky", disse o ex-presidente dos Estados Unidos Bill Clinton de um modo tão infame.[13]

Como seres humanos, temos tamanha prática em enganar que, como acontece com a mentira, usamos inúmeros vocábulos para expressar os nuances. Blefamos, omitimos, atenuamos, inflamos, deixamos de esclarecer e burlamos. Escondemos, persuadimos, exageramos, ludibriamos, nos safamos, divulgamos — e encobrimos.

Novamente, se tivéssemos uma câmera de vídeo para registrar nossas vidas, poderíamos ficar admirados com a paisagem de fraudes. Imagine:

- Você é estudante e disse a um amigo na noite passada que não podia ir ao cinema porque tinha de estudar. De fato, você queria ver televisão. No café da manhã, seu amigo lhe pergunta: "Conseguiu estudar bastante?". E você tende a lhe dar uma resposta enganosa: "Não tanto quanto eu esperava".

- Você é diretor financeiro e prevê que os custos do fechamento daquela fábrica forçarão sua empresa a relatar um déficit nos lucros. Você é tentado a elaborar uma demonstração dos resultados *pro forma* que exclua despesas anteriores, omitindo-as dos demonstrativos financeiros completos. Você até considera fazer a afirmação: "Os lucros para o primeiro trimestre subiram".

- Você é gerente de marketing e encarregado de coletar preços não divulgados de todos os concorrentes de sua empresa. Você é tentado a se passar como cliente potencial para facilitar seu trabalho.

Como acontece quando se mente, toda vez que você foi tentado a se engajar em tais desvios, provavelmente teve boas razões para isso — e às vezes agiu assim. Talvez não tenha se sentido tão bem, mas também não perdeu o sono.

Como acontece entre os mentirosos, você não é o único a fazer isso. Considere a história na abertura deste capítulo. Não foi apenas um, mas um grupo de psiquiatras respeitados que não revelaram vínculos com fabricantes de medicamentos aos leitores — apesar de receberem pagamento desses fabricantes. Os leitores e os editores do *JAMA* discordaram disso.

Enganar, como mentir, perpassa toda a nossa sociedade. Figuras públicas parecem contar com a fraude diariamente. Encorajam o mesmo naqueles que estão de olho neles. Até "Abe, o Honesto, como chamavam ao Presidente Lincoln, pareceu recorrer à mentira. Alegando que Abraham Lincoln foi "um dos maiores propagandistas políticos do mundo", o historiador Richard Hofstadter contrasta o texto de dois de seus discursos antes da eleição presidencial de 1860.[14] Em julho de 1858, Lincoln falou em Chicago: "Vamos descartar toda essa objeção sobre este e aquele homem, esta e aquela raça e sobre a inferioridade da outra raça, e, portanto, que elas devem ser colocadas em uma posição inferior. Vamos descartar tudo isso e nos unir como um povo em toda esta terra até que mais uma vez nos levantemos, declarando que todos os homens são criados igualmente".

Dois meses depois, em setembro, Lincoln falou em Charleston, Carolina do Sul: "Eu direi, então, que não sou, como nunca fui, favorável a promover, em qualquer sentido, a igualdade social e política dos brancos e negros [aplausos], que não sou, nem nunca fui, a favor de tornar os negros votantes ou jurados, nem de qualificá-los a trabalhar ou se casar com brancos... E visto que não possam viver assim, embora permaneçam juntos, deve haver a posição superior e a inferior, e eu, tanto quanto qualquer outro homem, sou a favor de atribuir a posição superior à raça branca".

Enganar é algo tão disseminado em nossas vidas diárias que acontece em lugares surpreendentes. Por exemplo, poderia se esperar que a conduta científica fosse um parâmetro de integridade. Mas em 2005, de 1.768 cientistas entrevistados, 6% admitiu ter deixado de apresentar dados que contradiziam suas pesquisas anteriores. Mais de 10% reteve detalhes da metodologia ou resultados em trabalhos ou propostas. Mais de 15% cortou informações ou dados de análises por terem a impressão de que eram inexatos.[15]

Os dados estatísticos sobre fraudes, como aqueles sobre a mentira, quase certamente não refletem os hábitos dos maus elementos. Refletem o comportamento de pessoas como todos nós — o comportamento de humanos que em geral respeitam a integridade e a honestidade. O descompasso vem de tentações que surgem sob a pressão de concorrentes, autoridades fiscalizadoras, gerentes e outros.

Veja o caso do Vioxx, um analgésico da Merck.[16] Na primeira ampla experimentação clínica da droga, em 1999, os pesquisadores concluíram a coleta de dados para ataques cardíacos um mês antes de terminarem a coleta de dados referente a sangramento gastrintestinal. Logo, em seu trabalho de 2000, eles omitiram essencialmente três ataques cardíacos dos dados. Isso reduziu a taxa de ataques cardíacos de 0,5 para 0,4%, que já é muito mais alta do que em uma droga concorrente, mais antiga (Naproxen).

Os desdobramentos? O artigo, que dessa forma atenuou os riscos cardiovasculares, foi uma peça central da Merck para demonstrar a segurança da droga aos médicos. A empresa comprou mais de 900 mil reimpressões. Somente em 2004, quando outro estudo mostrou sérios aumentos de lesão cardiovascular, a Merck suspendeu as vendas do Vioxx. Embora o trabalho dos autores do estudo feito em 2000 fosse corrigido para refletir os riscos mais altos, e os autores tenham sido, mais tarde, censurados duas vezes pelo *New England Journal of Medicine*, por excluírem os dados, a Merck manteve a droga no mercado por mais de cinco anos.

Como acontece com a mentira, se passarmos o vídeo de nossas fraudes, a paisagem parecerá definitivamente diferente do ponto de vista de quem foi vítima deles. As fraudes, como as mentiras, estimulam os outros a levantar suas defesas. As fraudes maculam nosso caráter. Elas lesam relacionamentos.

Uma forma de fraude é usar palavras para fazer as coisas parecerem melhores ou piores do que são — em outras palavras, usar eufemismos e, seu oposto, o disfemismo. George Orwell, em seu clássico *Politics and the English Language*, afirmou isso com seu modo inimitável: "A linguagem política —

e com variações isto vale para todos os partidos políticos, de Conservadores a Anarquistas — destina-se a fazer as mentiras soarem verdadeiras e o assassinato, respeitável, e a dar uma aparência de solidez ao vento".[17]

Destruir vilas e matar os indefesos, Orwell observou, tornou-se "pacificação"; a detenção sem julgamento, "eliminação de elementos inconfiáveis". Orwell provavelmente não ficaria surpreso que matar inocentes hoje tenha se tornado um "dano colateral"; matar os nossos, "fogo amigo". O comentário dele sobre políticos que pronunciam fraseologia desgastada ainda soa verdadeiro: "Os ruídos adequados estão saindo da garganta dele, mas seu cérebro não está envolvido". (Nem seu coração, é claro.)

Outro tipo especial de fraude pode surgir de segredos. Alguns anos atrás, o professor que mentiu sobre tomates (o autor) atendeu a um pedido de sua filha adulta, para guardar um segredo. Ela lhe contou que o filho do professor (irmão dela, que trabalhava para a empresa de seu marido), estava para ser demitido. Então ela pediu ao pai para não revelar essa informação privilegiada ao irmão. Ele concordou.

A essa altura, seu filho ligou para dizer que agora que ele tinha um emprego estável, queria comprar um carro. Ele encontrara um veículo em bom estado e queria saber se o seu pai o acompanharia para fazer um *test drive*. Esse segredo colocou o professor em uma enrascada, mas ele decidiu se segurar. Foi com o filho ver o carro; mas felizmente o filho decidiu não comprá-lo.

Um segredo, da mesma forma que uma mentira, muda as relações entre quem conta e quem ouve. Segredos transferem informação, poder e controle àquele que os detém. E privam isso da pessoa que não está sabendo. Não é de admirar que aqueles que ficaram sem saber sintam raiva, como o filho do professor sentiria se tivesse feito uma compra arriscada quando seu pai poderia tê-lo impedido.

No entanto, outra forma especial de fraude é a promessa insincera, uma promessa que uma pessoa não tem a intenção de cumprir. Uma das promessas insinceras clássicas é perpetrada quando se procura emprego. Se recebemos uma oferta melhor, somos tentados a descumprir nossa promessa com a primeira, o que mostraria que não agimos com sinceridade, o que evidentemente arruinaria um relacionamento.

Quer consideremos nossas fraudes boas ou más, elas são como mentiras: com frequência as cometemos sem fazer um exame prévio. Perdemos o controle do quanto as usamos, e ignoramos seus efeitos. Precisamos despertar para nosso nível de insensibilidade, continuar nossa jornada para tomar decisões éticas e competentes.

Tentações de Roubar

Um segundo tipo de desvio ético é roubar. Roubar é se apropriar daquilo que pertence aos outros sem permissão. Isto inclui o roubo consumado, como de lojas, desvio de recursos ou fraudes. Também significa tomar ou aceitar algo que não é nosso, ou adquirir a propriedade de terceiros sem permissão.

Em nossas vidas diárias, roubar abrange mais frequentemente o pequeno furto: baixar arquivos digitais com direitos autorais, lucrar com erros inadvertidos de terceiros, apropriar-se de incidentes a que não poderíamos reivindicar. Também significa comprar sob falsas alegações, infringir a propriedade de terceiros, não cumprir com pagamentos, superfaturar e tomar emprestado a ponto de violar a confiança dos outros.

Com frequência, definimos *roubar* como abafar, afanar, desfalcar, furtar, pilhar, rapar, subtrair, surrupiar, tirar e tomar. Hank Greenberg, ex-presidente da AIG, uma seguradora gigantesca, que declarou ter $2,7 bilhões a mais em ativos, criticou a regulamentação financeira mais rigorosa dizendo que os reguladores estavam transformando "queimar a linha" (uma referência ao tênis) em "acusações de assassinato".[18]

Mas quando seguramos a câmera de vídeo do ponto de vista da vítima, mais uma vez vemos um cenário assustador. Imagine:

- Você é consultor, está em um voo para visitar um cliente, de quem cobrará seu tempo de viagem. Enquanto isso, passa várias horas rascunhando um plano para outro cliente, e é tentado a cobrar as mesmas horas de ambos os clientes (cobrança dobrada).

- Você é estudante e mora com três colegas, e descobre que uma loja de eletrônicos local lhe dará uma televisão de tela ampla de graça durante noventa dias para experimentá-la, podendo devolvê-la, se não lhe agradar. Você é tentado a montar uma "equipe de revezamento", cada um experimentando-a durante noventa dias e, conseguindo, assim, um aparelho de graça durante um ano inteiro.

- Você está pagando a conta do restaurante para sua família, e inadvertidamente um gasto de 17 dólares não é incluído na conta. Você é tentado a ignorar o erro e considerar o engano como um desconto (pagar a menos).

Provavelmente essas situações lhe sejam familiares. Como acontece com as vinhetas que citamos antes, toda vez que você se viu diante de oportunidades tentadoras como essas, provavelmente teve boas razões para se comprometer. Se o fez, poderá se sentir mal por isso.

Assim como mentir e enganar transferem poder e controle (senão valor) da vítima para o perpetrador, o mesmo ocorre com o roubo. O ladrão vê o 'desvio de um modo mais generoso do que a vítima. Todos nós podemos ser seduzidos com mais facilidade quando o roubo permanece pequeno, não tem ampla visibilidade e a vítima é desconhecida. Talvez seja por isso que nossos líderes e exemplos sejam pegos com tanta frequência.

Se fosse ficção, não acreditaríamos. William Jefferson, deputado de Louisiania, foi pego recebendo propinas em uma operação do FBI na primavera de 2006. Os agentes realmente filmaram Jefferson aceitando 100 mil dólares. Mais tarde, os agentes descobriram 90 mil dólares em dinheiro escondidos em recipientes de comida congelada no freezer dele. Jefferson manteve sua inocência e sete meses depois foi reeleito.[19]

Se furtos descarados como este escapam, não é de admirar que delitos menores sejam comuns. Uma pesquisa da Harris Interactive de 2006 mostrou que mais da metade dos funcionários surrupiam material de escritório — um em vinte leva para casa até objetos de decoração, como plantas, quadros e móveis.[20] Um estudo da National Cable & Telecommunications Association em 2005 mostrou que um em cada vinte telespectadores de tevê a cabo roubava o sinal dela.[21]

Patrick Schiltz, professor associado em Notre Dame Law School, aconselha jovens advogados de grandes escritórios a resistir a desvios éticos. Ele observa que a maioria dos advogados cairá em roubos cada vez maiores. Eles começarão, diz ele, cobrando clientes por uma pequena hora extra, imaginando que isso seja um "empréstimo" para futuros trabalhos. Considerarão isso como "empréstimo", e não "roubo". Mas como tomadores de empréstimo, eles descuidarão cada vez mais do pagamento, e acabarão não o efetuando.

"Você embolsará cada vez mais", escreve Schiltz. "Continuará a racionalizar sua desonestidade para si mesmo de várias maneiras, até que um dia vai parar de fazê-lo. Logo — não vai demorar mais do que três ou quatro anos — estará roubando de seus clientes quase todos os dias e nem notará mais."[22]

A tentação de nos beneficiarmos mais do que o devido surge diariamente, e poucos de nós não cederam a ela. Deveríamos aceitar aquele almoço de negócio? Ou ingressos para jogos? Ou superfaturar o trabalho árduo naquele voo noturno? Arriscamos tomar decisões desconectadas de nossos valores. A ameaça mais séria, mais uma vez, não vem de desvios individuais, mas de não examinarmos nossos hábitos. Somente quando despertamos de nosso torpor ético podemos nos preparar para transformar nossa conduta ética.

Tentações de Causar Danos

Um terceiro tipo de desvio ético é a lesão física. Consiste em usar ou ameaçar usar a violência contra outra pessoa. Também inclui atos que podem causar lesão física aos outros. Como acontece com o roubo, a maioria de nós não se envolve em lesões óbvias. Mas podemos nos engajar em comportamentos sutis, embora mais comuns, que se enquadram nessa categoria, especificamente ações que causam risco de lesar os outros.

Um estudante colombiano certa vez contou a história de uma experiência na administração do rancho de seu pai. Rebeldes locais cruéis exigiram uma enorme quantia em dinheiro como pagamento por sua proteção. Ele achou que os rebeldes aceitariam bem menos, então mandou seu capataz com a metade da quantia exigida, como um primeiro passo para a negociação. Os rebeldes mataram o capataz.

Despertar para a possibilidade de causar danos significa reconhecer quais de nossas ações podem lesar os outros. Por meio de nossas ações, podemos ignorar os danos, incitá-los, deixar de preveni-los ou enganar os outros, fazendo-os se colocar em risco. Podemos também trabalhar em empresas que fabricam produtos nocivos. Sem saber, podemos promover todos os tipos de danos se, como Orwell diz, nosso "cérebro não estiver envolvido".

A questão nem sempre é: Eu prejudiquei ou causei mal a alguém? É mais provavelmente: De algum modo sou cúmplice disto? Joguei com o bem-estar de alguém? Desconsiderei, pus alguém em perigo ou em risco? Vi o risco, mas o ignorei, fechei os olhos, dei um desconto, desprezei, me esquivei dele ou o reneguei? Para alguns de nós, a pergunta se estende ao aborto, suicídio, eutanásia e à pesquisa de células-tronco.

Imagine:

- Você trabalha para uma agência de propaganda. Acabou de ganhar a conta de uma nova campanha de cigarros. Acredita nos danos do tabaco à saúde das pessoas; de fato, seu tio morreu por fumar. Você está tentado a ficar com a conta, apesar de suas dúvidas sobre a promoção de um produto nocivo.

- Você é oftalmologista e encontra pacientes cuja cirurgia prévia foi malfeita por um colega seu. Você é muito leal ao colega, e está tentado a guardar para si o desejo de denunciá-lo.

- Você bebeu demais na festa de fim de ano de sua empresa. É tarde, você deve chegar em casa logo e poucas pessoas estão na rua. Embora você esteja alterado, é tentado a dirigir.

Você pode não ser exposto diariamente a essas situações, mas provavelmente já passou por situações parecidas na vida. Como expressam as vinhetas sobre mentir, enganar e roubar, provavelmente você teve boas razões para ceder à tentação — e talvez tenha feito isso.

Ironicamente, todos nós sentimos instintivamente que, se formos sensíveis ao desvio ético, certamente seremos sensíveis aos danos. Podemos não ter a força de vontade ou a clareza para evitar contar lorotas a nossos amigos ou surrupiar materiais de escritório no trabalho. Mas sempre estamos prontos para agir — de fato, estamos sempre bastante atentos — para livrar nossas vidas do mal.

A experiência sugere o contrário. Nosso intelecto, nossa sensibilidade, nossa vontade ética nos entorpece mais facilmente do que pensamos. Suponhamos que fabricamos rifles de alta qualidade, para fins esportivos. Ficamos sabendo que nossos rifles se tornaram os preferidos dos assassinos. Avaliamos as implicações éticas de nosso trabalho?

Uma simples série de experimentos feitos por Stanley Milgram na década de 1960 mostrou como as pessoas se tornam indiferentes aos danos como uma questão ética, o que surpreendeu os psicólogos. Milgram pediu a 26 voluntários do sexo masculino para administrarem choques a sujeitos aleatórios para testarem o valor da punição no aprimoramento da aprendizagem. Os voluntários controlaram um aparelho de choque elétrico, girando um dial calibrado de modo que cada ponto aumentasse a carga em 15 volts, começando com 15 e chegando a 450 volts. Os rótulos indicavam a intensidade: 195, por exemplo, era "choque muito forte"; 450, "perigo, choque severo". Os voluntários foram instruídos a dar choques no sujeito aprendiz cada vez que ele desse uma resposta errada (quando ele não conseguia estabelecer pares de palavras). A cada rodada sucessiva, se o sujeito desse uma resposta errada, os voluntários eram instruídos a aumentar um ponto.[23]

O que os voluntários não sabiam era que o sujeito não era voluntário, como eles. Ele era um cúmplice, um ator, que atuava para controlar as condições do experimento. O cúmplice não reagia a choques de nível mais baixo, mas à medida que os voluntários aumentavam a voltagem, o sujeito mostrava sofrimento: aos 300 volts, batia na parede da sala na qual ele estava preso a uma cadeira elétrica.

Milgram pesquisou colegas antes do experimento para pedir a eles uma previsão dos resultados. Os especialistas acharam que poucos voluntários, se houvesse, iriam além de "choque muito forte". Mas, notavelmente, todos os voluntários foram pelo menos até aí, (300 volts), e doze foram até o fim, em 450 volts, apesar da evidente agonia dos sujeitos.

Os voluntários não estavam alheios à dor dos sujeitos. Como Milgram escreveu, eles "foram observados suando, tremendo, gaguejando, mordendo os lábios, grunhindo e fincando as unhas na pele". Sob o estresse de saber que estavam infligindo danos, três voluntários tiveram ataques fortes, incontroláveis.

A lição não era que os voluntários eram sádicos e sim que pessoas psicologicamente saudáveis infligirão dor aos outros se tiverem uma razão muito boa para isso — nesse caso, simplesmente a noção de responsabilidade para com o experimentador, de executar o experimento.

Os voluntários, escreveu Milgram: "Manifestaram com frequência profunda desaprovação à administração de choques a um homem diante das objeções dele, e outros denunciaram isso como sendo uma estupidez sem sentido. No entanto, a maioria obedeceu". Ironicamente, o experimento de Milgram seria considerado antiético hoje. Um experimento "virtual" com voluntários em 2006, no entanto, repetiu o trabalho de Milgram com os mesmos resultados.

Tentações dessa magnitude em geral não surgem na vida diária. Nos deparamos com pequenas tentações, e ainda, com frequência, temos a opção de colocar ou não a pessoa em situação de perigo. Nosso primeiro passo para tomar decisões éticas é despertar para a maneira como costumamos agir.

A Tragédia da Insensibilidade

O experimento de Milgram levanta uma questão mais ampla: o quanto podemos nos tornar sensíveis, como humanos comuns, que seguem as leis? Milgram conduziu seu trabalho logo após a Segunda Guerra Mundial, e o ímpeto para seus experimentos veio em parte do evidente entorpecimento de muitos alemães sob o comando de Adolf Hitler com relação a mentir, enganar, roubar e a lesar os outros.

Relatos do comportamento nazista mostraram que praticamente não existiam limites para a insensibilidade ética. E isso era constatado não apenas nos soldados. Era constatado em profissionais civis com elevado nível educacional, os líderes da sociedade. Alguns dos atos mais mortíferos e animalescos foram executados por médicos, engenheiros, advogados e gerentes — pessoas que deveriam ter o cérebro "blindado".

Evidentemente, as lições de insensibilidade reveladas não eram novas. Elas foram dadas muitas vezes — em genocídios pelas mãos de Genghis

Khan na Ásia, e por ordem do imperador do Japão na China. Foram dadas depois — por Mengistu Haile Mariam na Etiópia na década de 1970 e Slobodan Milošević na Croácia, Bósnia e Kosovo na década de 1990. Mas a experiência nazista, tão bem documentada, oferece um parâmetro confiável.

Um capítulo sombrio escrito pelas mãos de médicos foi a legitimação da morte controlada pelo Estado.[24] Décadas antes da guerra, surgiu uma veia do pensamento psiquiátrico alemão que preparou o cenário para a eliminação da "vida não digna" — falando em termos amplos, pessoas com severos problemas de saúde. Os psiquiatras alegavam que o Estado, e não o indivíduo, deveria controlar a morte nesses casos, para o bem coletivo do organismo social.

Hitler abraçou essa ideia e, em 1938, quando recebeu a solicitação de uma família, de matar por piedade uma criança com deficiências graves, estava pronto para agir. Delegou a seu próprio médico, Karl Brandt, autoridade para consentir na morte da criança cega e parcialmente sem membros. Em nome de seu chefe, Brandt isentou os médicos que atenderam a menina de qualquer responsabilidade.

Esse "caso teste" desencadeou assassinatos em massa, conduzidos em dois programas, um para matar crianças deficientes, e o outro para matar adultos insanos. Estima-se que cinco mil crianças foram assassinadas. No programa "T4", para matar adultos insanos, noventa mil morreram. E foram os médicos, por toda a Alemanha, que realizaram a "eutanásia", por intoxicação com gás, injeção, ou por privarem as pessoas de alimentação.

Como poderiam médicos tirar a vida de pessoas quando seus esforços são para salvar vidas? Porque os assassinatos eram descritos, de uma maneira distorcida, como matar por piedade, interpretados como um procedimento médico. De fato, de acordo com a política do T4, os médicos tinham o dever de executar o procedimento. Viktor Brack, chefe do departamento de eutanásia, chegou até a cunhar um lema: "A seringa pertence à mão de um médico".

Nem todos os médicos eram favoráveis à lógica distorcida, e nem todos cumpriram com a obrigação patriótica de livrar o Reich de "aproveitadores inúteis". Mas grande parte da comunidade médica aderiu. E de acordo com a forma como várias transgressões éticas são cometidas, os médicos tinham pelo menos uma boa razão para fechar os olhos à ética: a obediência à autoridade.

Robert Jay Lifton, autor e professor de psiquiatria, entrevistou participantes bem mais tarde. Um médico que trabalhou em um centro de extermínio comentou: "O sistema todo irradiava aquela autoridade. Gostasse ou não, eu fazia parte dele... Não tinha escolha. Eu estava nessa teia — essa rede de autoridade".

À medida que os médicos se tornavam insensíveis ao comportamento antiético, isso também aconteceu com profissionais em outras áreas. Um dos capítulos sombrios para engenheiros veio quando eles ajudaram a construir a máquina de "descarte" de corpos do Holocausto. Um dos componentes eram os crematórios, abrangendo fornalhas, equipamento para conduzir os corpos e sistemas de ventilação.

Em Auschwitz, um pedido do comandante, de dois fornos com quatro retortas, recebeu ofertas de várias empresas, e a vencedora foi a I. A. Topf and Sons, uma fabricante de aquecedores, situada em Erfurt. Os engenheiros projetaram fornos para queimar 1500 corpos por dia. Em 1943, técnicos da Topf procuraram meios de tornar a queima mais eficiente. Experimentaram diferentes tipos de carvão e corpos, medindo o grau de combustão.

Um dos engenheiros encarregados, Fritz Sander, testemunhou após a guerra que chegou a ponto de tomar a iniciativa, no final de 1942, de construir um crematório melhor, com mais capacidade, para a incineração em massa. Ele até pediu patente. No novo modelo, uma esteira carregava corpos até fornos no crematório, onde eles caíam em uma grelha e deslizavam para a fornalha, e não só eram queimados, mas forneciam combustível para as fornalhas.[25]

Perguntaram a Sander em um interrogatório pós-guerra em 1946: "Embora você soubesse do extermínio em massa de seres humanos inocentes em crematórios, dedicou-se a projetar e criar fornalhas de incineração com mais capacidade para os crematórios — e por iniciativa própria?".

Sander respondeu: "Eu era um engenheiro alemão e membro-chave dos trabalhos da Topf, e via isso como meu dever de aplicar meus conhecimentos de especialista para ajudar a Alemanha a vencer a guerra, assim como um engenheiro que constrói aeronaves em tempo de guerra, o que também estava ligado à destruição de seres humanos".

Como os médicos no programa T4, Sander tinha uma boa razão para a transgressão ética. Seu colega, o engenheiro sênior Karl Schultze, que desenhou e instalou sistemas de ventilação para os crematórios em Auschwitz, agiu da mesma forma. O refrão desses engenheiros é o mesmo.

Schultze disse: "Eu sou alemão e tenho respaldo e apoio do governo e das leis alemãs. Aquele que se opõe a nossas leis é inimigo do Estado, porque nossas leis o reconhecem como tal. Eu não agi por iniciativa pessoal, mas fui dirigido por Ludwig Topf. Tinha medo de perder minha posição e de uma possível prisão".

Quando surgem circunstâncias que conduzem à má conduta, quando as tentações são colocadas diante de nós, com frequência não resistimos como gostaríamos. Ficamos insensíveis a nossos padrões éticos. A maioria das pessoas reage à história nazista pensando: "Eles não são como eu". Mas as pessoas na Alemanha não eram muito diferentes daquelas entre nós que vivem em países avançados atualmente. A Alemanha na época liderava o mundo científico, médico e artístico — terra de Beethoven e Goethe. A maioria das pessoas que dirigia o país eram os melhores e mais brilhantes das melhores universidades.

Seria reconfortante dizer que somos diferentes, que não faríamos tais coisas, que resistiríamos. Mas como sabemos? Estamos certos de que atentamos aos desvios em nossas próprias vidas?

Hora do Exame

A experiência mostra com muita frequência que vivemos o que Sócrates chamou de "vida não examinada". Temos dentro de nós os recursos para mudar. Temos realmente uma vaga ideia, uma voz interior, que nos fala. Infelizmente, nem sempre aumentamos o volume o suficiente para ouvi-la. Temos ideia do que é certo e o que é errado. Simplesmente não ouvimos bem o suficiente para identificar o que representam essas transgressões. O pior de tudo é que perdemos oportunidades de autoexame e crescimento.

Em alguns casos, simplesmente desconhecemos as nuances éticas com as quais nos deparamos. É como se estivéssemos dirigindo um carro pela primeira vez e ninguém nos dissesse que deveríamos aprender como ele funciona. Dirigimos 90 mil quilômetros e o motor funde porque não trocamos o óleo. Quando cometemos esse erro óbvio, gostaríamos que alguém tivesse nos informado sobre manutenção de carros, e nos arrependemos de nossa falta de consciência. Na ética, como com carros, podemos nos beneficiar com a leitura do manual do proprietário e ampliar nossa consciência de situações que podemos resolver hoje — antes de queimarmos a nós mesmos no futuro.

No capítulo seguinte, embarcaremos no próximo passo, um passo para a "vida examinada". Devemos ir além de simplesmente despertar para nossa insensibilidade. Devemos identificar por que somos insensíveis. Uma dica para a resposta é que, com frequência, não sabemos que é aquilo que não sabemos. Em outras palavras, não dominamos plenamente nossa capacidade de pensar.

À medida que continuamos nossa jornada ética, veremos que podemos ter aceitado mais inverdades sobre a conduta ética do que gostaríamos. Precisamos acordar para os princípios do pensamento ético que, até agora, podem ter nos escapado totalmente. Precisamos erguer o véu não apenas para revelar nossas mentiras, mas para evidenciar o pensamento falho que leva a elas.

➢ Sua Vez: Um Momento de Remorso

No primeiro dia de nosso curso de Ética, pedimos aos alunos para se lembrarem de uma decisão ética que tomaram na vida que ainda os incomoda. Eles podem não saber por que, mas ainda se lembram do episódio constrangedor. Pode ser irrelevante talvez uma mentira "inofensiva" a um amigo. Reflita sobre seu próprio passado e lembre-se de uma decisão que ainda o incomode. Seguindo este capítulo como guia, identifique em que categoria seu ato equivocado se enquadra. Você estava atento para as consequências?

CAPÍTULO 2

Trace Distinções

Superando o Pensamento Falho

O mal presente no mundo quase sempre vem da ignorância, e boas intenções podem causar tantos danos quanto a malevolência, se não forem entendidas.

Albert Camus[1]

KURT GERSTEIN era um engenheiro talentoso na Alemanha na década de 1930. Cristão devoto, não se deixou levar facilmente pelos erros do regime nazista. Exatamente o oposto: embora ele fosse membro do partido, fez campanha para manter a fé cristã viva.[2] Ele era tão fervoroso que, em 1935, levantou-se na plateia de um teatro para denunciar uma cena anticristã na peça. Em 1936, distribuiu oito mil panfletos antinazistas para funcionários públicos.

Em dezembro de 1940, para o espanto da família e dos amigos, ele assumiu o outro lado da resistência: integrou-se à Waffen SS, determinado a tornar-se um delator entre a elite nazista. Ele imaginava que se os nazistas podiam se infiltrar em grupos religiosos para espiar os fiéis, ele poderia se infiltrar na SS e relatar com veracidade os rumores de assassinatos de adultos insanos. Ele escreveu mais tarde: "eu tinha um único desejo: ver claramente todo esse mecanismo e então gritar bem alto para toda a nação!".

Gerstein teve sua chance em 1941. Na ocasião, ele ficou indignado com o assassinato de sua cunhada, Bertha Ebeling, no início de 1941, pelo programa de eutanásia nazista. Como oficial da SS, testemunhou um trem de carga chegar em Belzec, Polônia, com seis mil pessoas, que foram conduzidas como gado a um edifício e mortas com monóxido de carbono. Aterrorizado, trabalhou para passar essa informação aos Aliados.

Mas ele mesmo acabou realizando diretamente uma ação maligna. Em 1942, recebeu ordens para comprar 100 quilos de ácido prússico, a forma líquida do gás cianeto. Sendo especialista em desinfecção por cianeto, ele sabia que o pedido devia ser para matar. Ainda assim, atendeu a essa ordem e a pelo menos mais uma dúzia.

Gerstein dificultou a matança. Ele destruiu alguns carregamentos de gás tóxico. Montou um esquema para remover uma substância irritante, de modo a tornar a morte menos dolorosa. Ao persistir, no entanto, ele tomou o que chamamos de decisão menos malévola. Para combater as atrocidades nazistas, ele preferiu juntar-se a eles e denunciar a matança, esperando incitar os Aliados a impedir os assassinatos.

Em seu cálculo ético, Gerstein deixou de traçar uma distinção fundamental — entre raciocínio e racionalização. O erro dele foi não ter conseguido ver que o menor dos males continuava sendo um mal. Independentemente de suas intenções, ele fez parte da engrenagem na máquina da morte. Podemos especular que outros alemães cometeram o mesmo erro, pensando o tempo todo: "Não quero fazer isto, porém, se não fizer, outra pessoa fará pior".

Na vida diária, raramente enfrentamos decisões éticas carregadas de algo parecido com as consequências enfrentadas por Gerstein e outros alemães. Mas não se engane: costumamos enfrentar decisões éticas em que cometemos erros de raciocínio como aqueles de Gerstein. Mentimos para um amigo, insistindo para que ele peça demissão de seu emprego, a fim de protegê-lo de um plano mais intrincado em que outras pessoas arquitetarão sua saída. Enganamos nosso cônjuge sobre um caso amoroso, para evitar constrangimento.

E se não caímos no raciocínio do "menos mal", somos presas de outros erros que roubam a clareza de nosso raciocínio. Criamos "histórias" para justificar nossas ações. Mas nossas histórias não servem para entender melhor a realidade, e sim para aliviar nossa consciência. Com frequência percebemos, só depois do fato ocorrido, que nossas histórias são estranhas. Falta-nos habilidade em pensamento ético porque desconhecemos distinções fundamentais que nos ajudam a decidir o certo do errado. É por isso que, quando cometemos um erro, com frequência mais tarde pensamos: "O que eu estava pensando?".

Para crédito de Gerstein, ele levou o programa de extermínio com gás ao conhecimento dos suecos e suíços. Tentou levar a mensagem ao Vaticano, pela igreja na Alemanha. Mas em grande parte, seus esforços foram vãos. Os Aliados o ignoraram ou não acreditaram nele.

Terminada a guerra, Gerstein procurou os franceses. Ele tinha confiança de que, quando entregasse seu relato aos seus captores, seria ouvido com compreensão, mas os franceses mostraram pouca serenidade. Ele morreu em sua cela em Paris, aparentemente por cometer suicídio. Podemos especular que ele tenha percebido que o mal por ele perpetrado encobriu o bem.

O Poder das Distinções

A história de Gerstein ressalta o papel central de distinções na tomada de decisão ética. As distinções são as chaves que destrancam o entendimento. Elas nos dão a capacidade de separar, de uma maneira proveitosa, as questões do mundo. Quanto melhor podemos discriminar entre as partes, mais habilmente podemos refletir eticamente. Cada vez que deixamos de discriminar, nós nos atrapalhamos com a falta de clareza.

Suponha que tenhamos levado nosso carro a um mecânico que abre o capô e diz: "Sem dúvida, existem muitos fios e peças de metal aí". Não consideraríamos essas distinções muito úteis para entender como consertar nosso carro. Ou suponha que nosso neurologista cirurgião descreva a operação que faremos em breve: "Tirarei parte da matéria cinzenta na região frontal de sua cabeça". Nosso nível de confiança afunda. Como o médico saberá o que retirar e o que deixar?

Situações éticas com frequência surgem como o equivalente da correia do motor e da matéria cinzenta, envoltas por questões relevantes. A questão que precisamos responder pode estar na nossa frente, mas não conseguimos distingui-la porque outros fatores nos atrapalham — carga emocional, restrições legais, valores pessoais, obrigações de trabalho, sentimentos de lealdade para com os outros, comparações motivadas pela inveja e assim por diante.

Como isolamos a questão que nos interessa eticamente? Armando-nos com a capacidade de criar novas distinções. Então precisamos praticar essas distinções, para torná-las uma parte natural de nosso processo de pensamento. Algumas dessas distinções parecem óbvias quando alguém aponta para elas, mas com frequência temos dificuldade de vê-las por nós mesmos.

Em análise de decisão, a distinção mais básica que fazemos é simplesmente a escolha das palavras, os blocos de construção de nosso pensamento. Eles são as unidades que nos ajudarão a identificar uma coisa e outra. Aprender a usar palavras com exatidão estimula o pensamento hábil.

Durante a pesquisa para este livro, uma agência de pesquisas de opinião planejou ligações telefônicas com a seguinte pergunta: "Você apoia o uso de bebês natimortos para pesquisa de células-tronco?". O termo "bebê natimortos" representa uma distinção feita pela agência de pesquisa sobre a definição de um feto, e essa distinção certamente influenciaria o pensamento das pessoas acessadas por telefone. Podemos inferir que a agência de pesquisa escolheu a palavra com precisão, enquanto os respondentes podem não ter tido a mesma ciência das distinções implícitas na formulação da frase.

A escolha das palavras é importante. Ela ressalta alguns elementos de um pensamento e disfarça outros. Se concordamos que as palavras formam um quadro, também temos que concordar que elas ressaltam alguns aspectos, colocando-os à frente e outros atrás, alguns à luz, outros nas sombras. Com frequência, a saída para tomar uma boa decisão consiste em encontrar as palavras certas para retratar uma situação. O inverso também é verdadeiro. Se fazemos isso despreocupadamente, nossas distinções são incertas.

Podemos ouvir ecos das críticas de George Orwell sobre o uso de palavras carregadas de sentidos. Se escolhemos termos carregados de valor, invocamos distorções no pensamento. Se perguntamos, com efeito: "Você é a favor de matar bebês para pesquisa?", começamos com uma distorção. Ninguém é a favor de tal coisa; portanto a linguagem traça uma distinção útil. Se, em vez disso, perguntamos: "Você é a favor de usar fetos em pesquisa de células-tronco?", obtemos uma resposta mais reflexiva.

Usar conscientemente as distinções fornecidas pelas palavras é crucial às mais diversas formas de tomada de decisão. Mas há várias outras distinções que são essenciais no pensamento ético competente. Estas incluem distinções entre:

- Dimensões éticas, legais e prudenciais das ações
- Ética positiva *versus* negativa
- Ética baseada em consequência *versus* em ação
- Raciocínio ético *versus* racionalização

Uma vez que aprendemos essas distinções, vemos mais claramente as origens do erro ético. Saberemos como evitar pensar em fazer coisas que não deveríamos. E daremos outro passo importante em nossa jornada, para nos tornarmos competentes nas decisões éticas.

Prudente, Legal ou Ético?

Para avaliar a ética de qualquer ação, vale distinguir três dimensões da ação: prudencial, legal e ética. Dentro da dimensão prudencial, distinguimos entre o que é prudente ou não; dentro da dimensão legal, entre o que é legal ou não; e dentro da dimensão ética, entre o que é certo ou errado. Situações eticamente delicadas são confundidas com frequência com questões prudenciais e legais que deixamos de perceber. (Veja a Figura 2-1.)

Uma ação levanta questões na dimensão *ética* quando pertence a nossos padrões predefinidos de conduta correta. Uma ação de acordo com nosso código de conduta é obviamente ética, e se estiver em conflito, será antiética. Como vimos no capítulo anterior, as principais questões na dimensão ética são mentir, enganar, roubar e causar danos.

Uma ação levanta questões na dimensão *prudencial* quando for de nosso interesse próprio, como se devêssemos ou não escovar os dentes ou refinanciar nossa casa. Uma ação que é prudencial atende a questões como nossas noções de ganho financeiro, lealdade aos outros, amizade, ou simplesmente ser "bom". Em geral, podemos dizer que estamos lidando com a dimensão prudencial quando avaliamos uma questão em relação a outra, ponderamos os pontos positivos e negativos, e consideramos os riscos de cada um para decidir o que seria "inteligente" fazer.

FIGURA 2-1

As três dimensões da ação

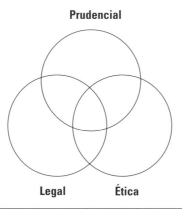

Uma ação levanta questões na dimensão *legal* se pertencer à lei no sistema social prevalente. Atos ilegais obviamente incluem proibições como cometer assalto, andar a alta velocidade, assassinato, portar drogas ilícitas e outras. Não incluem atos como ser bom com nossa mãe ou não mentir para nosso vizinho. A lei tem um aspecto coercitivo: se a violamos, a sociedade admite força física, ou ameaça de forma física, contra nós ou nossa propriedade. A lei também inclui obrigações, como pagar impostos e servir às Forças Armadas.

Note como a forma de classificarmos um ato em uma dimensão pode não afetar como o classificamos em outra. Atos ilegais podem ser prudenciais. Atos antiéticos podem ser prudenciais. Atos ilegais podem ser éticos.

E assim por diante. O conflito é rotina, bem como nosso impulso de deixar o peso das questões em uma dimensão se sobrepor às questões em outra. Se estamos atrasados para um compromisso, podemos crer que correr seja prudencial. Se estamos com fome e não temos dinheiro, podemos acreditar que roubar seja prudencial.

Vários anos atrás, os membros de uma igreja no Sudoeste dos Estados Unidos violaram intencionalmente a lei. Eles abrigavam imigrantes ilegais da América Central que alegavam estar sendo perseguidos em seus países de origem. Embora se presuma que a maioria dos membros considerasse isso ético, podemos especular que, para aqueles com famílias e muito a perder com prisão e detenção, não era prudente. Para aqueles que tinham pouco a perder — pessoas solteiras sem filhos, digamos — talvez fosse prudente.

Com frequência deixamos de distinguir as três dimensões de uma ação e assim confundimos e complicamos as decisões. Um erro comum é caracterizar ações prudentes com grande carga emotiva como eticamente delicadas. Considere a preocupação constante de famílias americanas em equilibrar o trabalho e a vida, o emprego e os filhos. Uma vez que muitos pais consideram seus filhos tão queridos, eles interpretam éticas as decisões sobre como arranjar tempo para ficar com eles. O que poderia ser mais importante do que nossos filhos e dar a eles amor e afeto?

Mas por mais importantes que sejam essas questões, elas são prudenciais, porque estamos ponderando os pontos positivos e negativos, e não distinguindo o certo do errado. Os aspectos prudenciais podem ponderar vários fatores práticos, e exigem isso. O erro é interpretar impulsivamente essas questões prudenciais cruciais como éticas, por parecerem ser fortemente éticas. Então pensamos enfrentar uma decisão ética — e dessa forma um processo de tomada de decisão mais complicado — quando este não é o caso.

A confusão quanto a uma ação prudencial, legal e ética surge também na vida pública. Mesmo antes do envolvimento da Enron no escândalo financeiro, o diretor financeiro Andrew Fastow se gabou em uma entrevista para a revista *CFO* que encontrara inúmeras maneiras de reduzir o aparente custo de capital da Enron. Como foi revelado, ele frequentemente transferia o débito para entidades não incluídas no Balanço Patrimonial.[3] Essa era a ação prudencial a tomar para um homem que queria valorizar o preço das ações da empresa.

Mas em muitos casos, Fastow estava de fato envolvido em fraudes legalizadas. Fez as finanças da Enron parecerem melhores do que eram. Algumas de suas manobras, embora legais de acordo com as regras do Financial Accounting Standards Board, eram claramente antiéticas. Elas redundavam em mentiras (deturpações) aos acionistas e às autoridades fiscalizadoras. (Muitas outras iniciativas de Fastow eram simplesmente ilegais.)

Em um dos casos clássicos de confusão entre as dimensões ética e legal, a equipe Colorado Buffaloes, da Universidade de Colorado, ganhou um jogo contra os Tigers, da Universidade de Missouri, em 1990, simplesmente devido a um erro de arbitragem. Quando o tempo regulamentar do jogo acabou, os juízes deram ao Colorado um *fifth down* por engano. O Colorado marcou um *touchdown*, vencendo por 33-31. Se o Colorado não tivesse jogado o *fifth down*, o Missouri teria ganhado a posse da bola e assegurado a vitória simplesmente por se esgotar o tempo de jogo.[4]

Apesar dos apelos para dar vitória ao Missouri, o treinador do Colorado, Bill McCartney recusou. Sua ação foi prudencial, mantendo a vitória, e foi legal, pelo menos foram seguidas as regras do futebol universitário, porque erros de arbitragem não podem ser revertidos após o final dos jogos. Mas foi ética? Ele tomou algo do Missouri que não era do Colorado. O jogo acabou permitindo que o Colorado fosse em frente e vencesse o campeonato nacional de futebol americano universitário daquele ano. McCartney deixou as preocupações prudenciais superarem as éticas.

O caso mais conhecido de confusão de ação legal por ética vem da Alemanha nazista. Nos tribunais de Nuremberg, após a guerra, oficiais nazistas defenderam-se, alegando que suas ações eram legais e, portanto, não criminosas. Os líderes do regime alegavam repetidamente ter agido de acordo com a lei alemã. Um oficial sênior e interrogador do U.S. War Crime Office (Departamento de Crimes de Guerra dos Estados Unidos) fez a seguinte colocação: "Todos eles se veem como meninos que cumpriram o dever e só fizeram aquilo que lhe disseram para fazer".[5]

Mas os promotores das nações dos Aliados não aceitaram essa lógica. Alegaram que as leis de um país não estão acima das leis da sociedade civilizada, e a argumentação feita por eles estabelecia um precedente consistente. Com efeito, eles diziam que a dimensão legal não poderia se sobrepor à ética. Entre os mais eloquentes estava Hartley Shawcross, promotor-chefe da Grã-

Bretanha e da Irlanda, que falou em 4 de dezembro de 1945. Shawcross, com os juízes de Nuremberg, rejeitou a noção de que a obediência a leis e ordens injustas isentava os homens de responsabilidade por crimes: "Não é desculpa para o ladrão comum dizer 'Roubei porque me disseram para roubar', para o assassino alegar: 'Matei porque me pediram para matar'. E aqueles homens não estão em posição diferente, pois... foram as nações que eles buscavam roubar, e todas as pessoas que tentaram matar... A lealdade política, a obediência militar são atitudes excelentes, mas não exigem nem justificam a execução de atos perversos. Chega um ponto em que um homem deve se recusar a responder a seu líder, para que responda à sua consciência".

Quando adquirimos a prática no estabelecimento da distinção entre as dimensões prudencial, legal e ética, em nossas decisões, notamos algo surpreendente: raramente nos deparamos com dilemas éticos — situações em que dois princípios éticos entram em conflito. Não é comum termos de decidir entre dois atos errados — por exemplo, entre mentir e roubar, ou colar na prova e prejudicar. Ao contrário de cenas dramáticas que vemos no cinema, em que o herói da ação precisa escolher entre o roubo (de um carro) e danos (permitir que o "bandido" mate sua amante), em geral não ficamos no dilema ético que nos coloca "entre a cruz e a espada". Em vez disso, ficamos entre uma cruz ética e uma espada prudencial.

Em outras palavras, nos vemos nas situações mais questionáveis eticamente quando somos simplesmente tentados a fazer algo errado. Colamos em uma prova para tirar uma nota mais alta, damos propina a um cliente para fazer uma venda, mentimos para um amigo para poupar os sentimentos de alguém, ou alteramos resultados financeiros para provocar a alta no preço das ações.

Em qualquer jornal, é comum lermos sobre pessoas pegas em "dilemas éticos". Mas nove em dez vezes, não são dilemas. São conflitos entre o ganho prudencial e a ação ética. São questões de tentação. Com a prática, podemos evitar a criação desses dilemas falsos. Podemos, em vez disso, aprender a afastar as questões prudenciais e legais para nos concentrarmos apenas na ética — e tomar decisões éticas mais competentes.

Uma das decorrências benéficas dessa distinção é que às vezes podemos reavaliar os sentimentos que tivemos sobre ações anteriores. Ações imprudentes com frequência merecem o simples arrependimento. Fomos tolos, mas não "maus". Ações antiéticas com frequência eliciam o sentimento mais persistente e desagradável de remorso. Quando reconhecemos uma ação passada pela primeira vez como sendo imprudente, e não antiética — ou seja, quando deixamos de confundir as duas —, podemos realmente tirar o peso da consciência.

Negativa ou Positiva?

A segunda distinção útil para a hábil justificativa ética envolve diferenciar entre a ética negativa e positiva. Ética negativa são proibições que assumem a forma de "Você não deve...". A ética negativa requer pouca ou nenhuma energia para ser cumprida. Veja "Não deverás matar", por exemplo. Na vida diária, não temos muito problema em seguir esse princípio.

Outra característica da ética negativa é que ela cria linhas divisórias claras. Podemos determinar facilmente se colamos em uma prova, matamos uma pessoa inocente ou mentimos sobre um caso amoroso.

Ética positiva são obrigações que assumem a forma "Deverás...". A ética positiva requer uma conduta virtuosa e energia para ser seguida. Por exemplo: "Deverás alimentar os famintos". Alimentar os famintos exigirá um esforço nosso e podemos ter dificuldade para identificar a quem devemos alimentar, onde e o quanto. Uma característica fundamental da ética positiva é que ela cria divisores indistintos. Com frequência temos dificuldade em saber se estamos seguindo a ética positiva.

Uma vez que é difícil fazer essa distinção, nos deparamos com algumas questões complicadas, relativas à ética positiva. Se gastamos $40 para jantar na sexta-feira à noite, agimos de modo não ético? Nosso dinheiro poderia ter alimentado pessoas famintas na África por um ou mais dias. Arriscamos nos ver culpados de comportamento antiético. Talvez esta não deveria ser a distinção a ser feita. Esta é a dificuldade quando nossos limites nos dão margem para a discrição.

O pensamento corre o risco de deixar de ser claro quando tratamos a ética positiva e negativa da mesma forma, além da confusão quanto às suas diferenças. Se tratamos ambas com tolerância zero para as transgressões, é provável que violemos nossos padrões mais ambiciosos para a ética positiva. O efeito, ironicamente, é que o desafio de viver de acordo com a ética positiva realmente nos encoraja a transgredir em todos os nossos princípios éticos.

Como pode ser isso? Quando nos vemos em uma situação em que nos sentimos pressionados a dar comida aos famintos, somos inclinados a dizer algo como: "Bem, saber julgar é o mais importante", e encerramos o assunto. Ou quando temos dificuldade em seguir uma ética para "devolver sempre objetos que achamos perdidos", dizemos: "Achado não é roubado", e comprometemos nosso princípio. Quando deixamos de levar em consideração nossa ética positiva inviolável, podemos começar a sentir o mesmo quanto à negativa.

Com muita frequência, ética positiva não envolve tanto princípios, mas sim aspirações. São inerentemente confusas e exigem flexibilidade na aplicação. Se não percebemos isso, podemos nos deparar com um perigo adicional: pensaremos que todos os princípios éticos são incoerentes. A ética começa a parecer situacional, uma ponderação de preocupações. Quando isso acontece, não temos mais qualquer ética firme para defender. Nós nos tornamos um arbusto ético ao vento.

A mensagem é que deveríamos pensar de forma diferente na ética negativa e na ética positiva. Precisamos distinguir o que devemos e não devemos fazer. Isso levará à articulação mais criteriosa de nossos princípios. Em vez de pensar que temos uma ética positiva para alimentar os famintos, podemos pensar: "Temos uma preocupação positiva em alimentar os famintos". Reclassificamos uma ética como uma preocupação e podemos, então, adequar nossa atividade beneficente para corresponder à nossa energia e recursos — sem prejudicar nosso compromisso com o pensamento ético competente.

Ações ou Consequências?

A terceira distinção que devemos traçar para alcançar o raciocínio ético competente talvez seja a mais conhecida na ética: a diferença entre decisões baseadas na ação e nas consequências. Embora sejam vários os pontos de vista na filosofia moral, de modo geral o pensamento ético divide-se nessas duas escolas. A primeira foi articulada por Immanuel Kant no final do Iluminismo, início do século XVIII, e a outra por Jeremy Bentham e John Stuart Mill, na virada do século XVIII para o XIX.

Dependendo da escola de pensamento a que aderimos, podemos considerar se uma ação é ou não ética. O perigo de não reconhecer essa distinção é que podemos usar ambas as escolas de pensamento, dependendo da conveniência, e ao usar alternadamente uma e outra, agimos como se não tivéssemos princípios claros. Quando a resposta de Kant não nos agrada, tentamos a de Bentham.

Kant achava que a responsabilidade ética se liga às ações, independentemente das consequências. Segundo Bentham, a responsabilidade está ligada às consequências, e as ações têm de ser julgadas de acordo.[6] Na visão de Kant, chamada formalismo ou ética deontológica, nossa ética redunda em um conjunto de regras rígidas que gostaríamos que todos seguissem o tempo todo. Kant escreveu, em 1785, "Existe, portanto, um único imperativo categórico, a saber: 'Ajas tão somente de acordo com uma máxima que ao mesmo tempo possa tornar-se uma lei universal'".[7]

Na ética baseada na ação, podemos preferir seguir a regra ética de não mentir nunca. Então, sempre diríamos a verdade, não importando as possíveis consequências. Isto parece se adequar a todos, o tempo todo. Em outras palavras, como a formulação de Kant requer, a regra seria universal.

Mas surgem os problemas. É ético mentir para evitar um assassinato? Na visão de Bentham, elaborada por John Stuart Mill (o filho de um amigo de Bentham), algo é certo ou errado dependendo das consequências da ação. Essa visão vem da filosofia do utilitarismo de Bentham, também chamada ética teleológica. Bentham acreditava que uma ação seria ética se fornecesse o maior bem para o maior número de pessoas.

Nas palavras de Mill, escrevendo em 1861: "As ações são certas quando tendem a promover a alegria e erradas quando tendem a produzir o inverso da alegria. Por alegria entende-se prazer e a ausência de dor; por infelicidade, dor e a privação de prazer".[8]

Na ética baseada nas consequências, podemos preferir sempre dizer a verdade, porque a honestidade geralmente fornece o maior bem para o maior número de pessoas. Mas violaríamos a regra quando o bem maior ditasse que mentíssemos. Se pudéssemos mentir para impedir o assassinato de nosso irmão, faríamos isso. Se pudéssemos impedir um terrorista de queimar nossa casa de oração, faríamos isso. Se pudéssemos mentir para tornar um parente agonizante mais feliz, faríamos isso.

Como acontece com a ética positiva, há limites claros na ética baseada nas consequências. Considere estas questões: Mentiríamos a nosso esposo ou esposa para esconder uma infidelidade, a fim de evitar conflitos familiares? Roubaríamos de nosso empregador, para obter o dinheiro para comprar brinquedos para nossos filhos? Roubaríamos para fazer uma doação a nossa instituição de caridade preferida?. "É tudo por uma boa causa", dizemos a nós mesmos. "Os fins justificam os meios", contanto que não prejudiquemos a ninguém.

Logo, a diferença entre decisões governadas por uma e outra escola de pensamento pode ser imensa. Dada a divergência, como decidimos quando nossas decisões estão erradas? Depende em parte da ética que adotamos de antemão, quando não estávamos no calor da batalha ética. Sem tomar uma decisão "proativa" quanto ao certo e o errado, arriscamos tomar, impulsivamente, decisões não éticas. Pulamos de uma escola de pensamento para outra. As pessoas "espertas" fazem isso o tempo todo.

Às vezes, o consequencialismo é usado para justificar metas admiráveis. Estudos mostram que três quartos dos médicos acreditam que sua principal responsabilidade seja agir em defesa de seus pacientes, aceitando as normas de reembolso de empresas de assistência médica, contanto que não prejudiquem seus pacientes. Mas a maioria dos médicos, refletindo o raciocínio baseado nas consequências, ainda aprova a fraude contra as seguradoras, se o pagamento for negado inicialmente e pacientes com condições severas precisarem de tratamento (cirurgia cardíaca para colocação de ponte, medicação analgésica intravenosa). (Note, no entanto, que um quarto dos médicos não aprova qualquer fraude em nenhuma ocasião.)[9]

Mas o consequencialismo é usado com frequência para justificar objetivos menos louváveis. Não temos de ir tão longe para encontrar exemplos. Cobramos a mais de um cliente para cumprir com nossas horas cobráveis. Mentimos a nossa família para poupar constrangimento pessoal. Surrupiamos materiais de escritório para uso pessoal. Esta, contudo, é uma aplicação errônea das ideias de Bentham. Ele queria que o maior bem para o maior número de pessoas fosse um alto padrão, para incentivar as pessoas a pensar nas implicações abrangentes de suas ações para outras pessoas.

Para traçar a distinção entre ética baseada em ação e nas consequências em termos mais diretos, considere uma situação hipotética. Imagine-se em um avião sequestrado por terroristas. Um deles encosta o cano de uma arma na cabeça da mulher idosa ao seu lado e diz: "Atire nela". Se você não puxar o gatilho, matando um passageiro inocente, ele diz que irá matar todos no avião.

Se você basear o pensamento na ação e seus princípios o proíbem de matar pessoas inocentes, você não atiraria. Isso pode criar uma situação trágica, mas não um dilema ético. Se você for consequencialista, a situação se tornará muito mais complexa. Se você acreditar que atirar em quem está sentado ao lado salvaria todos no avião, poderia concluir que sua ação (assassinato) ofereceria o maior bem para o maior número de pessoas. Então você não aperta o gatilho.

O terrorista atira nos passageiros nos assentos 1A e 1B e lhe dá o mesmo comando outra vez. "Atire nela!", ele grita. O que você faria? O que é ético?

Suponha que você aperte o gatilho pensando, como Gerstein: "Eu salvarei todas essas pessoas". Para sua surpresa, os passageiros nos assentos 1A e 1B se levantam, tiram seus coletes à prova de balas e saem. Ou digamos que depois de você atirar, os terroristas ainda matem todos no avião. Há vários cenários. O mundo é incerto, e você desconhece o futuro.

Mas não importam os resultados possivelmente surpreendentes, volte ao ponto em que você tomou a decisão de puxar o gatilho. Foi ético? Agora você é um assassino?

Os terroristas podem nos enganar, fazendo-nos assumir a responsabilidade pelas ações deles, e isso obscurece nosso pensamento ético. Mas a responsabilidade por nossas ações é sempre nossa, porque nossas responsabilidades derivam do que podemos controlar e das decisões que podemos tomar. Uma vez que não controlamos as ações terroristas, a decisão deles de matar é escolha deles. Isto é verdade, quer consideremos a decisão do ponto de vista da ética baseada na ação ou nas consequências. Como costumamos dizer: "Somente você pode fazer de si um assassino".

Como muitas situações hipotéticas, esta é fictícia e improvável, mas mostra as diferenças entre as duas filosofias éticas. Entender essa distinção é fundamental para fazermos escolhas éticas acertadas. Basta traçarmos a distinção corretamente, para começarmos a aprimorar a tomada de decisão. (O Apêndice A apresenta um quadro que resume como as distinções que aprendemos até agora funcionam juntas.)

Raciocinar *Versus* Racionalizar

A quarta distinção que devemos traçar para o claro pensamento ético é a diferença entre raciocinar e racionalizar. Raciocinar é um processo de análise para formar julgamentos. Ele esclarece a distinção entre a ação certa e a errada. Racionalizar é um processo de construção de uma justificativa para uma decisão que suspeitamos que na realidade seja falha — e que com frequência se chegou por meio de um processo mental caracterizado pela maquinação e benefício próprio. A racionalização torna propositalmente indistintos o certo e o errado.

Podemos nos enganar ao pensarmos que algo seja justificado quando não é. Esta é uma lição que todos nós aprendemos, provavelmente para nosso constrangimento. Mas na tomada de decisão ética, a racionalização pode se tornar mais do que um erro isolado. Pode se tornar um hábito. Com a prática, podemos perder nossa sensibilidade, a ponto de provavelmente fazermos repetidamente a coisa errada. (Pense em Gerstein.)

Quando racionalizamos, concebemos razões capciosas, mas que nos satisfazem. Ou atribuímos nossas ações a altos princípios morais, quando na realidade nossos motivos são o oposto. Ou fazemos uma analogia falha ou, ainda, inventamos fatos que desejaríamos que fossem realidade. De fato, montamos uma história, mas que, ao ser examinada, não se sustenta.

Normalmente racionalizamos para evitar constrangimento, ir em frente, ou para sermos generosos. Quando marcamos dois compromissos e então dizemos a um cliente que não poderemos comparecer ao compromisso pois temos consulta médica, contamos a nós mesmos a história de que nossa inverdade preserva um relacionamento importante. Quando mentimos sobre nossas habilidades em determinado *software* em uma entrevista de emprego, estamos dizendo a nós mesmos que sabemos que podemos fazer o trabalho de qualquer forma. Quando dizemos a nossa mãe que ela está ótima em um vestido fora de moda, estamos dizendo a nós mesmos que nossa lorota a fará sentir-se melhor consigo mesma.

O eufemismo e o disfemismo desempenham um papel central na racionalização. Quando chamamos alguém de "terrorista", podemos estar usando um disfemismo — fazendo uma atividade parecer pior do que realmente é. Quando chamamos a mesma pessoa de "liberdade", podemos estar usando um eufemismo — fazendo a atividade parecer melhor do que realmente é. De qualquer forma, usando essas palavras nos preparamos para racionalizar os danos causados aos outros.

Ditados populares sobre a racionalização aparecem diariamente: "Se você não puder combatê-los, junte-se a eles", "Se eu não fizer isso, alguém fará", "É para o bem público", "Faz parte do jogo" e "Se isto não prejudica ninguém, qual o problema?". Podemos estar certos de que, quando estamos com essas falas na ponta da língua, estamos distorcendo o raciocínio ético.

Pensamentos prudenciais com frequência vêm revestidos de aparência ética. Mesmo que tomemos a decisão certa, podemos tê-la encoberto com pensamentos espúrios. Presos a interesses prudenciais, podemos ceder a nosso lado fraco, o que é fácil fazer, porque as racionalizações abundam, parecem legítimas e queremos muito acreditar nelas.

Vamos observar um ditado particularmente pernicioso que indica racionalização: "Todo mundo está fazendo isto". Ouvimos isso regularmente e nos sentimos bem com essa afirmação. Em um memorando aos funcionários, Warren Buffett, CEO da Berkshire Hathaway e o segundo homem mais rico dos Estados Unidos, destacou a frase acima como "as cinco palavras mais perigosas em negócios".[10]

Não há nada como o exemplo dos outros, principalmente quando imitados durante meses ou anos, para dar legitimidade a alguma questão. Na pesquisa de contribuintes feita pelo IRS Oversight Board, quatro em cada dez pessoas dizem que a crença de que os vizinhos estão pagando impostos honestamente tem alguma ou muita influência na honestidade de suas declarações de imposto e no pagamento devido.[11] Muitos contribuintes aparentemente dizem a si mesmos: "Se os outros estão manipulando os números, por que eu não faria o mesmo?".

Os conhecidos experimentos conduzidos por Solomon Asch meio século atrás mostram como as ações dos outros podem distorcer grosseiramente nosso julgamento.[12] Asch montou um grupo de oito pessoas em volta de uma mesa, todos aparentemente escolhidos ao acaso. Na verdade, apenas um deles não era cúmplice do experimentador. O experimentador mostrava duas figuras. Uma era simplesmente uma reta preta. A outra era um conjunto de três linhas, uma visivelmente mais longa, uma visivelmente mais curta, e uma do mesmo comprimento que a reta na primeira figura.

Então, pedia-se às pessoas em volta da mesa para compararem as retas. A pergunta-chave era, essencialmente: Qual das três retas tem o mesmo comprimento que a reta da primeira figura? Em um terço dos casos, em que sete cúmplices davam propositalmente a resposta errada, os sujeitos, que ignoravam essa cumplicidade, concordavam. Três quartos concordavam pelo menos uma vez. E embora alguns sujeitos nunca concordassem com o grupo em dar as respostas erradas, alguns sempre concordavam. Esta é a força de "todo mundo está fazendo isto".

Testando a Racionalização

Se nos engajamos em racionalizações apenas nas grandes decisões, podemos esperar que poderíamos nos policiar simplesmente sendo mais cautelosos. Mas racionalizamos em muitas decisões pequenas também, logo distorcemos nosso pensamento em cada nível. Como uma forma de distinguir o raciocínio da racionalização, podemos nos testar de várias maneiras. Na maioria dos casos, um desses testes nos forçará a remover a ótica prudencial:

- Teste de "colocar-se no lugar do outro". A velha pergunta: como nos sentiríamos se estivéssemos no lugar do outro?
- Teste da primeira página. Pensaríamos da mesma forma se isso fosse relatado na primeira página do *Wall Street Journal*? Ou no *New York Times*? Ou *USA Today*? Ou no jornal de nossa cidade natal que é lido pelos amigos?

- Teste baseado na linguagem. Nós nos sentiríamos de forma parecida se substituíssemos nossa linguagem carregada de valor — eufemismo e disfemismo — por uma linguagem neutra?
- Teste do exemplo a ser seguido. Faríamos o mesmo se nossa ação exemplificasse o comportamento que esperamos de nossos filhos?
- Teste do amado. Mudaríamos de opinião se a pessoa que está sendo alvo da transgressão ética fosse um ente querido?
- Teste da mãe. É o mais simples de todos: "O que minha mãe pensaria disso?".

Se não mostramos interesse em fazer essas perguntas, já estamos em terreno movediço. Podemos nos engajar em negações, ou deixar nossas emoções atrapalharem nosso pensamento. Se nos sentimos mal com uma decisão — o suficiente para termos de "confabular sobre ela" — deveríamos ter certeza de que o terreno ético não está desabando sob nossos pés.

Podemos adivinhar que o ex-vice-presidente Al Gore, quando foi descoberto, em 1997, que estava fazendo chamadas telefônicas da Casa Branca para captar recursos, teria se beneficiado muito dessas perguntas. Ele pode ter usado seu cartão para as chamadas, mas a ação dele era expressamente proibida, e ele certamente sabia disso. Ao alegar que não havia jurisprudência que indicasse uma falta dele, ele repetia sua famosa declaração falsa (e ridicularizada): não há "autoridade de controle legal".[13]

O Poder de Distorcer o Contexto

Somos especialmente vulneráveis à racionalização e ao pensamento ético quando nossa situação estimula isso. Separar nossos atos do palco onde estamos atuando pode ser difícil. A influência do ambiente à nossa volta — pessoas e lugar — pode nos levar a fazer coisas que, para os observadores, parecem ser totalmente idiotas.

Um exemplo disso vem dos experimentos de Asch. Mas considere outro tipo de situação, em que enfrentamos a presença de uma pessoa de uniforme. Aprendemos a fazer suposições sobre pessoas uniformizadas, e nossa doutrinação durante a vida toda se mantém conosco durante a tomada de decisão. Quepes, cintos, patentes, insígnias, medalhas, punho — tudo isso povoa nosso pensamento.

Com frequência, as situações acabam mostrando o pior de nós, ao contrário do que pensaríamos. Nenhum experimentador mostrou isso melhor que Philip Zimbardo, professor de Psicologia de Stanford que conduziu o clássico experimento de "prisão" em 1971. Zimbardo converteu o porão do edifício de Psicologia de Stanford em um presídio simulado. Engajou vinte e um universitários do sexo masculino, psicologicamente saudáveis e que agiam de acordo com a lei, a participar do exercício, com o atrativo de um contracheque de 15 dólares por dia. Dividiu aleatoriamente os homens em prisioneiros e guardas, e disse a todos os sujeitos que o experimento duraria duas semanas.[14]

O experimento mostrou rapidamente como, quando usamos os aparatos de um determinado papel, assumimos padrões de comportamento amedrontadores. Os universitários saudáveis do sexo masculino que viraram guardas tornaram-se violentos tão rapidamente que Zimbardo teve de encerrar o experimento em apenas seis dias. No segundo dia, quando os prisioneiros se rebelaram, os guardas os afastaram das portas da cela acionando um extintor de incêndio. Os guardas, então, deixaram os prisioneiros nus, retiraram suas camas e colocaram os líderes em solitárias.

O tratamento abusivo se agravou mesmo depois de os prisioneiros se submeterem totalmente à autoridade dos guardas. Zimbardo explicou posteriormente que os uniformes e os regimentos promoveram o anonimato, a despersonalização e a desumanização — encorajando a violência exatamente como em um presídio verdadeiro. Zimbardo não instruiu os guardas a usarem táticas enérgicas, incomuns, arbitrárias, humilhantes ou desorientadoras. Os próprios guardas inventaram essas táticas — embora representassem, como disse Zimbardo, "a nata da juventude americana". Em um caso, eles fizeram os prisioneiros tirar os espinhos de cobertores arrastados por arbustos cheios destes.

Seguindo o experimento, Zimbardo gravou comentários de prisioneiros e guardas. Os guardas reconheceram ter violado as normas civilizadas. Perceberam que a situação tinha distorcido o seu pensamento. Um deles disse: "Eu fiquei surpreso comigo mesmo... Eu os fiz se xingarem e limparem os banheiros sem usar luvas. Eu praticamente considerei os prisioneiros como animais, e ficava pensando: 'Eu tenho de vigiá-los, pois podem tentar algo'".

Sem suportar as condições durante o experimento, alguns prisioneiros começaram a chorar, tiveram acessos de raiva e depressão incontroláveis. "A patologia [de guardas] observada neste estudo não pode ser atribuída razoavelmente a diferenças preexistentes de personalidade dos sujeitos", escreveu Zimbardo na época. "Em vez disso, as reações anormais dos sujeitos, sociais e pessoais, são vistas mais claramente como produto de suas transações com um ambiente que suportava o comportamento."

Cada sujeito sabia que poderia, tirando cara ou coroa, estar no lugar dos outros homens. No entanto, o contexto influenciou acentuadamente sua capacidade de pensar com clareza sobre a ética. Uniformes, pressão dos colegas, autoridade e contexto, tudo isso distorce nosso pensamento ético de maneira extremamente surpreendente. Nós acharemos útil mesmo na vida diária, permanecer cientes das influências situacionais.

Da Floresta ao Jardim Ético

O caso Zimbardo é uma forte demonstração das influências em nosso ambiente. Mas também deixa claro um aspecto mais geral deste capítulo: se não fazemos distinções, podemos nos perder em uma floresta de transgressões éticas. Mesmo que nos consideremos virtuosos e com bons princípios, nossas mentes podem nos levar na direção errada por um caminho desorientador ou aterrorizante. O maior perigo é escorregarmos por um abismo e acordarmos depois de termos descido muito mais do que gostaríamos.

Podemos especular que os médicos que assassinavam os inválidos no programa nazista T4, iniciado em 1939, falharam não apenas na hora de fazer distinções, mas em muitos momentos, durante muitos anos, e de várias maneiras. Eles se sentiam frequentemente incomodados com suas escolhas e, no entanto, continuavam. Podemos especular de modo semelhante que os engenheiros que construíram fornos nos campos de Auschwitz, Dachau, e de outros lugares falharam de várias maneiras, durante muitos anos.

Um médico do T4 entrevistado pelo professor e psiquiatra Robert Jay Lifton depois da guerra observou que nenhum médico ou enfermeiro aceitaria uma ordem de simplesmente matar uma criança. "Quero dizer, se você levasse um enfermeiro de leito em leito, para atirar nessas crianças... isso não teria funcionado", disse ele. Em vez disso, os médicos usavam doses letais de medicamentos, e usavam seus poderes de racionalização para aceitar o assassinato. Ele concluiu: "Não havia matança em termos estritos... As pessoas achavam que isso não era assassinato, era colocar para dormir".[15]

As palavras de Martin Luther King Jr. são pertinentes: "Nada no mundo é mais perigoso do que a ignorância sincera e a estupidez consciente".[16]

Mas não temos de desconhecer as distinções éticas. Podemos, passo a passo, esclarecer uma floresta de mal entendidos e substituí-la por um jardim de esclarecimentos. Podemos ir além, cultivando distinções que nos ajudam a evitar más ações, e a cultivar distinções que promovem o certo. James Allen, o autor inglês do clássico livro de autoajuda *As a Man Thinketh* (1918), certa vez descreveu uma tarefa: "Assim como um jardineiro cultiva seu terreno, mantendo-o livre de ervas daninhas, e cultivando as flores e os frutos que ele deseja, um homem pode cuidar de seu jardim mental, tirando todos os pensamentos errados, inúteis e impuros, e cultivando à perfeição flores e frutos de pensamentos certos, úteis e puros. Ao seguir esse processo, mais cedo ou mais tarde um homem descobre que é um jardineiro mestre de sua alma, e que dirige sua própria vida".[17]

As habilidades exigidas para atender a essa descrição da função de jardineiro ético mestre começam com aquelas apresentadas neste capítulo: Capaz de distinguir ações éticas e legais daquelas voltadas para nosso interesse próprio. Preparado para traçar uma linha entre ética negativa e positiva. Suficientemente informado para se comprometer com a ética baseada na ação e na consequência. Discernindo o suficiente para refrear a racionalização. Independente o suficiente para separar nossas ações do palco de nossos atos.

As habilidades continuam com aquelas que aprenderemos no próximo capítulo, em que descobrimos os fundamentos para nos tornarmos capazes de tomar decisões éticas competentes. E embora nem todos concordemos, podemos, e devemos, encontrar nossos próprios parâmetros.

➤ Sua Vez: Ética nas Notícias

Distinguir questões prudenciais, legais e éticas requer prática. Escolha um artigo do jornal que pareça tratar de uma situação eticamente delicada. Identifique as três dimensões da decisão: prudencial, legal e ética. Identifique quaisquer racionalizações usadas para justificar ações eticamente delicadas.

CAPÍTULO 3

Consulte as Referências

Descobrindo Nossos Princípios Éticos

No cerne de seu ser, você tem a resposta.
Você sabe quem é e sabe o que quer.

Lao Tsé[1]

ALI HASAN, engenheiro nascido no Oriente Médio, trabalha há oito anos para uma empresa norte-americana. Como muitos jovens profissionais, ele não estava de acordo com todas as práticas que encontrou na empresa. O que mais o incomodava: seu chefe favorecia o nepotismo. Hasan achava que essa prática cultural comum no Oriente Médio abalava a excelência da empresa, quaisquer que fossem os méritos dos contratados. Principalmente no Vale do Silício, Califórnia, os amigos e a família muitas vezes não eram as melhores contratações.[2]

A opinião de Hasan não se aplicava apenas à empresa onde ele trabalhava. Ele duvidava que o nepotismo fosse eticamente correto, mesmo em sua terra natal. "O povo do Oriente Médio... tem muito respeito por laços consanguíneos e de credo", disse ele. "O nepotismo é muito comum no meu país e eu não aprovo isso." Ele considerava o nepotismo "um dos principais fatores que contribuem para o retrocesso e a destruição de nossos países", o que talvez seja um exagero.

Ao lutar contra a questão do favoritismo, Hasan enfrentou o mesmo desafio que todos nós: escolher entre a gama de princípios éticos reunidos durante uma vida inteira para decidir quais deles afirmamos ser os nossos. Hasan, um aluno nosso cujo nome mudamos para proteger sua privacidade, percebeu que nunca questionou explicitamente quais princípios adotava e quais rejeitava. Como ele estabeleceria esse limite, quando se viu dividido entre o certo e o errado?

Para aprendermos a fazer escolhas éticas claras, todos nós temos de examinar o que aceitamos e rejeitamos. Devemos vasculhar nosso vasto repertório de crenças filosóficas, religiosas, culturais e sociais. Somente ao iluminar cada uma, decidimos quais delas nos parecem certas. Quais delas fazem parte não apenas dos ideais de nossa família, de nossos ideais religiosos, dos ideais de nossa nação, mas de nossos próprios ideais? Com que valores contaremos para criar os princípios de nosso código ético pessoal?

Depois de estudar um pouco, Hasan reafirmou seu compromisso com o Islã, cujo Shariah prescreve as ações que devemos praticar como rotina, de maneira comparável a andar, conversar, comer e dormir. Ele também reafirmou seu compromisso com condutas virtuosas, como fazer caridade. Mas não pôde reafirmar todos os sinais de sua herança cultural. Deixou de lado — por considerar eticamente errado — a prática de privilegiar a família e amigos nos negócios, o que considerava injusto.

Neste capítulo, exploraremos o coro de diversas vozes éticas que emanam do fundo de todos nós. Buscaremos uma orientação ética harmoniosa e descartaremos as dissonâncias. Este capítulo deveria se tornar um guia para fazermos uma lista daqueles princípios que nos inspiram, uma lista que poderá, portanto, estimular a reflexão sobre outros princípios importantes.

Uma advertência: não estamos buscando uma ética pronta, enlatada, fora de nós mesmos. Estamos procurando um conjunto específico de princípios que, extraídos de nossos entendimentos e sentimentos mais profundos, examinamos e adotamos. Então seremos capazes de reafirmar o que mais importa em nossas vidas, sem nos deixarmos confundir com conversas cruzadas e a inércia que, com tanta frequência, nos impede de seguir os sons genuínos de nossa voz interior.

Quando reafirmamos nossas inclinações éticas, estamos nos preparando para assumirmos o compromisso com princípios que nos permitam criar nosso código ético, que será o assunto do próximo capítulo. Ao identificarmos os princípios que prezamos, consciente ou inconscientemente tirados da religião, da educação e da cultura, ficamos totalmente preparados. Só então, quando os princípios que articulamos ressoarem com nossa voz interior, poderemos dizer que estamos prontos para seguir atentamente valores que deem sustentação à tomada de decisões éticas competentes.

Nosso Legado Religioso

Para muitos de nós, os veios mais proeminentes da orientação ética vêm da religião. Seja ou não uma opção nossa, absorvemos todos os tipos de princípios e normas de conduta das escrituras, parábolas e histórias derivadas de profetas, discípulos e sagas. Mesmo que sejamos ateístas, absorvemos ensinamentos tecidos em nossa trama social e cultural.

As primeiras coisas que absorvemos na infância são referências baseadas na ação. Ditados da religião, por exemplo, em geral não nos pedem para ponderarmos as consequências antes de decidirmos mentir, trapacear ou roubar. Eles não sugerem que calculemos, nas palavras da filosofia moral de Jeremy Bentham: "o maior bem para o maior número de pessoas". Eles recomendam uma decisão baseada na ação, seguindo Immanuel Kant. Como resultado, quando crianças, seguimos o simples imperativo de fazer o que acreditamos ser a "coisa certa".

Os primeiros imperativos que consideramos em geral são os negativos: os "Não deverás...". No Cristianismo e no Judaísmo, a ética negativa vem de admoestações como aquelas presentes nos Dez Mandamentos, a linguagem ética mais explícita na Bíblia. Primeiro, no Êxodo, 20:2-17, e então em Deuteronômio, 5:6-21, lemos: "Não matarás... Não roubarás. Não levantarás falso testemunho contra o teu próximo".

No hinduísmo, encontramos linguagem similar. No primeiro dos oito estágios do yoga, práticas que podem datar de cinco mil anos, encontramos os dez *yamas*, ou "restrições". Incluem *ahimsa* (não violência), *satya* (verdade) e *asteya* (integridade).[3]

No budismo, encontramos os "cinco preceitos": "o preceito de não matar... roubar... [e] não mentir".⁴

No Islã, encontramos mensagens éticas semelhantes no Corão, fundamentadas na sagrada Suna e, mais tarde, no Hadith*. Em seu Sermão de Despedida em Meca, em 632, o profeta Maomé lembrou seus seguidores sobre ética negativa básica. É interessante que ele também advertiu sobre a queda sem volta: "Cuidado com Satã... Ele perdeu toda a esperança de que será capaz de levá-los a cometer grandes pecados, por isso cuidado em segui-lo nas pequenas coisas".⁵

Note que nem todos os princípios religiosos são princípios éticos. Os princípios éticos que proíbem "más ações" são acompanhados, com frequência, daqueles relacionados à prudência. Nos Dez Mandamentos, temos: "Lembre-se do dia de sábado". No budismo, temos o preceito de nos abstermos de "todos os tipos de tóxicos que causam negligência". No Islã, temos a proibição de jogar. Embora essas regras possam ser importantes, para a maioria das pessoas elas não são éticas. Precisamos ter cautela para não confundir as duas.

Devemos também ter cautela com outras duas fontes de confusão. Uma delas é que as religiões, principalmente o budismo, enfatizam a importância de vigiarmos nossos pensamentos, e não apenas nossas ações. Mas lembre-se da introdução, pensamentos "certos" e "errados" não são questões éticas; o que conta é o comportamento. A segunda confusão que pode ocorrer é que algumas orientações religiosas sobre ética são vagas demais para estimular a tomada de decisão ética acertada. Nos Dez Mandamentos, temos um refrão comum nas demais religiões: "Honra teu pai e tua mãe". Mas, palavras como "honra" são difíceis de interpretar.

Uma história antiga do Mahabarata hindu, o poema épico religioso mais longo do mundo, mostra que os ditames religiosos são insuficientes para a tomada de decisão acertada. Em uma versão moderna dessa história, um asceta chamado Kausika está na floresta quando ouve um barulho.⁶ Ele vê um homem sendo perseguido por uma gangue de ladrões. O homem corre para Kausika e se esconde nos arbustos atrás dele. Os ladrões param e perguntam a Kausika se ele viu o homem. O que Kausika faz?

---

* Hadith, ou Hadiz, é um corpo de leis, lendas e histórias sobre a vida de Maomé. (N. do T.)

Ele diz a verdade, como sua religião o instruíra. Os ladrões arrastam o homem dos arbustos, o roubam e o matam.

A história termina quando Kausika morre e acaba no inferno. Ele pergunta a Deus: O que fiz em minha santa existência para ir parar no inferno? Deus diz a ele: Seu dever era proteger a vida daquele homem, e você não fez isso. A moral da história é que seguir mecanicamente as escrituras pode colocá-lo em dilemas graves. Não importa qual seja a nossa fé, precisamos refletir mais sobre questões profundas de comportamento ético a fim de tomarmos a decisão certa.

Os próximos imperativos que consideramos de nossos exemplos religiosos são os positivos. A orientação religiosa sobre os "deveres" é mais difusa e às vezes contraditória — principalmente se não seguirmos as regras estritamente ou se seguirmos princípios de outras crenças religiosas. Essa ética positiva pode ser pensada como um conjunto de comportamentos que preenchem uma tabela periódica de elementos éticos. Nossa tarefa é decidir quais desses elementos consideramos nossos.

No Corão, toda forma de abnegação é encorajada. A caridade é um tema comum: "Trate com bondade seus pais e parentes, os órfãos e os necessitados; fale com justeza a seu povo; ore com firmeza; e pratique a caridade regularmente".[7]

No budismo, a ética positiva é ilustrada com frequência em uma das muitas histórias sobre o Buda em vidas anteriores. Conta-se a lenda do futuro Buda na forma de uma tartaruga marinha. Durante uma tempestade, um grupo de mercadores luta para sobreviver a um naufrágio. A tartaruga gigante salva os mercadores, deixando-os subir em seu casco. Então, nada até terra firme onde, exausta, adormece com os mercadores na praia.[8]

Os mercadores acabam acordando com fome e sede, desejando comida. Um deles sugere matar a tartaruga. A tartaruga ouve a conversa desesperada, sem, no entanto, fugir. Por compaixão, decide ficar e deixar que os mercadores a comam. Sacrifica-se pelo bem dos outros.

Ensinamentos sobre essa forma de abnegação preenchem também a Bíblia. Durante o Sermão da Montanha (Mateus 5-7), Jesus elabora os Dez Mandamentos. Ele desafia seus discípulos: "Eu, porém, vos digo: não resistais ao perverso; mas a qualquer um que te ferir na face direita, volta-lhe também a outra; e ao que quer demandar contigo e tirar-te a túnica, deixalhe também a capa. Se alguém te obrigar a andar uma milha, vai com ele duas. Dá a quem te pede e não voltes as costas ao que deseja que lhe emprestes" (Mateus 5:39-42).

Evidentemente, a pergunta que surge é: como os meros mortais aplicam essa ética positiva refinada à vida diária? Jesus mais tarde descreve (Mateus 25:31-36) a ética positiva daqueles escolhidos para o Paraíso: "Porque tive fome e me destes de comer; tive sede e me destes de beber; era forasteiro e me hospedastes; estava nu e me vestistes; enfermo e me visitastes; preso e fostes ver-me".

Se formos como a Madre Teresa de Calcutá, ganhadora do Prêmio Nobel da Paz em 1979, seguiremos à risca as injunções de Jesus. Ela fundou as Missionárias da Caridade, uma instituição agora global, com quatro mil irmãs. Ela acolhia os mais pobres e doentes da humanidade, desde crianças abandonadas até vítimas da AIDS. Para todos os fins e propósitos, a missão dela ecoava as palavras de Jesus, como zelar pelos "famintos, esfarrapados, desabrigados, aleijados, cegos, leprosos, todos aqueles que se sentem indesejados, mal amados, desamparados, pessoas que se tornaram um peso para a sociedade e que são evitadas por todos."[9]

Mas, novamente, o que isso significa para aqueles que têm uma vida comum? Se nos voltarmos para o budismo, também temos essas orientações. Ao receber o Prêmio Nobel da Paz em 1989, Dalai Lama, líder do budismo tibetano, encerrou seu discurso com sua oração preferida:

Pois enquanto o espaço resistir,
E enquanto houver seres humanos,
Que eu também permaneça
Para dispersar a miséria do mundo.[10]

Então, todos nós deveríamos tomar como exemplo "dispersar a miséria do mundo"? Mesmo dispersar uma pequena parte dela já é uma tarefa imensa. Essa orientação pode nos fazer sentir à deriva. Infelizmente, se buscarmos na escritura uma descrição de como deveríamos seguir diretrizes éticas positivas na vida diária, ficaremos desapontados. Raramente encontramos regras rígidas, talvez com exceção de referências ao dízimo, definido como doar 10% da renda para o sustento do clero ou da Igreja.

É por isso que precisamos fazer outra distinção, entre a ética positiva e as aspirações. Ao separarmos o certo do errado, buscamos esclarecer a ética positiva. Ao imaginarmos como queremos viver, também pensaremos em nossas aspirações. Mas identificar nossas aspirações não é uma tarefa ética, mesmo que a reflexão ética estimule práticas éticas. E quando não alcançarmos nossas aspirações não seremos antiéticos, mesmo que esse processo nos deixe desapontados.

Logo, ao pesquisarmos os exemplos a seguir, nos limitaremos à pergunta ética: O que requer a conduta "certa"? Se somos compelidos a considerar uma ética positiva, percebemos que devemos confrontar a questão de como estabelecer uma linha divisória. A quantos desabrigados acolheremos? A quantos esfarrapados daremos o que vestir? Quanta miséria no mundo dispersaremos? Se analisarmos nossa educação religiosa, o que nossa voz interior nos diz?

Entre as religiões, surge uma regra prática útil: a Regra de Ouro. Os muçulmanos a veem como "Nenhum de vocês é fiel até desejar ao irmão o que deseja a si mesmo" (Suna, 40, Hadith de Nawawi 13). Os cristãos podem ver isso como "Tudo quanto, pois, quereis que os homens vos façam, assim fazei-o vós também a eles" (Mateus 7:12). Variações semelhantes aparecem em outras religiões.

Uma visão surpreendente nos chega quando examinamos a Regra de Ouro. Como as determinações éticas negativas e positivas baseadas na religião, nem sempre ela provê orientação clara. Em princípio achamos que essa regra irradia uma luz ética com uma orientação definitiva. Mas quando examinamos uma questão pelo prisma do pensamento ético, a luz se divide em um espectro de cores.

Em nossas aulas, conduzimos um exercício para ressaltar esse ponto — e ajudar todos os alunos a pensarem o que significa a Regra de Ouro para eles. Em parte por diversão, fizemos uma seleção das "Regras de Metal", ou variações da Regra de Ouro. Então comentamos sobre a natureza de cada uma. A Regra de Ouro trata da noção de reciprocidade — colocar-nos no lugar do outro. Usando nosso prisma, vemos mais cores da reciprocidade do que tínhamos imaginado.

Regra de Ouro (reformulada como ética positiva): "Faça aos outros o que deseja que eles façam a você". (Significado tanto na forma positiva quanto negativa: nossas preferências governam o modo como tratamos os outros.)

Regra de Platina: "Faça aos outros o que eles esperariam que você fizesse". (Significado: as preferências dos outros governam a maneira como você os trata.)

Regra de Diamante: "Faça aos outros o que Buda, Maomé ou Jesus (ou a figura venerada por você) faria para você". (Significado: nossas aspirações governam a maneira como tratamos os outros.)

Regra de Prata: "Não faça aos outros o que você não gostaria que eles fizessem com você". (Nossas preferências éticas negativas governam nosso comportamento.)

Regra de Bronze: "Faça aos outros o que eles fazem a você". (As preferências dos outros governam nossas ações, boas ou más.)

Regra de Alumínio: "Não deixe que os outros façam com você o que você não faria a eles". (Nossas preferências pela ética negativa governam o comportamento preventivo.)

Regra de Chumbo: "Arruíne os outros que o arruínam. (Nossa tentação de revidar vence o comportamento ético.)

Regra de Ferro: "Faça aos outros antes que eles façam com você". (Nossa antecipação de comportamento antiético vence as decisões éticas.)

Você pode notar a variedade de pensamentos envolvidos na Regra de Ouro. E poderíamos inventar mais regras — e você pode fazer isso por conta própria. O exercício nos faz rir — rimos primeiro porque percebemos que todos seguem cada uma dessas regras em algum momento, e rimos (talvez de nervoso) porque percebemos que nos falta clareza para interpretar a Regra de Ouro.

As Regras de Metal nos ajudam a perceber algumas das fraquezas da Regra de Ouro.[11] Não impedem realmente atos não éticos de ambas as partes. Não definem quem é o "outro" quando o receptor de nosso comportamento não é uma pessoa específica. E em escritos religiosos, a Regra de Ouro vem de várias formas, algumas com significados diferentes.[12]

Logo, temos de fazer certas escolhas sobre o que a Regra de Ouro significa para nós. Temos de analisar as palavras e decidir qual delas adotar.

Se somos cristãos ou judeus, saberemos uma forma bem parecida, mas diferente da Regra de Ouro, às vezes referida como a lei real: "Amarás ao teu próximo como a ti mesmo" (Levítico 19:18, Marcos 12:31, James 2:8). Quando perguntaram a Jesus qual era o primeiro mandamento, ele citou a lei real (Só vinha atrás do mandamento para amar a Deus "de todo o teu coração, e de toda a tua alma, e de toda a tua mente e força" [Marcos 12:28-31].)

Se tivéssemos de seguir a lei real, teríamos de saber o que significa amar. Em Corinto 13:4-7, Paulo nos diz: "O amor é paciente, é benigno; o amor não arde em ciúmes nem se ufana; não se ensoberbece, não se conduz inconvenientemente, não procura os seus interesses, não se exaspera, não se ressente do mal; não se alegra com a injustiça, mas regozija-se com a verdade; tudo sofre, tudo crê, tudo espera, tudo suporta".

Novamente, cabe aqui uma advertência. A lei real nos ajuda, mas seu apelo a nossas aspirações soa mais adequado para casamentos do que para a vida diária. Resta-nos lutar. A lição: nossas referências religiosas simplesmente não oferecem um algoritmo ético para nos dar respostas fáceis — ou pelo menos que sejam fáceis de seguir na vida. Não são uma referência incontestável para dar sustentação a decisões claras. Temos que ponderar. Temos que refletir.

Nosso Legado Secular

Depois da religião, talvez o veio mais proeminente da orientação ética venha de nossa educação — da família, escola, amigos, comunidade e nação. Quando olhamos para essas influências seculares, a dificuldade de chegar a princípios pessoais sólidos torna-se realmente maior — embora mais importante — porque surgem muitas nuances e conflitos.

Ao contrário de referências religiosas, as referências de nossa vida secular tendem a ser mais voltadas para as consequências. Isso porque, enquanto estamos crescendo, a ética é aprendida na prática. Vemos como os outros equilibram princípios éticos com a prudência e, ironicamente, quando eles se comprometem. Em nossa educação secular, muitas vezes temos de optar quando aderimos à abordagem baseada na ação e quando devemos agir, mas pensando nas consequências — em outras palavras, quando os meios questionáveis significam justificar os fins em nosso benefício próprio.

Se ouvimos as vozes de Moisés, Buda, Maomé e Jesus para estabelecer ideais éticos da religião, vemos mães, pais, professores admirados, líderes de movimentos ou organizações, mentores e amigos modelarem nossas práticas éticas na vida diária. Considere, como exemplo de ensino paterno, uma passagem da literatura. Em Hamlet, de Shakespeare, o conselheiro real Polônio dá um conselho a seu filho Laerte e termina sua fala clássica assim:

> *Presta ouvido a muitos, tua voz a poucos.*
> *Acolhe a opinião de todos – mas você decide.*
> *...Não empreste nem peça emprestado:*
> *Quem empresta perde o amigo e o dinheiro;*
> *Quem pede emprestado já perdeu o controle de sua economia.*
> *E, sobretudo, isto: sê fiel a ti mesmo.*
> *E, mais que tudo, como a noite segue o dia,*
> *Jamais serás falso pra ninguém.*[13]

Como muitos pais, Polônio dá seu conselho ético soberano ao filho: "sê fiel a ti mesmo". Mas ele dá muitos indicadores de prudência também, quando sugere que Laerte pondere as consequências de suas ações. Laerte pode aprender, dos fundamentos religiosos, a dar o máximo de si para ajudar aos outros, mas com seu pai ele aprende a nunca emprestar um níquel a ninguém.

Tal conflito é comum, e aparece o tempo todo enquanto crescemos. Os pais dizem uma coisa e, se for conveniente aos interesses deles, fazem outra. Imagine por um instante que o telefone esteja tocando hoje em uma casa, tendo Polônio como o chefe da família. Enquanto o pequeno Laerte corre até o aparelho, Polônio, cansado de um longo dia de aconselhamento real, cochicha: "Se for o Príncipe Hamlet, diga a ele que não estou aqui". É muito para ser verdade, Laerte pensa.

Apesar dos conflitos de nossa educação, nossa primeira tarefa, como acontece com as referências religiosas e filosóficas, é pesquisar a ética negativa em nossas bases seculares. Muitas delas serão as mesmas que as religiosas, mas há exceções. Atualmente, há um grande conflito, não importa nossa fé, quanto à ética do sexo. Os religiosos em geral proíbem o adultério e o sexo antes do casamento. Logo, temos que tomar uma decisão explícita de que tipo de comportamento sexual consideramos certo e errado.

Em nossas aulas, os alunos têm dificuldade com isso. Para alguns deles, a felação não é sexo. (Nem o é para alguns presidentes.) Para outros, tais decisões não são éticas, referindo-se meramente a agir com prudência.

O comportamento de amigos e, mais particularmente, líderes da sociedade formará outra base para o comportamento ético. Que ecos ouvimos daqueles que admiramos, que se harmonizam com nossa voz interior? À medida que buscamos homens e mulheres grandiosos, em geral podemos nos afastar de príncipes, presidentes e políticos. Encontramos mais exemplos éticos em pessoas como Albert Einstein, Nelson Mandela e Mahatma Gandhi.

Gandhi, justificadamente o líder ético mais influente do século XX, inspirou pessoas no mundo todo com sua conduta ética. Quando a violência piorou durante o movimento de independência na Índia, ele defendeu com firmeza a não violência. Em 1919, tropas britânicas massacraram pelo menos 379 civis indianos em Jallianwala Bagh, uma praça pública no Punjab. O massacre só acabou quando as tropas ficaram sem munição após dispararem 1.600 cartuchos. A reação dos indianos foi violenta; pelo menos cinco europeus morreram. Gandhi pediu que se contivessem, dizendo que os indianos não deveriam revidar, mas, em vez disso, trabalhar para mudar o sistema. Seus atos pela resistência sem violência (satyagraha) tornaram-se modelos para outros líderes como Martin Luther King.[14]

Em um nível mais modesto, podemos encontrar exemplos notáveis até mesmo nos esportes. Quando, em 1990, a Universidade de Colorado consagrou sua vitória contra o Missouri, apesar de vencer em um *fifth down* dado por erro, os comentaristas esportivos revelaram ser um exemplo melhor.[15] Em 1940, em um jogo de futebol americano entre Cornell e Dartmouth, Cornell venceu o jogo com um passe de *touchdown* em outro infame *fifth down* concedido por erro. Depois de rever o jogo nos dois dias seguintes, o treinador e o diretor atlético do Cornell reconheceram o erro. Eles abriram mão da vitória por telegrama: "Cornell renuncia de sua reivindicação à vitória e parabeniza o Dartmouth".[16]

As escolas fornecem material extra para referências éticas. Muitas, como a Universidade de Stanford, têm códigos que focam o plágio e a cola. Professores queridos, artigos de professores e trabalhos escolares publicados com frequência oferecem ainda mais material. Na década de 1980, um aluno em Grinnell College, Iowa, enquanto preparava um trabalho sobre os Irmãos Karamazov, de Dostoiévsky, copiou duas ideias inteligentes de dois especialistas em Dostoiévsky sem mencionar os devidos créditos. O professor notou a cópia no ato, e sentou-se para conversar com o aluno sobre os males do plágio. O professor poderia ter reprovado o aluno ou o expulsado do curso. Em vez disso, explicou como o aluno estava enganando a si e aos outros. Aquele aluno, um dos autores deste livro, levará essa experiência para sempre.

Um código de honra que fornece um parâmetro útil para referências baseadas na escola é aquele seguido em West Point, uma academia militar norte-americana. O código espartano, agora famoso, está gravado em granito polido no *campus* da escola: "Um cadete não mentirá, enganará, roubará nem irá tolerar aqueles que agem assim".[17]

O código é notável, mas não por sua rigidez. Nem por funcionar bem, visto que, na década de 1970, 150 cadetes foram pegos colando em uma prova sem consulta, um episódio que até hoje assombra a academia. Contudo, ele é notável pela maneira como a academia militar define o significado de vários termos.

Mentir tem um significado nada ambíguo. Uma parte da definição é "enganar deliberadamente outra pessoa declarando uma inverdade, ou usando qualquer forma direta de comunicação, para incluir uma verdade parcial ou o uso vago ou ambíguo de informações ou linguagem, com a intenção de enganar ou induzir a um erro".

Outra parte trata de equivocar. Equivocar ou "usar evasivas" é usar linguagem deliberadamente vaga, enganosa ou ambígua. Em geral, ocorre quando um cadete diz uma verdade literal que sabe que enganará outra pessoa, quando alguém diz uma meia verdade, ou quando uma pessoa tenta evitar dizer uma inverdade fazendo afirmações vagas com a intenção de enganar a outra".

O código traz uma especificidade similar sobre o roubo: "Roubar não exige a posse de objetos tangíveis. Obter um serviço sem permissão ou pagamento constitui roubo. Mexer no mecanismo de uma máquina de fliperama para jogar sem pagar, usar TV a cabo com ligação clandestina, entrar no cinema sem pagar, e usar o cartão de telefone e o número de identificação dos outros sem permissão são exemplos de roubo de serviço".

Tomar emprestado também pode ser roubo: "Tomar emprestado impropriamente ocorre quando um cadete toma a propriedade de outro com a intenção de devolvê-la, mas sem a prévia permissão verbal ou escrita, ou deixa de devolvê-la de uma maneira e em condição satisfatória ao dono".

O código do West Point é criticado por ser rigoroso demais. De fato, uma oração de cadetes evoca elevados princípios morais: "Faça-nos escolher o certo, mais difícil, ao errado, mais fácil, e nunca nos deixe nos contentarmos com uma meia verdade quando toda ela pode ser conquistada". Mas o código fornece um padrão claro útil, pois esclarecemos nossa ética negativa.

Enquanto ponderamos nossa educação secular, também desejaremos procurar a ética positiva. Pais, líderes e escolas, todos fornecem modelos úteis como referências. Quando Nelson Mandela foi solto após vinte anos de prisão em 1990, não expressou amargura, não exigiu revide. Em vez disso, sua ética positiva de reconciliação evitou a guerra civil. Certa vez, ele disse: "Nossa conversa com o inimigo privilegiou a razão em vez da emoção, sem isso nosso país teria se transformado em rios de sangue".[18]

Para os Estados Unidos da América, que eram um país jovem, Benjamin Franklin foi uma fonte de ética positiva. Franklin criou e revelou em sua autobiografia um sistema para praticar 13 virtudes, as quais incluíam um misto de ética positiva, negativa e regras para agir com prudência. Entre elas, estão o comedimento ("beber com moderação"), a sinceridade ("[falar] com inocência e justiça"), o controle ("suportar danos físicos sem ressentimentos"), a humildade ("Imitar Jesus e Sócrates") e a castidade ("Raramente usar o prazer senão para a saúde ou para procriar"). Franklin até mantinha um registro diário de bolso, no qual anotava as fraquezas por categoria.[19]

No entanto, outros elementos de nossa educação que são úteis como referências éticas incluem valores expressos por instituições cívicas. No nível básico, existem grupos de jovens, como os escoteiros, com suas leis e juramentos. (A ênfase na lealdade e obediência, como vimos no último capítulo, tem um valor ético questionável.) No nível global, podemos considerar úteis os valores das Nações Unidas, codificados em muitos documentos. A Declaração Universal dos Direitos Humanos, agora com mais de cinquenta anos de existência, apresenta uma formulação da Regra de Ouro: "Todo ser humano... deveria agir com os outros por meio de um espírito de irmandade".[20]

Nossas referências seculares fornecem muita perspectiva sobre a Regra de Ouro? Como referência, o código West Point fornece, mais uma vez, material útil. O sistema ético de West Point inclui "Três Regras Práticas".[21] As regras, ou mais exatamente perguntas, definem essencialmente a Regra de Ouro.

Se um cadete puder responder "não" a todas as três perguntas, uma ação é aceita como satisfatória:

a. Esta ação tenta enganar ou permitir que alguém seja enganado?
b. Esta ação ganha ou permite o ganho de privilégio ou vantagem ao qual eu ou alguém não teria direito?
c. Eu ficaria insatisfeito com o resultado se fosse eu quem sofresse essa ação?

Todos nós acharíamos útil articular de forma semelhante nossa própria afirmação de reciprocidade.

Nosso Legado de Trabalho

Depois das referências religiosas e seculares, as mais importantes em nossas vidas são as referências do mundo do trabalho. Qual é a política da empresa e como as pessoas se comportam? O que se espera de nossa profissão?

Muitos anos atrás, o diretor-executivo de uma indústria automotiva se deparou com uma decisão difícil em Taiwan. Para que as mercadorias saíssem da doca e entrassem em um navio para os Estados Unidos e o Canadá, os estivadores exigiam pequenas propinas, os chamados pagamentos facilitadores, de cerca de 40 dólares. O diretor não aceitava a ideia, e esta ia contra a política da empresa, mas não conseguia ver uma forma de evitá-la. Decidiu chegar a um acordo. Em vez de esconder as propinas, ele as autorizava, contanto que aparecessem abertamente na contabilidade mensal.[22]

"Dissemos que comprometeríamos nossos princípios, mas essa transgressão estaria acima da diretoria, e não abaixo", disse o diretor-executivo. Ele admitiu ter errado, mas negou-se a considerar este um direito seu. Pelo menos esse executivo foi honesto consigo mesmo.

Histórias como essa alimentam a teoria de que o trabalho e a ética privada são diferentes. Não concordamos. O trabalho e tentações particulares podem ser diferentes. As pressões para agirmos com prudência e ponderarmos sobre o custo de deixar de tirar as mercadorias da doca na Ásia parecem colocar as decisões em uma luz diferente. Mas temos de contar com a mesma consciência para tudo o que fazemos. Nossa voz interior permanece conosco, qualquer que sejam nossas ações. Racionalizações encobrem com tinta erros éticos hoje, mas quando a pintura descasca, tudo se torna visível, com resultados onerosos.

É por isso que a maioria das empresas hoje tem códigos de ética estritos e detalhados. Esses códigos exigem o alto compromisso dos funcionários, detalhando tanto a ética positiva quanto a negativa. Como os documentos da Business Roundtable, da Câmara Internacional de Comércio ou da Organização de Cooperação e Desenvolvimento Econômicos (OECD)**, esses códigos podem prover referências úteis para nossos códigos pessoais. (Por outro lado, se os códigos têm cláusulas como "não falaremos mal de um produto concorrente", eles podem criar conflitos em dizer a verdade.)

Mas no final, a conduta de gerentes tem muito mais peso como uma referência ética influente do que os códigos escritos. Podemos esperar que outras ações do executivo no ramo de autopeças reafirmem o que ele defende. Na pesquisa para este livro, um dentista reclamou de pacientes que lhe pediram para alterar seus diagnósticos, a fim de terem reembolsos mais altos do seguro. O dentista achou a solicitação detestável, e disse: "Se eu me dispusesse a fraudar a seguradora, o que os levaria a pensar que eu não os enganaria?".

** Sigla para Organisation for Economic Cooperation and Development. (N. T.)

Pelo menos tão importantes quanto as declarações éticas defendidas pela empresa são aquelas defendidas por organizações profissionais. Códigos profissionais têm éticas positivas e negativas extensas e de alto nível. Ressaltam a transparência, a sinceridade, a confidencialidade do cliente, a veracidade e a integridade. Insistem em se cumprir com o dever para com a sociedade e a profissão, e em assumir a responsabilidade pelas habilidades profissionais em contínuo aprimoramento. São um complemento essencial para outras referências.

Cada código profissional lida com particularidades da profissão e, dessa forma, fornece orientação única. No código para treinadores do Comitê Olímpico dos Estados Unidos, uma questão proeminente é o risco de relações de exploração. Uma seção diz o seguinte: "Treinadores não devem se engajar em relações sexuais/amorosas com atletas ou outros participantes sobre quem o treinador tem autoridade de avaliar, direta ou indiretamente, porque tais relações provavelmente viriam a prejudicar o julgamento ou seriam exploratórias".[23]

O código da American Medical Association trata de uma questão de importância similar para os médicos: "O direito de decisão do paciente pode ser exercido efetivamente se ele possuir informações suficientes que lhes permitam uma escolha consciente. O paciente deve decidir quanto ao seu tratamento. A obrigação do médico é apresentar os dados médicos... O consentimento informado é uma política básica tanto na ética quanto na lei que os médicos devem honrar".[24]

A questão da confidencialidade do cliente aparece com frequência nas profissões, principalmente no Direito. As normas de conduta profissional da American Bar Association proíbem a revelação de informações sem o consentimento do cliente. Ainda assim, os advogados podem revelar informações se acreditarem que elas "impedirão a morte ou danos corporais sérios... Impedirão o cliente de cometer um crime ou fraude [substancial]... Impedirão, mitigarão ou retificarão lesão substancial aos interesses financeiros ou à propriedade de outro".[25]

Hoje quase toda profissão tem um código de ética. É verdade que, nos noticiários diários, temos a impressão de que muitos profissionais o ignoram. Mas histórias profissionais inspiradoras surgem o tempo todo e ao longo da história. Outro exemplo histórico é um incidente da década de 1820 que oferece um paralelo direto com a história da tartaruga (Buda) que se sacrifica pelos mercadores. Na busca de cachalotes no Oceano Pacífico, o navio Essex de Nantucket, de caça de baleias, afundou depois de colidir com um cachalote perigoso. A tripulação do navio, à deriva no mar em três barcos a remo, salvou-se recorrendo ao canibalismo.

Recriando essa história original, o autor Nathaniel Philbrick reconta como, em um dado momento, os marinheiros sobreviventes, à deriva durante mais de dois meses, optaram por não morrer de fome juntos.[26] Eles concordaram, em vez disso, em sortear, e o azarado permitiria que os outros o matassem para terem alimento. Em essência, a morte dele seria um ato de autossacrifício, o ato máximo de compaixão, reconhecido por todos antecipadamente.

Apesar de ser uma história repugnante, não há dilema ético aqui. A matança e o canibalismo foram atos premeditados, prudenciais, e não éticos. Da tripulação de 21 homens, oito sobreviveram, sendo resgatados três meses após o naufrágio do navio.

Engano dos Ricos e Famosos

Após pesquisarmos referências religiosas, seculares e profissionais, temos uma base ampla para tomar decisões sobre nosso próprio código de ética. Ao nos valermos das orientações disponíveis, precisamos ter cautela com falsas referências. Como vimos no Capítulo 1, mesmo Abraham Lincoln por vezes não ofereceu um modelo que poderíamos chamar de referência, por mais que ele acreditasse em suas declarações contraditórias.

No entanto, Lincoln foi responsável por divulgar as inverdades de outro presidente. Quando era um jovem congressista, na década de 1840, ouviu enquanto o presidente James K. Polk defendia a doutrina de Manifest Destiny.[27] Polk "esticou" a verdade para atender à sua visão de uma nação que se estenderia do Atlântico ao Pacífico. Em um discurso no Congresso, em 1846, ele disse aos legisladores que o exército mexicano penetrou nos Estados Unidos e "derramou sangue americano sobre solo americano".

Isso não foi verdade; soldados mexicanos tinham assassinado soldados norte-americanos, mas em território contestado. A história de Polk lhe deu a desculpa para incitar o Congresso a declarar guerra contra o México. Lincoln, indignado com a iminente guerra entre México e Estados Unidos, desafiou Polk: "Mostre-me o lugar no solo americano onde sangue americano foi derramado".[28]

Se tivermos que procurar pelos "grandes líderes" para termos material base, aprenderemos uma velha lição: a popularidade não é indicador de caráter. Os líderes às vezes seguem o velho adágio: "Não deixe os fatos atrapalharem uma boa história". E isso se aplica a autoridades ou líderes de todas as esferas da vida.

Em outro caso, a Igreja da Inglaterra aceitou a escravidão por muito tempo. A proprietária da fazenda Codrington, com 710 acres de plantação de cana de açúcar em Barbados, era a própria Igreja, portanto, tinha um interesse em manter a escravidão. Os ingleses naquela época entendiam que os escravos eram propriedade — a palavra *sociedade* (uma referência à operação da Igreja) era marcada com ferro no peito dos escravos da Igreja.[29] Aparentemente, tirar a propriedade era reconhecido como anátema, enquanto tirar a liberdade não era.

Em uma nota de rodapé reveladora na história, enquanto a febre abolicionista turvava a Inglaterra no final da década de 1700, George Washington, que em breve seria o presidente dos Estados Unidos, continuava tendo escravos. Ele se encontrou em Nova York com um comandante britânico em 1783, após a derrota dos ingleses na Revolução Americana. A prioridade número um em sua agenda era fazer os ingleses devolverem propriedades, principalmente os escravos, inclusive os dele. Washington levara consigo uma longa lista de nomes de escravos fugitivos.

Não foi o comportamento de Washington que se tornou uma referência nesse caso; foi a conduta do comandante inglês, Sir Guy Carleton. Os escravos tinham debandado para o lado inglês durante a guerra, para tirarem vantagem de uma política inglesa que garantia a sua liberdade. Embora representasse um poder derrotado, Sir Guy não cedeu à insistência de Washington de que ele faltasse à promessa dos ingleses. Sir Guy teve a audácia de insistir que os três mil escravos alojados com os ingleses em Nova York permaneceriam livres — e venceu.[30]

Apesar de haver líderes como Sir Guy, falsos ídolos estão em toda parte. Em 1993, o astro do basquetebol Charles Barkley estrelou em uma série de anúncios da Nike com o comentário "Não sou um modelo". Muitos concordaram, mas atletas como Barkley são modelos de qualquer forma, em virtude de sua fama, riqueza e sucesso. Barkley tornou-se um anti-herói dos esportes, um mau exemplo, conhecido por comentários grosseiros e comportamento impulsivo, como cuspir em uma menina em um tribunal.[31] Ele estabeleceu um padrão espalhafatoso, imitado facilmente.

Em uma história que reprisou o tema do incidente do jogo de futebol americano da Universidade de Colorado, o ginasta norte-americano Paul Hamm ganhou uma medalha de ouro disputada nos Jogos Olímpicos de Atenas, em 2004. Depois de ter recebido a medalha, um erro de cálculo foi descoberto. Ele não venceu. O sul coreano Yang Tae Young foi o vencedor. Em um esforço constrangedor de corrigir o erro, o chefe da Federação Internacional de Ginástica sugeriu que Hamm desse a medalha ao verdadeiro vencedor.[32] Hamm se recusou. Ele reconheceu o erro, mas alegou que as pontuações não podiam ser contestadas após o final das competições.

Hamm estava certo quanto às regras. Após um apelo final ser ouvido, a Corte de Arbitragem Esportiva em Lausanne, Suíça, foi favorável a ele e Hamm ficou com a medalha. A decisão de outubro de 2004 apoiava-se em bases legais, evidentemente, o que atendia aos interesses de Hamm e do Comitê Olímpico Norte-americano. Os juízes não tomaram posição quanto à dimensão ética da decisão, um fato ao qual muitos observadores pareciam não ter atentado. O comportamento de Hamm, portanto, fornece um material fraco como referência ética.

Imitar o estilo de vida dos ricos e famosos, como o retratado em mito, lenda e realidade, é sedutor. Infelizmente, com frequência isso fornece um modelo de comportamento que exemplifica princípios como "Os fortes fazem o certo" ou "A posse é meia lei" ou "Honestidade é igual à popularidade" ou ainda "Não deixe que os fatos atrapalhem uma boa história". Então, quando buscamos referências para basear nossos códigos éticos, precisamos ser muito cuidadosos com ídolos falsos.

Conciliando as Referências

Depois de ponderar as referências éticas de nossas vidas religiosa, secular e profissional, chegamos a perceber várias coisas. Primeiro, vasculhamos muitos níveis de orientação ética. Das origens das proibições religiosas e filosóficas aos níveis de princípios estabelecidos por nossos pais, às gemas coletadas na experiência diária, acumulamos toda uma geologia de pensamento ético. Percebemos que nessa geologia já temos um código ético nascente. E este contém inúmeros princípios elevados que são a base de nossas preferências éticas.

Também percebemos que esse exame só nos leva até aí. Se nascêssemos com a inteligência espiritual, intelectual e emocional de um Jesus Cristo ou Sidarta Gautama, não precisaríamos levar nossa reflexão ética tão longe. De fato, não precisaríamos nem fazê-la. E se fôssemos talentosos na tomada de decisões, como um Nelson Mandela, poderíamos fazer escolhas éticas sábias, apenas baseadas nos princípios.

Mas a maioria de nós percebe que os sinais de nossas referências têm limitações. Eles nem sempre fornecem orientação clara e nem oferecem regras completas para a vida diária, chegando até nós pelos outros, ecoando veios éticos de vozes interiores de outras pessoas. Nós realmente não refletimos sobre nossos próprios princípios para descobrir aqueles que nos inspiram.

Para continuarmos a estabelecer as bases que nos possibilitarão tomar decisões éticas competentes, cada um de nós precisa refinar e examinar os sinais das referências. Como disse Aleksandr Solzhenitsyn: "A linha que separa o bem do mal passa... pelo coração de todo homem — e por todos os corações humanos".[33] Temos de definir o local exato dessa linha em nós mesmos.

Pense novamente em Ali Hasan. O Corão o instruiu, e a todos os muçulmanos, a ser bom aos parentes mais próximos. Isso significa dar preferência aos parentes na contratação e não a pessoas com melhores qualificações? A Regra de Ouro instruiu-lhe a dar ao irmão o que ele teria. Isso significa, em termos estritos, parentes e amigos, todos os funcionários da empresa, todos os candidatos a emprego, ou todos os profissionais engenheiros, de maneira ampla?

Hasan reconheceu que tinha de traçar uma linha divisória. Ele também percebeu que tais decisões continuam sendo desafiadoras para cada um de nós — mesmo que tracemos esses limites. De sua visão sobre o nepotismo hoje, disse ele: "Não planejo fazer isso, mas sei que é muito difícil lutar contra a família toda, quando se trata de situações em que se pode ajudar e não se faz isso".

Hasan cita como inspiração um famoso Hadith islâmico: "Quando lhe perguntaram 'Qual é o principal jihad?', o profeta respondeu 'O jihad do eu' (luta contra o eu)".[34] E é essa luta que continuaremos no próximo capítulo.

➢ Sua Vez: Descreva Seus Princípios

Agora que você fez uma viagem mental por suas referências éticas e morais, é hora de registrar seus princípios. Quais são os poucos princípios que sua voz interior lhe diz para prezar? Para ser mais simples, comece com princípios de enganar, roubar e causar danos. Identifique, como um recurso, um ou mais de seus principais modelos éticos. Que princípios você acha que eles prezam? Para ter uma lista de referências potenciais, veja as notas do Capítulo 3 no final deste livro e visite www.ethicsfortherealworld.com.

CAPÍTULO 4

Elabore Seu Código

Comprometendo-se com Princípios Éticos

As virtudes morais, então, não são produzidas em nós por natureza, nem contra ela. A natureza, de fato, prepara em nós as bases para a recepção delas, mas sua formação completa é produto do hábito.

Aristóteles[1]

ANOS ATRÁS, o chefe de um escritório de advocacia estava fazendo compras em uma venda de garagem feita por uma mulher que ficara viúva recentemente. Ele encontrou uma maleta profissional, quase sem uso, que fora do esposo da viúva. A maleta, que valia facilmente 300 dólares, estava sendo vendida por 40. Ele disse à viúva: "A senhora não percebe quanto vale isto?". Ela respondeu desolada: "Não importa, eu só quero me livrar dela".

O advogado pagou os 40 dólares e saiu. Mas nunca usou a maleta. Em vez de se tornar uma posse valiosa, ela o lembrava permanentemente do que ele achava ser uma impropriedade — lucrar com o sofrimento de uma viúva —, embora ele não tivesse violado qualquer princípio ético.

Ou violou?

A questão da violação ética não é algo que poderíamos responder pelo advogado. E a resposta não era algo que ele poderia extrair dos princípios nobres que identificamos no último capítulo — dos Dez Mandamentos, dos ecos de éditos paternos, ou os exemplos de líderes e mentores admirados. As circunstâncias da barganha da maleta levantaram uma questão não abrangida nessas referências. Era uma questão em que o advogado não tinha pensado, e o fez sentir-se mal, independentemente das regras típicas do comércio.

Em situações desse tipo — seja sobre a ética trivial da venda de garagem ou a ética da mudança de vida sobre aborto ou suicídio assistido —, confiar nas tradicionais referências éticas com frequência não basta. Sim, a orientação das referências é necessária para reconhecermos nossos princípios essenciais. Não, não é suficiente para a tomada de decisão ética competente. Temos de complementar com declarações mais sutis de nossa voz interior. Temos de refletir mais profundamente para encontrar respostas.

Considere outras áreas éticas que poderiam causar remorso. Se adquirimos um sofá com garantia de devolução do dinheiro no prazo de trinta dias, sem intenção de ficar com ele, nos sentimos constrangidos por termos levado algo que não parecia ser nosso? Se somos pesquisadores de drogas que se beneficiam de dados obtidos de experimentos feitos em prisioneiros contra a vontade deles, nós sentiremos que encorajamos danos a outros presos no futuro? Se trabalhamos para uma empresa que extrai petróleo (ou níquel, ou madeira) de um país subdesenvolvido, onde os militares obrigam pessoas a deixarem suas posses para que nossas operações sejam realizadas, sofreremos com a culpa do roubo ou danos perpetrados pelos militares diante de nossos olhos?

O melhor momento de responder a essas perguntas é antes de serem enfrentadas. Podemos, então, considerar, sem as pressões que distorcem uma situação real, como elas afetam nosso caráter e relacionamentos. A lição é que temos de preencher as falhas deixadas por nossas referências. Precisamos desenvolver nosso próprio guia detalhado. Precisamos criar um código pessoal — um guia ético para o mundo real.

Para escrevermos nosso código ético, seguiremos um processo simples, passo a passo. Começaremos registrando nosso pensamento do capítulo anterior, no qual exploramos nossa própria consciência ética. Então continuaremos com nosso processo de autodescoberta para identificar uma variedade de situações que pessoalmente consideramos delicadas, do ponto de vista ético, a fim de criar uma ferramenta para decidir como resolvê-las, e aprender a construir o caráter e fortalecer relações, desenvolvendo bons hábitos éticos.

No processo, descobrimos que os benefícios de um código pessoal vão além da orientação dos princípios fundamentais. Mesmo quando os princípios parecem bastar, a sabedoria deles não é suficiente para a tomada de decisão competente, porque a orientação foi desenvolvida por terceiros. Com frequência não nos sentimos pessoalmente envolvidos. Ao criarmos nosso próprio código, podemos nos comprometer com a orientação em que acreditamos. Podemos chegar a princípios e regras que são realmente significativos para nós, em vez de simplesmente dizer que concordamos com os outros.

Um código elaborado de antemão teria ajudado nosso amigo advogado. Ele pensou ter comprado a maleta com uma consciência clara: ele foi honesto com a viúva e não a enganou. Mas depois, aparentemente ele ficou em dúvida quanto a uma distinção ética que era importante para ele, se não para os outros. A lição é que precisamos ouvir — e se necessário, educar — nossa voz interior quanto a nossas regras pessoais para o comportamento ético.

Nosso colega nunca pensou no conceito de lucrar com a má sorte dos outros. Se tivesse pensado, poderia ter identificado isso como uma de suas sensibilidades pessoais, agir de acordo e evitado o remorso. Da próxima vez que ele enfrentar esse conceito, a experiência dele será um lembrete, e ele estará mais preparado para agir.

O Processo do Código de Ética

Um código bem-sucedido o ajuda a esclarecer seus princípios éticos. Ele o ajuda a resistir às tentações, principalmente aquelas que forem mais relevantes a você, à sua profissão, à sua fraqueza e às suas aspirações. Pode ser curto e ter poucas sentenças, ou longo e ter muitas páginas. Apresentamos aqui um processo de três passos, mas cuidado ao simplesmente copiar nossas questões e a linguagem. Este é o nosso código; ele talvez funcione para você e deve motivá-lo a pensar.

Os três passos que seguimos para escrever nosso código são: (1) rascunhar os padrões, (2) testar os padrões e (3) refinar o código para torná-lo prático. Embora não precisemos seguir os passos na ordem, cada um deles contribui para um código mais elaborado — e estabelece a base para a tomada de decisão mais competente.

Passo 1: Esboce os Padrões

Para iniciar nosso código, a abordagem mais fácil é focar nas três categorias principais de transgressões éticas: enganar, roubar e causar danos.

Quase certamente pensamos em cada uma dessas questões enquanto lemos o Capítulo 3. A experiência mostra que, não importa qual seja sua religião ou cultura, consideraremos essas questões como sendo fundamentais ao comportamento ético. Agora é hora de investigar as nuances.

Como no exemplo da maleta, as nuances podem impor desafios significativos ao pensamento. As pequenas coisas, não menos que as mais relevantes, revelam conflitos não resolvidos. De fato, os grandes tópicos éticos contemporâneos com frequência figuram muito menos em nossas vidas diárias do que uma série de pequenas minúcias.

Para acelerar nossa reflexão, veja a Tabela 4-1, que começa com três éticas negativas enunciadas categoricamente: "Mentir e enganar é errado", "Roubar é errado" e "Causar danos é errado". Podemos identificar as nuances em nosso pensamento ético simplesmente escolhendo exceções para cada uma dessas afirmações. Ou seja, qual dessas exceções parece certa? Quais afetam outras pessoas de maneiras que consideramos aceitáveis?

A questão que aparece de forma mais proeminente em nossas vidas diárias em geral é enganar. Por isso, para investigar nuances de "Mentir e enganar é errado", convém refletir sobre situações do mundo real que invocam tais exceções. Lembre-se, por exemplo, das vinhetas em capítulos anteriores: Abaixar a estimativa do custo de um projeto. Aumentar projeções de receita de uma nova empresa de alta tecnologia. Vender a mesma passagem para dois clientes. Emitir demonstrativos financeiros fraudulentos. Quais dessas ações são eticamente aceitáveis ou têm consequências aceitáveis no relacionamento com os outros?

TABELA 4-1

Esboçando o seu código de ética

Que exceções você aceitará?

Mentir/enganar	Roubar	Causar danos
Mentir e enganar é errado, com exceção de (verifique tudo o que se aplica):	*Roubar é errado, com exceção de* (verifique tudo o que se aplica):	*Causar danos é errado, com exceção de* (verifique tudo o que se aplica):
❏ Dizer mentiras para poupar o sentimento de alguém	❏ Roubar quando é fácil e eu não vou ser pego	❏ Prejudicar em autodefesa
❏ Dizer mentiras para evitar constrangimento	❏ Roubar para ir em frente	❏ Prejudicar para defender outros
❏ Dizer mentiras para evitar punição	❏ Roubar para ajudar os outros	❏ Prejudicar aqueles que prejudicaram outros
❏ Dizer mentiras para ir em frente	❏ Roubar materiais de escritório	❏ Ameaçar a causar danos
❏ Inflar qualificações em um currículo	❏ Inflar horas a cobrar	❏ Incitar violência para defender um argumento político
❏ Exagerar benefícios/esconder deficiências para um cliente	❏ Copiar material que tem direitos autorais	❏ Impor riscos a amigos sem mencionar a eles
❏ Dizer mentiras em negociações	❏ Copiar/baixar software	❏ Ir trabalhar quando está com uma doença contagiosa
❏ Dizer mentiras "benéficas"	❏ Copiar/baixar música	❏ Não dizer a um parceiro sexual que você tem doença sexualmente transmissível
❏ Dizer mentiras a mentirosos	❏ Copiar/baixar filmes	❏ Impor riscos a estrangeiros sem mencioná-los
❏ Dizer mentiras a suas crianças	❏ Tomar emprestado sem permissão	❏ Dirigir sob efeito de qualquer substância tóxica
❏ Dizer mentiras a seus pais	❏ Roubar de ladrões	❏ Trabalhar para uma organização que causa danos a pessoas inocentes
❏ Dizer mentiras a concorrentes	❏ Roubar de pessoas ricas	❏ Patrocinar ou investir em uma organização que prejudica pessoas inocentes
❏ Dizer mentiras para proteger a propriedade	❏ Roubar de grandes organizações	❏ Auxiliar em suicídio
❏ Dizer mentiras para evitar danos para si ou para os outros	❏ Roubar de vítimas anônimas	❏ Causar danos quando "todos estão fazendo isto"
❏ Usar eufemismos	❏ Roubar se você pensa que o proprietário não dará falta	❏ Trabalhar para uma organização cujos produtos causam danos a pessoas inocentes
❏ Fazer promessas que eu não tenciono cumprir	❏ Lucrar com a ignorância dos outros	❏ _____
❏ Dar impressão falsa por meios não verbais	❏ Lucrar com os erros de cobrança dos outros	❏ _____
❏ Não corrigir falsas impressões	❏ Roubar quando "todos estão fazendo isso"	❏ Verifique se não há exceções
❏ Trapacear quando "todos estão fazendo isso"	_____	
❏ _____	_____	
❏ _____	❏ Verifique se não há exceções	
❏ Verificar se não há exceções		
Pergunta fundamental: Quando eu não diria toda a verdade?	Pergunta fundamental: Você pegaria algo de propriedade de alguém sem pedir permissão?	Pergunta fundamental: Em que ponto eu estaria agindo da mesma forma que pessoas que causam danos aos outros?

Aprendemos rapidamente nesse exercício breve que contar apenas com princípios elevados pode não oferecer orientação suficiente. Percebemos que perguntas como "Quando você não diria toda a verdade?" não podem ser respondidas automaticamente. Precisamos pensar em momentos em que não agimos de acordo com nossos princípios elevados, ocasiões em que nos arrependemos. E precisamos prever, usando a Tabela 4-1, para saber antecipadamente quando nossos princípios podem não se aplicar.

Uma vez consideradas as questões fundamentais de enganar, roubar e causar danos, a lista pode ser ampliada. Seria um erro fazer uma lista de todas as questões éticas que vêm à mente, evidentemente. Códigos mais curtos são mais eficientes. Mas desejaremos identificar as tentações singulares em nossas próprias vidas. Note quais os desvios éticos que nos seduzem mais persistentemente — e nos deixam com remorso. Quais deles fazem nossa voz interior implorar para termos clareza sobre o que é certo e errado?

Sentimos remorso por não delatar um colega médico ou advogado incompetente? Não sabemos se devemos ou não nos beneficiar de uma pesquisa que usa células-tronco embrionárias? Em um exemplo de um de nossos cursos universitários, um aluno estava preocupado com questões de relacionamentos amorosos — manter segredo, revelar casos amorosos, expressar opiniões. Um aluno mais velho estava interessado em questões da vida profissional — conflitos de interesse, manipulação de dados, dar presentes, superfaturar, informação privilegiada etc.

Embora devêssemos pender para o lado dos princípios amplos, não devemos omitir as grandes questões em nossas vidas. Outras grandes questões comuns incluem segredos (quando concordaremos em manter um segredo ou em revelá-lo?); promessas (quando não a cumpriremos?); influências (quando daremos propina, usaremos nepotismo ou aceitaremos um conflito de interesse?); comportamento sexual (quando consentiremos em atividade amorosa, em fazer sexo fora de um relacionamento ou em não informar um parceiro sobre doenças sexualmente transmissíveis?); e comportamento reprodutivo (quando aceitaremos o controle de natalidade, aborto, adoção ou doação de óvulos/esperma?).

Lembre-se, nossas escolhas de questões éticas, e a exceção aos padrões, vêm das particularidades de nossa voz interior e não da voz de terceiros. O conceito de lucrar com a má sorte parecerá tolo para algumas pessoas. Mas quer os outros achem esses assuntos tolos ou não, quando nos levantamos de manhã, cada um de nós olha para seu espelho ético. A questão não é se o professor que comprou a maleta estava certo ou errado — podemos achar que ele agiu de acordo com as regras não escritas da venda de garagem — mas sim, se pensamos profundamente para identificar questões com nuances éticas para nós mesmos.

Uma das exceções de nossos alunos para dizer a verdade ilustra isso: "Mentirei, enganarei, direi uma verdade parcial ou oferecerei uma propina pelas seguintes razões: (a) salvar minha vida ou a vida de alguém que prezo; (b) evitar que eu ou alguém que eu prezo sofra devido à crueldade de outra pessoa; (c) dar a alguém apoio moral contanto que a pessoa saiba exatamente em que não estou sendo honesto, ouviu toda a verdade de mim antes e deseja, nessa circunstância, que lhe digam uma mentira". Essas exceções demonstram tipicamente o ponto de partida para muitos de nossos alunos. Ao pensarem mais profundamente sobre as implicações de seus códigos, exceções como a *b* e a *c* tendem a aparecer com menos frequência.

Apesar de nossas referências, os valores que esboçamos posteriormente para nosso código às vezes podem entrar em conflito com elas. Quando isso acontece, precisaremos resolver o conflito explicitamente. Um de nossos alunos é membro de uma antiga religião da Índia. Ele lutava com um conflito sobre o suicídio assistido, um anátema no jainismo. A decisão dele: "Eu autorizaria, ajudaria e apoiaria ativamente um suicídio assistido se fosse o interesse expresso do paciente ou se o paciente desse qualquer indicação, qualquer que fosse, de que ele queria cometer suicídio. Acredito que se o paciente expressar o desejo de morrer em certa fase de evolução de sua doença, esse desejo deveria ser respeitado — e eu ajudaria a realizar isso. Embora o jainismo possa repudiar isso, ele também guarda um grande respeito pela autonomia dos outros".

Novamente, aqui os códigos fazem essa leitura com frequência. Etapas posteriores no refinamento do código, ou iterações posteriores do código, em geral levam as pessoas a simplificar os princípios éticos. Note como a primeira sentença parece abrir a porta para a eutanásia sob "qualquer que seja a indicação". Refinamentos posteriores do código provavelmente levarão a uma linguagem mais exata.

Passo 2: Teste o Código

Como sabemos se nosso código é válido? Ele é uma teoria acadêmica ou uma ferramenta prática? Vários testes nos ajudam a descobrir:

- Verifique a lógica. Nossos padrões resistirão a testes para reciprocidade e universalidade?
- Verifique o foco. Incluímos declarações éticas demais, tornando o código inadministrável?
- Teste a utilidade. Como nossos padrões operam na vida diária? São práticos? Nós realmente os consideramos importantes?

VERIFIQUE A LÓGICA. Dois princípios da lógica orientam a construção de códigos duráveis, bem elaborados. O primeiro é a universalidade. O segundo é a reciprocidade. Quando traçamos um padrão ético, devemos perguntar: "Eu desejaria que todos seguissem isso?" e "Desejaria que outras pessoas aplicassem a mesma regra a mim?". Precisamos mudar nossa perspectiva da mesma forma que faríamos com a Regra de Ouro — colocando-nos no lugar do outro.

Considere a questão de dizer a verdade. Digamos que nosso princípio seja: "Eu direi sempre a verdade". Gostaríamos que todos seguissem essa regra? Gostaríamos que fosse aplicada a nós? Nesse caso, a resposta é sim. Os dois testes de lógica procedem. Aderir à universalidade e à reciprocidade não descarta exceções, contanto que as exceções também se encaixem nas duas regras. Por exemplo, poderíamos selecionar a exceção de mentir em autodefesa.

Considere outra questão: copiar conteúdo com direitos autorais na Internet. Digamos que nosso princípio seja: "Não roubarei propriedade intelectual, exceto trabalhos disponíveis para baixar na Web". Muitas pessoas adotam esse tipo de abordagem *laissez-faire* para baixar música, software e vídeos (sem pagamento). Bibliotecas inteiras de música são montadas diariamente com mídia baixada sem autorização.

Mas as indagações éticas a fazer são simples: A cópia universal de música, software e vídeo seriam uma exceção sensata à ética de evitar o roubo?

Se eu fosse autor, compositor ou músico, teria a mesma opinião? Ficaria contente em permitir a cópia livre de música, software, vídeos que produzi como parte para meu sustento? Mesmo que inicialmente julgássemos baixar arquivos uma prática inofensiva e (portanto) ética, os testes para universalidade e reciprocidade podem mudar nossa opinião.

Uma boa ideia neste ponto é voltar a consultar os testes mencionados no Capítulo 2: o teste de se colocar no lugar do outro, o teste do exemplo e o teste do ente querido. Se nos colocássemos na posição de outra pessoa — um amigo, um exemplo, um ente querido — nosso julgamento sobre reciprocidade mudaria? Por exemplo, o que nossa mãe pensaria? Esses testes mantêm o foco nos efeitos de nossas decisões éticas sobre os outros.

VERIFIQUE O FOCO. Deveríamos testar para termos certeza de que separamos a lista de tópicos éticos a um número gerenciável. Inúmeros itens, às vezes centenas, habitam nosso pensamento ético. Precisamos cortar a lista para uma dúzia ou duas, tirando aqueles que não têm importância — o que menos incomoda, o improvável de acontecer ou o mais comum.

Isso não significa que estamos sugerindo abandonar questões urgentes, mesmo que pareçam triviais aos outros. O código de um engenheiro civil, por exemplo, inclui padrões de trabalho singulares. Ele admite que os clientes nunca saberão se os operários misturaram bituca de cigarro ou lixo no concreto reforçado, se o empreiteiro não revelar esse fato. Então ele se compromete a revelar esses lapsos — e a repará-los —, mesmo que isso tenha um custo para sua empresa.

Esse mesmo gerente tem uma segunda regra sobre a mentira. Ele se compromete a admitir suas falhas. Ele observa que alguns gerentes de projeto atribuem suas próprias falhas a erros de designers, clientes ou mesmo de seus subordinados. Eles fazem isso para evitar perder a confiança de seus clientes. Mas, ao manter seu padrão ético de não mentir, ele assumirá a responsabilidade por seus erros.

Precisamos, enquanto isso, eliminar questões que envolvem prudência. Embora essas questões relativas ao bom senso desempenhem uma parte imensa em nossas vidas, elas não deveriam ser consideradas em nossos códigos. Apague frases como a seguinte: "Eu serei um cidadão informado de meu país, farei minha própria avaliação das políticas do governo e tomarei uma posição quanto ao desenvolvimento internacional". Também descarte afirmações como: "Eu manterei minha visão sobre o equilíbrio entre trabalho e família; eu não esquecerei das questões mais importantes da vida, que incluem fé, cultura, aprendizado constante e compaixão".

Outras afirmações relacionadas ao bom senso, igualmente louváveis, dão orientações ambíguas para se agir eticamente. Elas devem ser eliminada:

Tratarei os outros com respeito.

Eu me responsabilizarei por minhas ações.

Não farei discriminação.

Buscarei o conhecimento ativamente.

Equilibrarei o trabalho com a vida familiar.

Aceitarei e processarei a crítica construtiva.

Minimizarei fofocas e discussões desgastantes.

A palavra *respeito* aparece em muitos códigos. Sua aparição, no entanto, deveria ser uma bandeira vermelha, pois ela dá orientação ambígua. Respeito sugere que digamos mentiras com a intenção de poupar os sentimentos dos outros? Ou que digamos a verdade para ajudar as pessoas a se verem como são? Ou classificam o comportamento grosseiro e desrespeitoso como antiético? Se usamos respeito, precisamos especificar os comportamentos relacionados que seriam certos ou errados.

Ao separarmos o joio do trigo de nossa lista, acharemos útil analisar a ética positiva. Em geral, a ética positiva responde a uma gama quase ilimitada de ambições altruístas. Sob uma perspectiva modesta, podemos adicionar ética positiva a mentira, roubo e danos — ou seja, para estimular a verdade, recuperar a propriedade roubada e ajudar as pessoas a evitarem danos. De uma perspectiva ambiciosa, podemos incluir qualquer declaração nobre, como as de Dalai Lama e da Madre Teresa.

A dificuldade com a ética positiva é que ela não tem limites. Podemos nunca honrar toda a nossa lista de intenções altruístas como padrões éticos, ou não teríamos tempo para fazer mais nada. Por isso, precisamos fazer escolhas. Muitas pessoas deixam a ética positiva de fora de seus códigos, outras incluem algumas — por exemplo, declarações relacionadas à caridade (dar aos outros em vez de tomar) e compaixão (ajudar os outros em vez de prejudicar).

TESTE A UTILIDADE. Um terceiro teste é reconsiderar nossos códigos para a utilidade: eles são práticos? Muitas pessoas seguem códigos que prescrevem comportamentos que não atendem a seus ideais exatamente porque sabem que não podem colocar seus ideais em ação. Comprometer-nos com um código que podemos honrar é muito melhor do que comprometer-nos com um que exige demais de nós, forçando-nos a quebrar nossas regras.

O problema prático aparece quando um código abertamente estrito tenta nos comprometer com apenas um item, mas o desvio questiona a utilidade de todo o código. Embora seja uma boa ideia nos impor o desafio de melhorar nosso desempenho ético, precisamos ajustar o código de modo a resistir, da próxima vez que enfrentarmos a tentação. Quando estamos colocando nossos códigos à prova, perguntamos: "Eu quero realmente dizer o que eu escrevi?".

Um código feito sem cuidado também não ajuda. Um código diz: "Acredito que a honestidade seja a melhor política, e [deveria] dizer a verdade como ela é. Ao mesmo tempo, não posso adotar uma ética positiva para dizer a verdade. A omissão às vezes poupa o anfitrião e o hóspede". Esse código abre a porta para mentiras "bem-intencionadas".

O mesmo podemos dizer do seguinte: "Se as consequências de uma mentira são menores (negativas ou positivas), me reservo o direito de mentir... Se toda a família está reunida em volta da árvore de Natal, e a avó me pergunta se eu gostei do chinelo roxo que ela tricotou para mim, eu me reservo o direito de dizer sim".

O teste da utilidade é fundamental quando o nosso código inclui a ética positiva. A ética negativa com frequência requer pouca ou nenhuma energia para ser executada. Ou seja, não voltamos para a casa, depois de um longo dia de trabalho, exaustos de tanto resistir à tentação de mentir, roubar e causar danos. Em contrapartida, ficamos facilmente exaustos com a ética positiva. Ela pode violar o que chamamos de regra da energia, que significa que todos nós temos um suprimento limitado de energia positiva.

Um código que coloca o indivíduo em risco de violações de código desde o início tem seis ações éticas positivas, que comprometem a pessoa a "Ajudar financeiramente os pobres... Dar conselhos aos outros quando necessário... Impedir que as pessoas causem danos a si e aos outros... Ajudar os outros com suas decisões importantes". Esses são objetivos válidos, mas provavelmente irrealistas em termos éticos.

Se seguirmos muitas orientações éticas positivas, veremos que na vida diária temos que equilibrá-las, ponderando uma a uma. Para aquele que toma uma decisão ética baseada em consequências, escrever um código que requeira ponderações éticas é algo que está de acordo com o procedimento operacional padrão, mesmo que esse procedimento possa confundir a tomada de decisão. Mas para aquele cujo pensamento se baseia na ação, as ponderações não funcionam.

Se visualizarmos alguns cenários, podemos identificar rapidamente se nosso código funciona nos papéis e situações que costumamos encontrar em nossas vidas. A começar em casa, o código se aplica ao comportamento para com as esposas, parceiros, crianças e outros entes queridos? Pergunte-se: "Quero que meus filhos sigam meu exemplo?".

Se escrevemos o padrão: "Não posso adotar uma ética positiva de dizer a verdade. A omissão às vezes poupa tanto o anfitrião quanto o hóspede". Imagine uma situação em que estamos cansados demais para irmos a uma festa. Decidimos telefonar a quem nos convidou na manhã seguinte para dizer que estávamos doentes. Ficamos à vontade para tornar esse comportamento um hábito? Que efeito usar mentiras "bem-intencionadas" para desculpar lapsos sociais tem nos relacionamentos?

Outra questão fosse que podemos fazer é: "E se meu comportamento fosse publicado?". Ele poderia ser alvo de rumores ou tornar-se o assunto nos corredores. Ou para transgressões mais sérias, poderíamos perguntar: "Eu ficaria feliz se minhas ações fossem relatadas no jornal?". Podemos tomar o teste da primeira página (e outros) do Capítulo 2 e forçar-nos a ver nossas ações como se elas fossem transparentes para os outros. O espectro da publicidade frequentemente muda nosso ponto de vista.

Outra tática que cria uma perspectiva nova é imaginar uma pessoa diferente sendo receptora de nossas ações. Agiríamos da mesma forma com nosso chefe, nosso esposo, filhos e vizinhos? E se a pessoa for ambígua ou anônima? Suponha que a "pessoa" seja o dono corporativo de uma máquina automática quebrada, de venda de salgadinhos. E se a pessoa for alguém que não nos agrada, alguém irritadiço ou desonesto, rude ou incompetente, ou um ladrão? Nossos princípios e normas ainda fazem sentido?

Podemos empregar situações hipotéticas para testar casos extremos. Digamos que tenhamos escrito um princípio de que nunca mataremos. Então perguntamos: "Mataríamos alguém se nosso esposo nos pedisse? Provavelmente não. Mataríamos por um milhão de dólares? Provavelmente não. Mataríamos se o transplante do fígado de uma pessoa salvasse duas pessoas? Mataríamos se o fígado da pessoa contivesse uma substância que cura o câncer?

Se agimos pensando nas consequências, enfrentamos muitas perguntas difíceis desse tipo. Precisamos sujeitar nossos códigos a simulações para decidir se queremos reformulá-los. Se nossos códigos funcionarem, esperamos que eles forneçam uma base para a tomada de decisão ética competente, e para melhorar nossas vidas de modo concreto, aprimorando o caráter e fortalecendo relações interpessoais. Produzimos uma ferramenta que faz isso?

Passo 3: Refine o Código

Os testes nos levam a refinar o código. Destacamos três maneiras de fazer isso:

- Esclareça graus de separação/distanciamento. Podemos especificar mais explicitamente "o quanto estamos nos aproximando da prática de uma ação antiética"?
- Trace limites mais definidos. Podemos traçar limites mais claros para nossa ética positiva?
- Considere uma hierarquia. Se dois ou mais princípios éticos estão em conflito, qual deles tem prioridade?

Esclareça graus de separação/distanciamento. Todo código precisa conter uma resposta à pergunta: "O quanto é estar perto demais? Mesmo quando não estamos em posição que nos leve a agir antieticamente, nossa família, empresa, organização, governo e outras associações nos ligam a muitos atos eticamente passíveis de debate. Se estamos indiretamente ligados a esses atos, com quais deles dividimos a culpa?

Não há resposta pronta. Digamos que somos voluntários em um albergue. Estamos envolvidos com o nosso trabalho e o consideramos gratificante. Mas descobrimos que o diretor infla o número de usuários para obter mais recursos de agências e instituições filantrópicas. Estamos trabalhando perto demais de um mentiroso para continuarmos o trabalho?

Ou digamos que consideramos a venda de cigarros errada, porque acreditamos que esta viola a ética de não causar danos aos outros. Então, será ético trabalhar em uma fazenda produtora de tabaco? E o que dizer de um gerente financeiro de uma fabricante de cigarros em Nova York? Ou como redator de uma agência de propaganda que atende à fabricante de cigarros? Ou como um caixa de uma pequena loja que depende da venda de cigarros?

Quantos graus de separação são suficientes para sentirmos que a culpa não poderá recair em nós?

Várias formas da pergunta "o quanto é estar perto demais" aparecem em nosso papel como consumidores. Será ético comprar cosméticos de empresas engajadas em testes com animais? Comprar gasolina de empresas que violam leis ambientais? Ter ações de uma empresa cujos ganhos dependem da forte venda de produtos que consideramos antiéticos? Nos beneficiarmos de pesquisas médicas realizadas de maneira eticamente questionável (ou mesmo repugnante)?

Uma questão relacionada: trabalharemos para uma organização cujos padrões éticos não atendem aos nossos? Digamos que nos peçam para criar incentivos de vendas que encorajem os outros a agir antieticamente. O que fazemos? Quando nos vemos em um local de trabalho assim, isso nos coloca em um impasse, se sentirmos que estamos ajudando uma organização e não concordamos com os padrões de comportamento seguidos por ela. Logo, antes de nos vermos em um empreendimento onde não nos encaixamos, enfrentamos uma decisão: em que empresa ficaremos?

Digamos que somos um promotor que está pensando em trabalhar no escritório geral de advocacia de um estado com pena de morte. Se consideramos a pena de morte antiética, seria ético trabalhar em um sistema que a respalda — mesmo que não estejamos ligados a esse ato?

Um de nossos alunos de engenharia, um hindu que considera o ato de matar, em qualquer aspecto, antiético, tratou da proximidade com militares em seu código. Primeiro, ele decidiu que o uso de sua pesquisa pelos militares era ético (se isso acontecesse). Ele raciocinou que não era responsável pelo quanto os outros usam o seu trabalho, o que diz respeito a como tornar qualquer organização mais eficiente. Em segundo lugar, ele decidiu não aceitar pagamento, mesmo indireto, dos militares. Quando ele entendeu que foi contratado por um projeto em Stanford através de um aporte dos militares concedido ao seu professor, demitiu-se do emprego assim que concluiu seu compromisso inicial.

Em outro caso, um profissional que prestava consultoria sobre uso eficiente de energia esboçou um código com fundamento nas consequências para avaliar a ética de investir na Philip Morris, uma fabricante de cigarros. Embora reconhecendo os danos do tabaco, ele concluiu: "No final, ter minha fração minúscula da empresa não incorre em custo moral que supere o benefício potencial para mim e, portanto, eu considero éticos os meus investimentos. A maioria das opções de investimento alternativas disponíveis incluía grandes fundos mútuos que teriam resultado, de qualquer forma, em minha propriedade de uma pequena parcela. Isso corrobora minha visão de que ter pequenas posições de ações é algo tão distante que é eticamente permissível".

TRACE LIMITES MAIS DEFINIDOS. Quando formulamos princípios éticos positivos, precisamos traçar os limites claramente. Em contrapartida com os princípios éticos negativos, os positivos exigem que declaremos até que ponto iremos. Suponha que desejemos adotar o proverbial "Eu darei aos famintos o que comer". Como a Madre Teresa, nós nos incumbimos de uma tarefa global, em tempo integral — sem limites de hora extra. Mais de 850 milhões de pessoas no mundo são subnutridas.[2]

Ainda, e se propomos acabar com os danos? Até que ponto teríamos coragem para isso? Milhares de crianças, para não mencionar adultos, morrem a cada ano em conflitos armados.[3] A ética positiva impõe outro dilema: o quanto reduzimos nosso próprio conforto para aumentar o dos outros? A não ser que estejamos pensando em nos tornarmos santos, teremos de circunscrever nosso compromisso.

Muitas pessoas aceitam a indefinição ao traçarem os limites. Isso as deixa inseguras aos seguirem os seus padrões. Logo, quando refinamos nossos códigos, a regra é: quanto mais especificarmos nossas injunções, melhor. Um código diz: "Eu me obrigarei a doar pelo menos 5% e não mais que 10% de minha renda disponível para fins de caridade".

Uma forma de traçar os limites para certas ações éticas é definir nosso espaço ético como o ambiente imediato que nos cerca. Se estamos descendo a rua e ouvimos ou vemos alguém que precisa de ajuda, ajudaremos. Seremos um Bom Samaritano. Embora nosso código não nos impeça de ajudar os outros, se traçarmos os limites no espaço imediato que nos rodeia, consideramos o passo extra um ato de virtude, e não de ética.

CONSIDERE UMA HIERARQUIA. Outro refinamento que algumas pessoas gostam de incluir em seu código é uma hierarquia ética. Se um princípio ético entra em conflito com outro, qual deles assume precedência? Quando aceitaremos um mal para evitar outro? Como mostrou a história de Kurt Gerstein, as hierarquias éticas podem ser perigosas porque confundem as questões éticas e podem nos levar a fazer coisas das quais nos arrependeríamos mais tarde. Em sua raiz, elas são apenas outra forma de optar pelo menor dos males.

Em primeiro lugar, poderíamos escolher a hierarquia mais óbvia, priorizando evitar danos em relação a evitar roubo e, por sua vez, evitar roubo como prioridade em relação a evitar mentiras. Isso teria funcionado para o santo hindu no Capítulo 3. Mas se testamos outros cenários, percebemos que uma hierarquia rígida leva a resultados suspeitos, em virtude das consequências divergentes do desvio ético.

Dilemas éticos ocorrem raramente, mas adotar hierarquias para resolvê-los continua sendo problemático, porque é impossível fazer ponderações com o conhecimento de certos resultados éticos. Suponha que roubemos um carro para levar um amigo doente para o pronto-socorro. Acreditamos ter colocado "evitar danos" acima de "evitar roubo". Mas e se alguém estivesse contando com esse outro propósito de vida ou morte? Assumimos responsabilidade pelas consequências de nossa ação, e nesse caso esta poderia causar a morte.

Uma variedade de hierarquia dita a prioridade de determinadas pessoas. Um código diz: "Acredito em uma visão que considere as consequências de lidar com situações éticas enfrentadas. Dito isto, no entanto, imporei certos limites às minhas possíveis ações. Usarei o ponto de vista utilitarista para decisões importantes que devam ser tomadas e considerarei essa utilidade de acordo com a seguinte hierarquia de receptores: (1) minha família, (2) eu mesmo, (3) meus amigos e (4) outras pessoas".

Esse código afirma um sentimento comum: se eu for pressionado, cuidarei primeiro de mim. Embora o código forneça orientação clara, ele pode permitir o comportamento repreensível. O exemplo extremo: presos em um campo de extermínio conspiram com guardas para se salvar, ajudando na morte de outros. Usar hierarquias sempre impõe o risco de se engajar na tomada de decisão ética não competente, e por essa razão não as recomendamos, embora muitas pessoas prefiram incluí-las em seu código. Podemos encontrar, com frequência, maneiras mais claras e úteis de pensar em conflitos éticos.

Fatores de Fracasso

Seguindo o processo neste capítulo para elaborar, testar e refinar nossos códigos, não deveríamos esperar chegar a um código perfeito. À medida que envelhecemos, repensamos nossos princípios. Provavelmente, nunca chegaremos a um código "digno de uma moldura". Cada palavra, frase, princípio e regra é resultado do julgamento, e nosso julgamento certamente evoluirá e mudará.

No entanto, mesmo nosso primeiro esboço de um código deveria ser uma ferramenta prática para definir nosso pensamento e mudar nosso comportamento. Não queremos empenhar muito esforço sem chegar a resultados concretos. Para mais conselhos sobre como evitar o fracasso, aqui estão algumas armadilhas:

CONFUNDIR QUESTÕES QUE ENVOLVEM A PRUDÊNCIA E A ÉTICA. **Deixamos de livrar nosso código de questões ligadas à prudência, e assim enterramos as questões éticas.**

Com risco de ênfase exagerada: precisamos evitar incluir questões prudenciais não éticas em nosso código. O propósito do código é decidir onde traçar o limite entre o certo e o errado. Comentários prudenciais podem infestar nosso código como vinhas podem tomar uma plantação.

USAR TERMOS COMPLEXOS. **Deixamos de nos expressar em linguagem de valor neutro.**

O eufemismo e o disfemismo impedem a clareza na tomada de decisão. Ao tratarmos de aborto, podemos usar os termos pró-vida ou pró-escolha. Mas essa linguagem complexa encobre a questão ética. Quem, afinal, é contra a vida ou o direito de escolha? Os termos não fornecem base para a clareza na tomada de decisão. A questão ética reside em outra parte.

Podemos mudar nossa linguagem para destacar o que, para cada um de nós, é a verdadeira questão. Um código diz: "Eu nunca matarei um feto, nem pedirei a alguém para fazer isso, nem darei recursos para isso... No entanto, fornecerei apoio emocional para uma amiga que opte pelo aborto, contanto que considere que essa amiga tenha pensado o bastante em sua decisão".

Outro exemplo de linguagem carregada é o termo "justiça social". Seria difícil encontrar alguém contra a justiça, seja social ou em outra esfera. Portanto, aqui precisamos perguntar novamente: qual é a verdadeira questão? Talvez seja transferir dinheiro do rico para o pobre. Nesse caso, precisamos deixar isso claro. Outra ainda é "crueldade com animais". Alguém é a favor da crueldade? Talvez a questão ética, estabelecida com mais exatidão, seja se é certo ou errado infringir dor em animais de laboratório.

JULGAR AS AÇÕES DOS OUTROS. **Nós nos esquecemos de que nosso código é ajudar a aprimorar nosso próprio comportamento, e não julgar o comportamento dos outros.**

Cuidado com declarações que julgam as ações dos outros. Embora tais julgamentos tenham seu lugar, este não está no código de ética. Declarações que revelam confusão incluem: "Eu apoio a pena capital" ou "Aceito a pesquisa com células-tronco embrionárias". Um código deveria expressar o comportamento que aceitamos em nós mesmos, e não nos outros, e certamente não comportamentos que sejam meras opiniões de política pública.

Se, supostamente, apoiamos a pena capital, a melhor pergunta é: Eu tiraria pessoalmente a vida de outra pessoa quando esta é culpada de um crime capital? Ou eu removeria pessoalmente embriões para pesquisa de célula-tronco? Ou usaria a força para evitar que isso fosse feito?. Palavras como condenar, apoiar e compactuar são indicadores de julgamentos. Precisamos redirecionar nossa atenção de nossos pontos de vista baseados nos códigos implícitos da sociedade para nosso próprio código pessoal. Um código é valioso para o crescimento pessoal, e não para fazer acusações.

BASEAR A ÉTICA NO JULGAMENTO DOS OUTROS. Imitamos a voz interior dos outros em vez de ouvir a nossa própria voz.

Podemos simplesmente adotar a ética de nossos professores, líderes espirituais, pais, amigos ou líderes. Podemos estar inclinados a dizer: "Não farei nada para desonrar meus pais". Mas precisamos chegar a nossas próprias conclusões. Se nosso código não vier da introspecção, não o adotaremos, e ele não nos servirá.

Outra questão que surge é a incerteza a respeito do que as outras pessoas pensam. Um padrão baseado nos pensamentos dos outros pode ser arbitrário e variável. O que é motivo de constrangimento para nossos amigos hoje pode ser diferente do que os constrangerá amanhã. Devemos evitar um código que exija avaliar o estado emocional de terceiros para determinar nossa própria ética.

FAZER DECLARAÇÕES LOUVÁVEIS, MAS IMPRATICÁVEIS. Escrevemos uma declaração das aspirações que possivelmente não podemos atingir.

Evite deixar que seu código fique ambicioso demais ou fora da realidade. Ele deve descrever uma versão mais ética sua, mais elevada, mas não fora de seu alcance. Não deve descrever o "eu perfeito". Cuidado se o seu código diz algo como: "Como cristão (judeu, muçulmano ou hindu), acredito na Bíblia (ou no Torá, no Corão, ou Mahabharata). Diante de dilemas éticos, seguirei suas regras éticas". Essa afirmação é sinal de muito pouca reflexão.

ESCREVER VALORES VAGOS. Cometemos o mesmo erro que sempre levara nossos professores a nos rotular: somos vagos ou evasivos.

A eterna crítica do professor de redação: "afirmações vagas". Os códigos precisam conter orientação para ações concretas que possamos escrever em preto e branco. As questões na tabela 4-1 surgem com tanta frequência na vida que só um código vago poderia se esquivar delas. Compromissos verdadeiros são mais úteis.

Manual do Proprietário Ético

Com um código ético em mãos, nós nos preparamos para lidar com desafios diários e difíceis. Sem um código, achamos fácil demais ignorar, deixar de lado, esconder e "deixar passar" erros éticos. Com um código, temos uma ferramenta para agir mais rapidamente e sem remorso. Nosso código ajuda--nos a permanecer verdadeiros conosco à medida que enfrentamos os desafios previsíveis da vida. E ele nos ajuda a permanecer verdadeiros com outras pessoas com as quais nos relacionamos.

Se nossa mãe está morrendo de câncer e quer saber quanto tempo tem de vida, contamos a verdade para ela? Presumivelmente, muitos de nós enfrentaremos (ou já enfrentamos) essa questão. O que deveríamos decidir (ou decidimos)? A introspecção em que nos engajamos para produzir nosso código nos prepara para tais questões.

Para cobrir tantas contingências, podemos ser tentados a criar um código longo. Afinal, os vários caminhos que nosso pensamento toma durante nossas reflexões parecem nos levar na direção de um mapa complexo. Provavelmente seja por isso que muitos de nossos alunos produzam códigos tão longos e complexos. Mas a amplitude da introspecção não precisa resultar em milhares de palavras para cobrir centenas de situações. Quanto mais claro for o pensamento ético, mais curtos poderão ser nossos códigos. Os melhores códigos são um conjunto de princípios com apenas algumas exceções, com frequência escolhidas da Tabela 4-1.

Como se diz, "Eu só escrevi tanto porque não tive tempo de sintetizar".[4] Em outras palavras, menos é mais. O mesmo vale para os códigos, que deveriam ter utilidade imediata quando somos tentados a fazer algo errado.

Se um código é longo e tem muitas exceções, provavelmente não pensamos nas questões tão bem quanto deveríamos. Além disso, será difícil lembrar do nosso código, e ele não ajudará muito.

Se precisamos perguntar: "Como eu sei que tenho um código bom?", a resposta é: "Quando ele descreve a melhor versão do que você pode ser". O "melhor" reflete um novo eu ético e consciente, competente para estabelecer distinções éticas. Conhecedor das ponderações éticas. Confiante de escolhas éticas. Imbuído de uma noção de integridade — e não de uma queda por sacrificar o comportamento honrável em nome do próprio interesse.

No entanto, um código tem seus limites. Preparar um código é um pouco parecido com se preparar para dirigir um carro novo lendo o manual do proprietário. Estudamos o procedimento padrão emergencial antecipadamente porque as coisas acontecem quando não estamos esperando. A hora de ler o manual (e memorizar os princípios) é em uma poltrona, sem sermos desafiados por uma situação crítica.

Quando estamos em uma crise, o código pode não bastar. Precisamos da faculdade de tomar decisões novas baseadas nos princípios do nosso código. Precisamos saber como esclarecer a questão ética, criar alternativas e escolher não apenas a ação certa, mas a "melhor" ação para construir o caráter e fortalecer relacionamentos. Como aprenderemos no próximo capítulo, não temos simplesmente de deixar os instintos de lado para tomarmos decisões criativas e competentes. Podemos chegar a uma decisão de uma forma sistemática.

➤ Sua Vez: Faça o Protótipo de Seu Código

Se você ainda não fez isso, é hora de se comprometer com um código ético. Aprimore seus princípios éticos fundamentais, deduzidos do Capítulo 3, usando a reflexão adicional deste capítulo. Note exceções importantes aos seus princípios usando a Tabela 4-1 como guia. Lembre-se de que os códigos de mais sucesso redundam em um punhado de princípios mais algumas exceções.

Agora consulte o apêndice B, há vários códigos escritos por nossos alunos. Cada um equilibra princípios com regras, ponderados com opiniões e exemplos pessoais. Ao ler os códigos, marque-os para mostrar em que ponto eles seguem claramente ou divergem de nossos conselhos. Retome o seu próprio código. Aprimore-o para simplificá-lo e fortalecê-lo.

CAPÍTULO 5

Opte pela Ação

Tomada de Decisão Ética Sistemática

Não posso, por falta de premissas suficientes, aconselhá-lo no que determinar, mas se você quiser, eu lhe direi como.

Benjamin Franklin[1]

Em 13 de março de 2006, seis homens receberam uma infusão de um novo medicamento, o TGN1412, em uma instituição de pesquisa nos arredores de Londres, Inglaterra. Em questão de minutos, um dos homens reclamou de dor de cabeça. Horas depois, todos os seis foram levados às pressas para o Northwick Park Hospital com falência múltipla de órgãos. Somente com a administração intravenosa de doses maciças de esteróides, juntamente com a ventilação mecânica e outros recursos de alta tecnologia, reverteu-se o quadro desses homens, à beira da morte.[2]

O episódio marcou um dos testes mais desastrosos de medicamentos da história — e desencadeou uma chuva de críticas. Por que, perguntaram os observadores, os pesquisadores colocaram homens saudáveis em tamanho risco?[3]

As autoridades inglesas isentaram os pesquisadores de prática indevida.[4] O experimento tinha sido testado em animais e aprovado por autoridades fiscalizadoras tanto no Reino Unido quanto na Alemanha, terra natal de TeGenero, que desenvolveu a droga. Além disso, o debate causou tamanha reação global que o caso do TGN1412 teve um lugar nos anais da ética de pesquisa humana.

O TGN1412 era uma nova droga de combate ao câncer e à artrite por estimular células imunes de uma maneira nova. Estava sendo testado pela primeira vez em humanos. Apresentava pequeno risco de efeitos colaterais sem precedentes — principalmente uma síndrome de resposta inflamatória sistêmica (SRIS) devastadora, chamada de tempestade de citocina, ou hipercitocinemia, em que o sistema imune ataca os órgãos do corpo.[5] O teste foi conduzido em homens saudáveis, incentivados a participar pela quantia que receberiam – 2.000 libras.

O teste apresentava inúmeras questões éticas. Uma das mais simples: os pesquisadores, que estavam testando uma droga nova, informaram os riscos específicos aos voluntários? Os pesquisadores omitiram informação que teriam sugerido a possibilidade de efeitos colaterais catastróficos já testemunhados em compostos análogos? Ou eles simplesmente usaram um consentimento verbal padrão, comum nos negócios?[6]

Nunca poderemos saber toda a história sobre o teste do TGN1412 — apesar das resmas de documentos agora abertos ao público. Mas sabemos que ela reafirma uma lição efetiva sobre a tomada de decisão ética — para não mencionar casos diários menos dramáticos — podemos tomar decisões mais inteligentes se dedicarmos tempo suficiente para seguir um processo simples de tomada de decisão:

1. Esclarecer a questão ética. Qual é a tentação ética básica que enfrentamos?
2. Criar alternativas. Que opções aceitáveis, atraentes e até mesmo transformadoras nós temos?
3. Avaliar as alternativas. Que alternativas oferecem respostas defensivas, éticas?[7]

No caso do TGN1412, como os pesquisadores aprimorariam sua tomada de decisão? Vamos começar supondo que eles tivessem princípios éticos exemplares. Eles gastaram tempo para esclarecer possíveis aspectos éticos nessa situação? Consideraram alternativas que levaram mais plenamente em conta o ponto de vista de homens saudáveis que se apresentaram como voluntários para o teste? Forneceram informações suficientes aos voluntários, para que eles fossem plenamente informados?

Todos nós às vezes enfrentamos tentações éticas desafiadoras, seja sob pressão, para acelerar a colocação no mercado de um produto testado inadequadamente, ou para enganar e ganhar algum tipo de favorecimento. Nesses momentos, com frequência nosso código pode nos levar à resposta certa. Mas ele pode não nos guiar para a melhor resposta. Podemos sempre tomar decisões de alta qualidade se usamos um processo de tomada de decisão para suplementar nosso código, quer pensemos na ação ou nas consequências.

Decisões de Qualidade

O primeiro obstáculo na tomada de decisões éticas de alta qualidade é simplesmente superar a tendência de não pensar, o que discutimos no Capítulo 1. Na maior parte das vezes, permanecemos insensíveis a questões críticas, ignoramos nossas noções tendenciosas e somos guiados, nas decisões, pelos velhos procedimentos de rotina. É notável que nos comprometemos não apenas em situações tão críticas quanto o caso do TGN1412. Fazemos isso na vida diária.

Quando nos referirmos a decisões de qualidade, queremos dizer decisões em que seguimos um processo de alta qualidade e aderimos a princípios comprovados. Isso não deve ser confundido com resultados de alta qualidade, os resultados da decisão. Nenhum de nós pode saber o futuro, o que significa que podemos tomar uma boa decisão e obter um mau resultado; ou podemos tomar uma má decisão e obter um bom resultado. É claro que, na maioria dos casos, quanto pior for a decisão, pior será o resultado.

No caso do TGN1412, os planejadores do teste clínico decidiram administrar a dose a todos os seis voluntários ao mesmo tempo. Teria sido mais simples esperar algumas horas ou dias entre a infusão de cada pessoa, para medir os efeitos colaterais iniciais. A espera poderia evitar danos incalculáveis. Foi uma má decisão dos pesquisadores — embora aderisse a protocolos estabelecidos? Ou foi apenas o resultado de testes clínicos ruins? Alguns observadores afirmaram que decisões inaceitáveis foram responsáveis pelo desastre.[8]

Tocando em um assunto bem mais leve, uma de nossas histórias preferidas sobre a tomada de decisão ética falha é sobre um amigo que, quando jovem, estava visitando os pais de sua noiva pela primeira vez. A futura sogra serviu-lhe torta de ruibarbo, sua especialidade. Ele odiava ruibarbo. Tentando causar uma boa impressão, no entanto, ele disse que adorava, que era sua torta preferida. E engoliu a torta com um sorriso.

É claro que, dada a situação delicada, fingir gostar de ruibarbo pareceu-lhe ser uma inconveniência de pouca importância. Mas agora, trinta anos depois, ele acumulou muitos episódios em que mentiu sobre o ruibarbo para sua sogra, toda vez engolindo aquela coisa desagradável. Ele finge há décadas — embora ela se esforce para fazer a torta para ele, toda vez que vai visitá-la. O buraco que ele cavou para si fica mais fundo a cada ano.

Uma situação insignificante, sem dúvida. Como ele saberia que algo dito inocentemente durante uma refeição, um dia, em uma reunião social, poderia provocar ecos de uma fraude ridícula durante anos? Mas note como a história aborda o mesmo assunto que o caso do TGN1412, só que projetado para uma situação da vida diária: com frequência deixamos de ser sensíveis a decisões éticas que se colocam bem diante de nossos olhos. Mantemos a cabeça baixa e mergulhamos, deixando de tomar as iniciativas necessárias para tomar uma decisão de qualidade.

Armados dos conceitos e ferramentas que acumulamos desde o Capítulo 1, podemos identificar melhor os desvios iminentes e freá-los confidencialmente. Na linguagem da tomada de decisão, podemos nos dar tempo para responder em vez de reagir. Quando reagimos, agimos por reflexo. Nossas ações refletem ignorância. Quando respondemos, nossa ação decorre de raciocínio. Nossas ações revelam pensamento.

Mesmo que tenhamos de tomar decisões apressadas, podemos responder com sensatez. Sem tempo para pensar, podemos contar com nosso código, que representa uma reflexão antecipada. Ou podemos por o pé no breque para conduzir nosso comportamento em uma direção melhor, seguindo um processo de tomada de decisão. Mesmo quando temos apenas alguns minutos ou segundos, ainda assim podemos usar uma forma abreviada do processo decisório.

É certo que tudo isso é trabalhoso. Não vem naturalmente para a maioria de nós. Precisaremos dedicar tempo para fazer disso um hábito, e isso será extremamente difícil se tivermos de mudar ou reverter velhos hábitos. E, no entanto, isso é exigido para que a ação ética seja baseada na resposta, e não na reação.

No passado, considerávamos os desafios éticos como problemas. Mas eles também nos oferecem uma chance de respondermos de maneira a darmos um ou vários passos além de ações minimamente éticas. Se identificamos uma oportunidade para uma decisão de qualidade, criamos uma abertura para encontrar uma maneira ideal de construir caráter e aprofundar relacionamentos. Nós nos alinhamos aos nossos valores e, nesse meio tempo, desenvolvemos uma noção ainda mais profunda de integridade.

Passo 1: Esclarecer

O primeiro e mais importante passo que devemos dar é descrever com exatidão as tentações que enfrentamos. Dependendo de como formulamos a questão, enfatizamos algumas preocupações e encobrimos outras. Se ressaltarmos as questões certas, o elemento pivô da decisão se revelará por si mesmo. Destacamos a questão. Se encobrirmos as questões erradas, o elemento pivô ficará obscuro — e nosso pensamento também. Quando não formulamos corretamente a nossa questão, erramos desde o começo. É uma coisa simples.

Para abordar o assunto com simplicidade, tomemos o caso do ruibarbo. Como nosso amigo definiu o desafio que enfrentou? Ele o reconheceu como uma oportunidade ética? Podemos pensar em inúmeras questões: Como eu saio dessa confusão? Como faço para causar uma boa impressão à minha futura sogra? Como eu começo a construir um relacionamento sólido, duradouro, com minha sogra? Cada pergunta destaca uma preocupação diferente. Qual delas teria sido a certa?

Uma vez que a formulação da pergunta delimita a descrição do problema — e, sabendo ou não, todos formularemos perguntas para podermos lidar com elas — nossos maiores erros ao tomarmos decisões éticas estão na definição do problema. Antes de passarmos pelo primeiro passo na tomada de decisão, podemos delimitar nosso pensamento de maneira errada.

Quase todos nós deixamos de definir conscientemente nossas decisões. Na linguagem dos psiquiatras, enfocamos o problema atual. Muitas vezes os pacientes procuram psiquiatras, com um sintoma específico. Por exemplo, eles não conseguem dormir. Para terapeutas, o desafio é ir além do problema do sono, para o que está causando isso. O mesmo acontece com a maneira como conduzimos a questão na tomada de decisão ética.

Podemos ver mais claramente a questão que enfrentamos se aplicarmos três técnicas:

- Descrever a situação com linguagem neutra.
- Separar questões prudenciais, legais e éticas.
- Definir questões em termos de relações com os outros.

Vamos dar um exemplo. Uma mãe está preocupada com seu filho adolescente que usa a Internet até tarde da noite.[9] Ela tem pavor de pessoas que ele possa conhecer on-line, das conversas entre eles, e do que possam planejar off-line. Mais do que qualquer coisa, ela quer ler o e-mails dele e acompanhar tudo o que ele faz na Web. Não quer confrontá-lo, porque reluta levantar dúvida quanto à capacidade de discernimento dele. Mas quer saber de tudo.

Depois de pensar um pouco, ela percebe que está ponderando duas questões éticas: o direito do filho à privacidade e o dever dela de proteger seu filho de possíveis danos. Qual das preocupações tem prioridade? Dada a maneira como ela formulou a questão, ela decide ler os e-mails dele em segredo. Muitos fariam o mesmo: decidiriam que o dever de impedir prejuízos naturalmente vence o direito à privacidade.

Mas vamos aplicar a primeira de nossas três técnicas para esclarecer uma questão ética — reformular a questão usando uma linguagem neutra, sem juízo de valor. Vemos que a mãe formulou a questão sem perceber, com duas frases carregadas de valor: direito à privacidade e dever de evitar danos. Ambas introduzem uma visão tendenciosa.

Direito e *dever* são palavras carregadas de valor. Elas soam legítimas, mas têm um elemento que ofusca. Afinal, em uma sociedade livre, quem se oporia ao direito à privacidade? Ou ao dever de proteger os filhos? A formulação da frase não ajuda a distinguir uma ação certa de uma errada.

Usando linguagem neutra, a mãe poderá esclarecer melhor o desvio ético específico que está tentada a cometer. Se usar uma linguagem mais simples, ela é tentada a ler os e-mails de seu filho sem a permissão dele. As questões complexas de direitos e deveres — sejam ou não questões de ética — encobrem a questão mais básica e pura: eu deveria enganar?

Se a linguagem neutra por si não revela a verdadeira natureza de uma questão ética, podemos tentar uma segunda técnica: separar questões prudenciais, legais e éticas. Quais são as questões legais neste exemplo? Não existem. Quais são as éticas? A mãe poderia, de novo, citar o direito à privacidade e o dever de proteger o filho contra danos.

Em primeiro lugar, questões de privacidade e danos parecem ser questões éticas puras, não adulteradas. Mas serão? Uma boa forma de abordar essa questão — e a maioria das questões éticas — é começar com os primeiros princípios. Algum aspecto da ação proposta toca nos alicerces de construção da ética —, isto é, enganar, roubar ou causar danos? Se temos um código ético, essas questões cobrem um território familiar e sabemos onde nos situamos.

Este é um ponto crítico: quando enfrentamos a delimitação de uma questão ética, nos beneficiamos imensamente verificando primeiro os princípios éticos básicos. (Veja a Tabela 4-1 no Capítulo 4). Como a maioria das pessoas, se a mãe tivesse adotado o esboço de um código, por mais grosseiro que fosse, provavelmente ela teria um princípio de como evitar enganar os outros. E se ela reformulasse a questão para destacar essa questão mais nua e crua? E se, novamente, ela simplesmente perguntasse: Eu deveria enganar meu filho?

Dada a complexidade da vida, com frequência criamos definições éticas complexas. Tornamos os problemas do dia a dia mais sutis, encobrindo as questões éticas básicas com elegância. Buscamos uma forma sofisticada ou atenuada de tratar os dilemas. O direito à privacidade e o dever de proteger, por terem peso e se oporem um ao outro, nos impedem de delimitar a questão mais claramente.

No caso da mãe cautelosa, ela pode perceber que o principal problema que ela enfrenta não é o ético. Ela está enfrentando um problema de paternidade. Não precisa gastar horas debatendo questões éticas. Ela só precisa sentar-se e ter uma conversa franca com seu filho.

Se as duas primeiras técnicas não esclarecerem a questão ética, podemos tentar uma terceira. Pergunte: Qual o impacto que minhas ações terão neste relacionamento? Nossas ações éticas não são apenas transações que ocorrem uma única vez; fazem parte de interações permanentes com outros seres humanos. Considerando explicitamente cada relacionamento relevante, atenuamos os efeitos a longo prazo.

No caso da mãe, ela deveria perguntar simplesmente: Ler e-mails secretamente melhora o relacionamento com meu filho? Isso melhoraria as relações com alguém? Acrescenta a confiança e a boa vontade típicas de fortes vínculos entre seres humanos? Reforça a credibilidade que uma pessoa tem em outra com quem possui uma estreita ligação?

Usar uma linguagem neutra, em termos de valor, esclarecer questões prudenciais, legais e éticas, expressar questões em termos de relacionamentos – cada uma dessas três técnicas redimensiona a questão ética, mudando nosso ponto de vista, permitindo-nos ver as influências que distorcem uma situação. Se a mãe tivesse usado essas três técnicas, ela chegaria três vezes à mesma resposta acerca da leitura dos e-mails de seu filho, sem permissão: não. (Se ela seguisse a ética baseada na consequência, a resposta poderia ser mais complicada.)

É difícil estimar o quanto devemos alterar a pergunta, de modo a ganharmos uma nova perspectiva. Uma velha história esclarece esse ponto. Dois monges muitas vezes fumavam e oravam juntos à noite. Eles temiam que seu hábito de fumar fosse pecado. Então cada um deles pediu orientação ao seu superior.

Eles voltaram a se encontrar no dia seguinte. O primeiro estava dando umas baforadas quando o segundo chegou. "Mas o diretor do monastério me disse que era pecado", protestou o segundo. "O que você perguntou a ele?", disse o primeiro. "Eu lhe perguntei se era certo fumar durante nossa oração da noite, e ele disse que não." "Bem", disse o primeiro monge, "Perguntei se era certo rezar enquanto fumávamos à noite, e ele disse que estava bem".

A história nos lembra que as questões reformuladas podem reverter nossos pensamentos com muita facilidade. Se não soubermos com certeza se formulamos corretamente a questão ética, devemos fazer nova tentativa. A regra é sempre esclarecer devagar a formulação certa para passar rapidamente à decisão certa. Evidentemente, se tivermos de tomar decisões com rapidez, não teremos o luxo de pensar em nossa questão. Mas treinando, ficaremos cada vez melhores, capazes de ajustar a formulação em segundos.

Passo 2: Criar Alternativas

Depois de estabelecermos nossa questão ética, geramos alternativas para a ação. É aí que começa a criatividade na vida ética. Devemos chegar a várias alternativas, pelo menos três ou quatro. Às vezes uma alternativa criativa elimina completamente a sensibilidade ética. Outras vezes, uma alternativa criativa pode transformar desafios éticos em oportunidades para aprofundar relacionamentos.

A maioria de nós está inclinada à satisfação", ou aplicar uma alternativa minimamente aceitável, mas não ideal, para usar a palavra de Herbert A. Simon, vencedor de prêmio Nobel. Assim que chegamos a uma alternativa e achamos que ela é suficientemente boa, a colocamos em prática em vez de buscar uma alternativa que possa ser ainda melhor. *Ser satisfatório* é uma estratégia razoável para decisões de pouca importância — onde almoçar ou que livro comprar. Mas quando relacionamentos e caráter estão em jogo, com frequência ela deixa muito a desejar. Precisamos de uma forma melhor de pensar.

Para criarmos habilmente uma série de opções, várias estratégias podem nos ajudar:

- **Refrear ou acatar.** Escolhas alternativas que cumpram com os padrões éticos mínimos, o que pode simplesmente significar não fazer nada.

- **Melhorar.** Considere alternativas que um exemplo ético seguiria, que seriam ações admiráveis.

- **Transformar**. Pergunte-se: "Como eu agiria com uma pessoa amada?". Isso significa agir com os outros como se fosse com nossos filhos ou com um companheiro.

Para darmos uma ilustração simples, imagine que você tenha sido contratado por uma empresa. Você sai com os novos colegas e um deles regala o grupo com uma piada racista, que você acha repugnante. Você quer fazer parte do grupo e causar uma boa impressão; por isso é tentado a não dizer nada. No entanto, seu código ético o proíbe de enganar, e você acredita que ficar calado pode dar às pessoas a impressão de que aprova piadas racistas. Essa situação agora se abre à questão ética. O que você deve fazer?

- As alternativas que lhe ocorrem inicialmente poderiam ser:
- Rir com o grupo, fingindo se divertir com a piada.
- Manifestar-se, expressando seu desprazer.

Quando surgem situações estranhas como essa, com frequência dizemos: "Não tenho escolha". Mas sempre temos escolha. Nosso pensamento impulsivo "Estou de mãos atadas" vem da reação. Se em vez disso respondemos — se trabalhamos para nos habituar a responder —, com frequência escolhemos não só resistir à transgressão, mas acatar, melhorar ou transformar.

Aqui estão outras alternativas, que podem não ser excelentes, mas mostram desagrado com a piada:

- Não fazer nada (pelo menos você não está rindo junto com o grupo).
- Franzir a testa.
- Sair do grupo.
- Sair do emprego.

Para termos uma chance maior de gerar alternativas criativas, devemos evitar a crítica precoce. O pensamento crítico bloqueia rapidamente o pensamento criativo. Por exemplo, embora sair do emprego possa ser excessivo nessa circunstância, pode trazer à mente alternativas mais interessantes.

Agora o que um exemplo ético faz?

- Conversa em particular com aquele que contou a piada.
- Conversa com um gerente de recursos humanos ou com seu chefe sobre o incidente.
- Sugere um treinamento contra a intolerância.

E quanto às alternativas transformacionais? O que você faria se gostasse tanto da pessoa que está contando a piada racista quanto dos outros no grupo?

E se o seu melhor amigo tivesse contado uma piada racista; como você desejaria responder? Uma alternativa transformacional efetiva é simplesmente dizer a verdade. Esta tem pouco apelo inicial porque imaginar o que seja a verdade — nossa verdade— muitas vezes é difícil. Toda a verdade nessa situação não seria: "Acho piadas racistas repugnantes; por favor, não conte essas piadas em minha presença".

Toda a verdade seria algo como: "Sou-lhe grato por me incluir nessa conversa, porque sou novo na empresa e eu quero realmente me entrosar e fazer um bom trabalho. Mas sua piada me incomodou. Eu fui tentado a não dizer nada, para assim me entrosar com o grupo, mas eu não quero começar nosso relacionamento fingindo ser algo que não sou. Sinto muito se isso o coloca em uma situação incômoda, mas eu poderia realmente ter sua ajuda para imaginar como reagir em situações como esta".

Quando dizemos toda a nossa verdade, nossas palavras têm autenticidade, e esta tem o poder para aprofundar relacionamentos. Nossa franqueza pode nos levar a romper relacionamentos. Mas se os outros se ofenderem com nossas verdades, antes temos de questionar o valor de nossos relacionamentos com essas pessoas. A maioria das pessoas respeita a verdade falada com educação, respeito e humildade.

Considere outra situação ética desafiadora. Esta vem de uma enfermeira entrevistada após visitar um paciente. Nas palavras da enfermeira: "Eu estava cuidando de uma mulher que tinha Alzheimer e ela disse: 'Ah, onde está o meu marido?', e haviam me dito que o marido dela havia morrido 15 anos atrás. Olhei para ela e disse: 'Ah, querida, seu marido morreu 15 anos atrás', e a dor da mulher foi instantânea. Foi como se eu estivesse dando a notícia da morte do seu marido pela primeira vez, e eu me senti arrasada... Pensei: 'Ai, meu Deus, agora essa mulher está sofrendo...', e pensando agora, se isso acontecesse comigo outra vez, eu poderia dizer simplesmente: 'Ele está lá fora, no jardim, saiu, ou ele já volta', só porque sei que daqui a alguns minutos [ela] se esquecerá disso".[10]

Vamos supor que dizer toda a verdade fizesse parte do código ético da enfermeira. A ação dela certamente foi ética, mas seria a única alternativa? A gama real de alternativas poderia ter sido assim:

- Mentir sobre a morte do marido.
- Não fazer nada (ignorar a mulher).
- Dizer: "Eu não sei onde está seu marido".
- Dizer a verdade pura (como fez a enfermeira).
- Sair do quarto.
- Perguntar: "Quando eu o vi da última vez?".
- Redirecionar a conversa para lembranças do marido dela.

Uma vez que o código ético da enfermeira a proíbe de mentir, as duas primeiras alternativas representam ceder à tentação. Mas, como no exemplo anterior, existem outras alternativas. Ela tem várias maneiras de agir eticamente, se responder em vez de reagir, e a resposta dela não precisa ser longa. Ela pode melhorar ou transformar a situação enquanto trata sinceramente da preocupação da paciente com o marido.

Dizer toda a verdade não significa responder a cada pergunta que nos fazem. Se alguém nos pergunta quanto ganhamos no ano passado, podemos simplesmente dizer: "Não quero revelar essa informação". Por outro lado, podemos responder com uma pergunta: "Por que você quer saber?". Podemos nos recusar a divulgar a informação e, ainda assim, seguir a ética de dizer toda a verdade.

Esse processo de chegar a alternativas pode ser aplicado a muitos dos casos já discutidos neste livro. Antes de Kurt Gerstein entrar para a Waffen SS na Segunda Guerra Mundial, ele tentou várias formas de superar seu desafio ético principal: como evitar negar suas crenças cristãs e violar princípios éticos cristãos. Ele ia a protestos, imprimia panfletos e fazia discursos aos jovens.[11] O objetivo dele era provocar mudanças no partido, agindo dentro dele.

Gerstein fazia tantas críticas que foi expulso do partido. Ele continuou a protestar e, embora se considerasse patriota, a Gestapo colocou-o em um campo de concentração em 1938. Durante seis semanas e meia o campo quase acabou com ele. Sobre o partido, ele escreveu: "Seu objetivo cultural é destruir não só as igrejas católica e evangélica, mas toda forma de crença séria em Deus na Alemanha".[12]

No final, Gerstein desistiu dos protestos e conseguiu limpar seu nome junto ao partido nazista. Então ele escolheu atuar como delator do nazismo, um homem com uma visão íntima das atividades da equipe dos capangas mais vilipendiados de Hitler. Quando adotou essa alternativa, no entanto, ele ainda tinha várias outras escolhas:

- Não fazer nada (o que a maioria dos cidadãos de seu país fez).
- Fazer mais discursos (e arriscar ser preso várias vezes).
- Liderar protestos ou uma campanha de desobediência civil.
- Desafiar o governo no tribunal.
- Iniciar espionagem secreta.
- Construir uma via férrea subterrânea para ajudar as pessoas a emigrarem.
- Emigrar.
- Lutar.
- Cometer suicídio (o destino dele).
- Imolar-se (suicidar-se em público, como protesto).

Não podemos supor que estaremos um dia no lugar de Gerstein. Ele foi um homem comprometido em fazer o bem, torturado pelas maquinações corruptas do regime nazista. No entanto, ele tinha outras alternativas, escolhas que iam desde humilhar-se e suplicar a cuspir na cara deles.

Registros da vida dele sugerem que ele agonizou sobre muitos cenários. Ele poderia ter chegado a uma alternativa que tanto atendesse aos seus padrões éticos quanto o ajudasse a combater a ameaça nazista? Ele poderia ter evitado o mal de escolher o menor dos males? E se Gerstein tivesse agido com suas vítimas da maneira como agiria com uma pessoa amada?

Poderíamos esboçar um leque parecido de alternativas para a mãe que lê o e-mail, o genro que detesta ruibarbo, os planejadores do teste clínico tão criticado, o funcionário que está empregado em uma empresa questionável — sobre tantas pessoas que enfrentam desafios éticos comuns. Raramente são respostas éticas do tipo sim ou não. Como questões éticas, aparecem em uma gama de matizes.

Podemos ver facilmente que, quanto mais alternativas interessantes, atraentes e viáveis tivermos, maior nossa capacidade de evitar ou mesmo transformar a tentação. Deveríamos lembrar de não julgar nossas alternativas demais, quando as estamos concebendo — uma regra fundamental de *brainstorming*. Não é hora de editar e auditar. É hora de se abrir, deixar as ideias fluírem. Mesmo que só tenhamos poucos minutos para tomar uma decisão, podemos avaliar rapidamente diversas opções.

Passo 3: Avaliar Alternativas

O último passo para se tomar uma decisão de qualidade é testar a qualidade ética das alternativas, julgar, editar e auditar, distinguir entre a boa e a má alternativa, a melhor e a melhor de todas. Independentemente de nossas tendências a seguir a ética baseada na ação ou na consequência, podemos usar quatro passos para testá-la:

- Avaliar alternativas face ao código. (O que devemos fazer de acordo com nosso código?)

- Avaliar nosso exemplo ético. (O que nosso exemplo faria?)
- Testar a reciprocidade. (O que o teste de se colocar no lugar do outro nos sugeriria fazer?)
- Testar a universalidade. (E se todos fizessem isto?)

Quando se trata de avaliar alternativas face ao nosso código, com frequência enfrentaremos escolhas óbvias. Nós nos comprometemos a nos comportar de acordo com ações consideradas certas ou erradas. Definimos padrões e os defendemos. A não ser que as alternativas levem a uma situação indefinida, nosso *modus operandi* será claro: nosso código define nossos padrões, logo deixamos nosso código ditar nosso comportamento.

Depois de descartar escolhas que violam nosso código, testamos as opções remanescentes contra o que nosso exemplo pensaria. Em termos mais gerais, podemos nos basear em qualquer um dos testes do Capítulo 2 que nos manteriam em um padrão elevado. Além do teste do exemplo, podemos usar o teste da mãe ou da primeira página de um jornal.

Em seguida, testamos a reciprocidade, novamente estabelecendo distinções que aprendemos no Capítulo 2. Testamos nossas alternativas contra várias Regras de Metal — principalmente as variações da Regra de Ouro. Cada Regra de Metal trata de algum tipo de reciprocidade, logo nós nos colocamos no lugar do outro e avaliamos se nossas alternativas são adequadas. Mais uma vez, recorremos ao Capítulo 2 para usar o teste em que nos colocamos no lugar do outro, o teste do viés de linguagem ou o teste da pessoa amada.

Algumas perguntas que poderíamos fazer: Se vamos contar uma piada inadequada no trabalho, gostaríamos que alguém nos reprovasse, saísse da sala ou nos procurasse mais tarde para uma conversa particular? Se tivéssemos Mal de Alzheimer, preferiríamos que um enfermeiro dissesse a verdade, mudasse de conversa ou não fizesse nada? Se fôssemos vítima de genocídio, preferiríamos que Kurt Gerstein agisse secretamente, emigrasse ou fizesse protestos com risco de ser preso outra vez?

Se não sabemos ao certo o que significa *reciprocidade*, podemos ganhar perspectiva extra examinando mais detalhadamente o pensamento de Immanuel Kant. O filósofo descreveu três formulações desse "imperativo categórico". A primeira, introduzida no Capítulo 2, era que uma ação é ética se puder se tornar lei universal. A segunda é que uma ação é ética se tratarmos uma pessoa como fim, e não como meio. A terceira é que cada pessoa pode impor a si mesma um comportamento ético.

A mais útil pode ser a segunda, porque enfoca a reciprocidade nas relações pessoais. Kant escreveu em 1785: "Logo, aja de modo a tratar a humanidade, através de sua pessoa ou de outra, em todos os casos como um fim em si, e não apenas como um meio".[13] Esta é uma forma de dizer: Não use as pessoas. Kant está dizendo, em essência, que em situações eticamente delicadas, devemos tratar a todos que conhecemos como um ser humano, merecendo a mesma consideração ética.

Pessoas que acompanharam o desastre do teste do TGN1412 poderiam desejar saber se os pesquisadores testaram suas alternativas para revelarem os efeitos da droga recorrendo ao pensamento recíproco. Se um dos sujeitos fosse uma pessoa amada, os pesquisadores teriam revelado mais explicitamente que a droga alterava seu sistema imunológico? Eles enfatizariam os riscos da citocina, que os primeiros testes de drogas análogas sugeriram que poderiam ocorrer? Eles estavam usando as pessoas "apenas como meio"? Havia alternativas que eles poderiam ter escolhido para dizer mais claramente "toda a verdade"?

Os testes de reciprocidade também teriam levado ao questionamento da complexidade do formulário de consentimento do TGN1412, que tinha mais de 5.000 palavras. Quase um terço das sentenças foram escritas com uma linguagem acadêmica. Os pesquisadores poderiam ter elaborado um formulário alternativo? Eles poderiam ter dado às cobaias um tempo extra para examiná-lo e conversarem com seus amigos e parentes sobre sua decisão? Os observadores sugerem que os pesquisadores erraram não só ao subestimarem os riscos, mas apressando os sujeitos a tomar a decisão.[14]

Ao testarmos a reciprocidade, também podemos testar a universalidade. Esse teste nos traz de volta para a primeira formulação do imperativo categórico de Kant. Veja o exemplo da mãe tentada a ler o e-mail do seu filho. Suponha que ela criasse uma lista de alternativas, como segue:

- Desligar a conexão da Internet da família.
- Ler e-mails em segredo.

- Não fazer nada.
- Perguntar ao filho se ela poderia ler os e-mails.
- Perguntar ao filho se ele pode contar para ela sobre os e-mails.
- Conversar com o filho sobre os perigos do e-mail.
- Contar toda a verdade.

Qual dessas respostas a mãe gostaria de tornar universal? Ou seja, qual delas ela desejaria que todos (inclusive o filho dela) seguissem o tempo todo? Parece duvidoso que ela desejasse universalizar a prática de ler secretamente o e-mail dos outros. Desconectar a Internet ou não fazer nada não parecem ser universalizáveis.

Uma alternativa que recebe muito pouca atenção é simplesmente pedir permissão. Se fôssemos como a mãe, poderíamos simplesmente pedir permissão ao nosso filho. Se estamos pensando em pegar materiais de escritório do armário e levar para casa, podemos perguntar ao chefe se não há problema. Se somos tentados a levar para casa um menu atraente de um restaurante, podemos simplesmente perguntar ao garçom se isso é possível. Embora seja claramente óbvio, pedir permissão às vezes pode resolver questões éticas espinhosas.

A melhor alternativa, novamente, pode ser contar toda a verdade. A mãe poderia sentar-se com o filho e compartilhar seu dilema: "Temo pela sua segurança, o que me tenta a ler seu e-mail sem sua permissão. Mas respeito imensamente sua privacidade e quero dar um exemplo de comportamento digno para você seguir. Logo, estou em um dilema. O que devemos fazer?".

Depois de avaliarmos nossas alternativas, se nos basearmos na ação, com frequência veremos imediatamente a melhor opção. No mínimo, seremos capazes de descartar alternativas em conflito com nosso código ético. Não há estudos, pesquisas de opinião pública ou análises custo-benefício que mudem nossa opinião. Aqueles que tomam decisões baseadas na ação não comparam critérios éticos com as consequências prudenciais. Os princípios no código representam a base do comportamento.

Arcar com as Consequências

Se formos consequencialistas, tomar decisões de qualidade se torna mais difícil. Além das considerações éticas, devemos avaliar as prudenciais e legais. Devemos escolher quais os princípios que desejamos comprometer para atingir um bem maior, e então especificar o que se ganha e se perde com isso. Isto significa que se estamos planejando testar uma droga, teremos de perguntar: Expomos pequenos grupos de pessoas a um risco maior para acelerar nosso teste, sem informá-las a respeito, para que a humanidade se beneficie com isso mais rapidamente? Se formos agentes secretos de um regime semelhante ao nazista, toleramos a cumplicidade em uma máquina mortífera para darmos um testemunho que evitará atrocidades no futuro?

Para seguir a abordagem consequencialista, combinando considerações legais e prudenciais com éticas, devemos acrescentar três etapas ao nosso processo:

- Determinar as consequências de cada alternativa.
- Avaliar incertezas.
- Avaliar as vantagens e desvantagens.

Como o outro raciocínio que fizemos até aqui, esses procedimentos analíticos podem levar minutos ou horas, dependendo das necessidades da situação. Considere o exemplo de uma decisão tomada por executivos do Google em 2006. A questão era como mudar a maneira da empresa fazer negócios na China, cujo governo exigia a censura como uma condição para fazer negócios, um anátema para a visão fundamental do Google.[15] Esse caso mostra que os dirigentes da empresa tinham várias alternativas, e cada uma exigiu que eles determinassem as consequências, avaliassem incertezas e ponderassem as vantagens e desvantagens.

Do ponto de vista comercial, o Google, no início dos anos 2000 estava em um impasse: os censores chineses estavam bloqueando a entrada de resultados de busca do Google.com em chinês. O Baidu, mecanismo de busca desenvolvido na China, ganhava participação de mercado rapidamente. O

Baidu operava sem restrições pelo chamado Great Firewall da China, um dispositivo de censura que tornava lento o fluxo de dados enviados dos Estados Unidos através de algumas poucas linhas de fibra ótica que entravam no país.

As alternativas de negócio do Google representavam dois extremos do espectro. Em um deles, manteria o *status quo* e toleraria oferecer aos cidadãos chineses um mecanismo de busca lento e censurado. No outro, moveria os servidores Google para solo chinês, autocensurando os resultados de busca e com velocidade que lhes permitiria competir com jovens talentosos do Baidu local (juntamente com Yahoo! e Microsoft).

A segunda variedade de alternativas impunha uma questão ética simples: o Google deveria trabalhar com autoridades chinesas, censurando e fornecendo resultados de busca incompletos? Devido às leis chinesas e para não ferir a sensibilidade das autoridades da China, o Google teria de tirar voluntariamente sites ligados a termos como Falun Gong, Tibet e Tianamen Square. Logo, a questão, em essência, era: O Google deveria se tornar parceiro de um regime que se empenhava em enganar sistematicamente seus cidadãos?

Para os executivos do Google, a decisão dependeria (parcial ou integralmente) dos códigos éticos dos executivos e da empresa, que não conhecemos. No entanto, a empresa atraiu muita atenção durante sua oferta pública de ações, usando a frase "Não seja o mal" como um mantra norteador. E dos registros públicos, parece que os executivos do Google demonstraram uma abordagem de tomada de decisão baseada nas consequências.

Vamos aplicar as três novas etapas na tomada de decisão à situação do Google. Primeiro, vamos caracterizar as consequências potenciais de cada alternativa. (Veja a Figura 5-1).

Se o Google mudar seus servidores para a China e fizer a autocensura, o braço superior da chave na Figura 5-1, a empresa obterá benefícios prudenciais incrementais, BP. Mas esses benefícios vêm com um custo ético, CE. Para um consequencialista, o desvio ético se justifica caso os benefícios prudenciais superem os custos éticos — BP > CE. Embora isso pareça simples, na prática pode ser desafiador por três razões: horizontes no longo prazo, pressões de tempo e incerteza.

FIGURA 5-1

A Decisão do Google na China

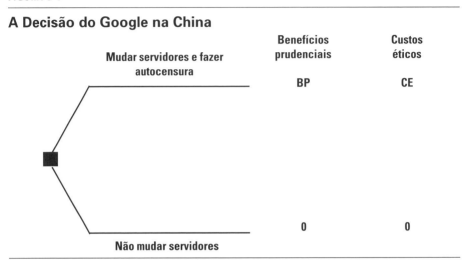

As consequências no longo prazo com frequência não recebem atenção suficiente. Pode ser difícil simplesmente escolher um período de tempo adequado. Para o Google, quando seria o momento certo de avaliar os benefícios prudenciais tais como os ganhos na participação de mercado? Em três meses? Um ano? Cinco anos? E quando seria a hora certa de avaliar os custos éticos? Depois que essa decisão fosse tomada? Depois que a empresa visse se quaisquer outros desvios seguiriam o primeiro?

As consequências negativas do desvio ético às vezes levam um tempo para aparecer. Veja o nosso amigo que detestava ruibarbo. Se ele tivesse considerado as implicações de fingir durante trinta anos, pode ser que não tivesse fingido gostar da torta. Embora o Google possa alcançar maior participação de mercado no curto prazo, pode incorrer em custos não pretendidos no longo prazo, decorrentes desse desvio.

A pressão do tempo aumenta as distorções em uma abordagem baseada nas consequências. Como vimos com as armadilhas de pensamento no Capítulo 1, quando estamos enfrentando uma situação ética, podemos ter dificuldade em identificar nossos princípios éticos. Da mesma forma, podemos achar difícil imaginar a que preço estamos dispostos a comprometer nossos princípios. Também temos questões prudenciais e legais competindo por nossa atenção. Isso torna ainda mais importante para os consequencialistas manterem seu código e seus princípios fundamentais visíveis e distintos — mesmo que não o sigam, pelo bem maior.

Os consequencialistas também precisam considerar a incerteza. Poucas decisões são tão simples quanto aquela mostrada na Figura 5-1. Mais frequentemente, elas mais se parecem com a Figura 5-2.

Se o Google mudar seus servidores para a China e fizer a censura, não terá garantia de que atingirá os benefícios prudenciais esperados. Uma miríade de incertezas fora de seu controle pode interferir: a reação competitiva do Baidu, mais intervenção do governo chinês, efeitos sobre sua reputação, decorrentes de um trabalho fraco de relações públicas. Com a probabilidade p, o Google atingirá o aumento significativo na participação de mercado que espera, a linha superior da chave na "incerteza de participação de mercado", e alcançará benefícios, BP. Novamente, com a probabilidade $1-p$, ele pode não ver qualquer aumento de mercado, representado pela linha inferior da chave em "incerteza na participação de mercado". Quer veja ou não ganhos na participação de mercado, ele ainda incorrerá em custos éticos, CE, ao seguir o caminho da censura.

FIGURA 5-2

A decisão do Google da China com a incerteza

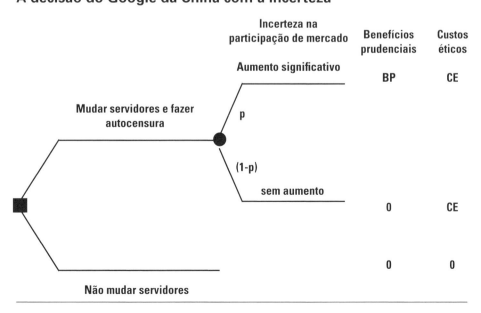

Juntando tudo: o Google deve aproveitar a chance (p) de aprimorar significativamente a equação geral. Embora uma análise probabilística vá além do escopo deste livro, podemos fazer várias observações.[16] Primeiro, ponderar as consequências pode ser difícil e levar muito tempo. Embora as decisões prudenciais possam exigir um rigor similar, as considerações éticas situam-se num patamar superior.

Em segundo lugar, devemos ter cautela ao fazermos o raciocínio baseado nas consequências, para não abrirmos mão de nossas responsabilidades éticas. Algumas pessoas pensam no consequencialismo como "os fins justificam os meios". Mas quando enfrentamos a incerteza, esse dito não é bem verdadeiro. Seria mais exato dizer: "Os fins que previmos justificam os meios". Lembre-se de que a ética se aplica a nossas decisões, e não a nossos resultados. Dizer que somos éticos se os fins acabarem sendo bons é isentar-nos da responsabilidade por nosso comportamento ético e atribuí-la ao destino.

No caso do Google, os executivos tinham controle de sua decisão acerca de empregar ou não servidores na China. Eles não poderiam controlar as reações de seus concorrentes. Em outras palavras, a responsabilidade ética está ligada às crenças para se tomar essa iniciativa, e não aos resultados na participação de mercado. Temos o controle pleno de nossa ética, e independentemente do que o futuro reserve, devemos assumir a responsabilidade por nossa ética quando tomarmos decisões.

Embora não saibamos os detalhes das discussões internas do Google, sabemos que, quando todos os dados foram considerados, o Google lançou o Google-cn, em janeiro de 2006, uma ferramenta de busca com sede em Pequim, em língua chinesa, com resultados de busca censurados. A ação irritou a muitos nos Estados Unidos, embora os resultados de busca do Google-cn viessem com um aviso de que eram filtrados. Os legistas em Washington pediram audiência. Em 15 de fevereiro de 2006, em uma sessão chamada "A Internet na China: Uma Ferramenta pela Liberdade ou Supressão?", o congressista da Califórnia Tom Lantos declarou: "Em vez de usar seu poder e criatividade para trazer a abertura e a livre expressão na China, eles se renderam às exigências ultrajantes mas previsíveis de Pequim, simplesmente como o objetivo de lucrar... Eles se voluntariaram com entusiasmo a entrar para a brigada da censura chinesa".[17]

Elliot Schrage, vice-presidente de comunicações globais e negócios públicos do Google, defendeu as ações da empresa dizendo: "Com base no que sabemos hoje e no que vemos na China, acreditamos que nossa decisão de lançar o serviço Google.cn, além de nosso serviço Google.com, seja razoável, melhor para os usuários chineses e melhor para o Google".

Os comentários de Schrage sugerem que o Google ponderou os custos e benefícios prudenciais, juntamente com os custos e os benefícios éticos, e foi em frente. Ele elaborou em testemunho dizendo: "Os requisitos para se fazer negócios na China incluem a censura — algo que vai contra os valores e compromissos básicos do Google como empresa. Apesar disso, tomamos a decisão de lançar um novo produto para a China — Google.cn — que respeita as restrições de conteúdo impostas pelas leis e normas chinesas... Nossa decisão se baseou no julgamento que o Google.cn dará uma contribuição significativa — embora imperfeita — para a expansão geral de acesso a informação na China".[18]

Schrage acrescentou mais tarde, sob o fogo cruzado do comitê do Congresso: "Isto não é algo que fizemos com entusiasmo, nem algo que nos deixa orgulhosos". O caso Google mostra como o desafio pode ser difícil para os consequencialistas. Podemos comprometer todos os tipos de princípios éticos para o benefício de ganhos prudenciais. No final, o Google tornou-se vulnerável a acusações de ter sacrificado padrões éticos com o objetivo de ganhar participação de mercado na Ásia. Sem dúvida, um custo prudencial manchou sua reputação como um veículo honesto de informação. Pelo menos na China, os usuários do Google nunca saberão que resultados foram filtrados ou mesmo se os filtros mudam com o tempo por exigência do governo chinês, ou talvez por razões comerciais do Google.

O Google também levanta uma velha questão que poderia ser valiosa em um código ético. Lidaríamos com pessoas (ou países) desonestas? Deveríamos nos envolver com elas ou nos distanciar? Deveríamos nos associar a parceiros antiéticos, esperando persuadir ou incitar reformas? Ou deveríamos evitá-las, esperando motivar a mudança? E o mais importante, as ações e comportamentos deles mudam nossa maneira de pensar em quais seriam as ações certas ou erradas para nós?

Se adotarmos uma visão baseada na ação, a resposta muitas vezes é fácil. Seguimos nosso código ético independentemente da situação ou da outra pessoa envolvida. Se isso significa que aceitaremos menos participação de mercado ou lucros, que seja. Se considerarmos as consequências, a equação se torna mais complicada. Enfrentaremos uma luta de peso, juntando informações e ponderando as vantagens e desvantagens. Devemos principalmente avaliar quais outros desvios poderíamos ter de enfrentar, quando começamos a nos associar com uma organização cuja ética não é condizente com a nossa.

Pensamento Ético Apurado

A divisão entre a abordagem baseada na ação e nas consequências se torna extremamente clara quando estamos tomando decisões éticas. Vamos retomar um exemplo anterior para examinar, em outra decisão pessoal, o risco de basear nosso raciocínio nas consequências. Relembre, do Capítulo 1, de Karl Schultze, o engenheiro da A. Topf and Sons que projetou e instalou sistemas para a fornos crematórios no campo de concentração de Auschwitz. Coloque-se no lugar de Schultze, que certamente sabia para que serviam os fornos. Você tem uma família, uma hipoteca e um futuro para proteger.

Agora suponha que Schultze tivesse, antes da guerra, assumido um compromisso com um código ético que dizia: "Não matarei, exceto por autodefesa". Suponha ainda que ele decidisse que não trabalharia para uma empresa que fizesse equipamentos para matar pessoas inocentes. Ambos são pressupostos razoáveis, o tipo de decisão que tomaríamos com facilidade principalmente em tempos de paz.

Agora começa a guerra. Se Schultze se baseia na ação, o que ele faz ao receber ordens para construir sistemas para Auschwitz? O que acontece quando lhe pedem para instalá-los? Ele se recusa a fazer o trabalho. A decisão dele é simples: ele pede demissão. Ao fazer isso, demonstra ser mais ético e determinado do que o alemão mediano na Segunda Guerra Mundial (e o ser humano médio em toda a História).

Schultze sugeriu em seu testemunho, no entanto, que ele não era alguém que se baseava na ação. Ele temia que seu chefe, Ludwig Topf, o despedisse. Tinha medo de ser preso pelos nazistas. Então seguiu as ordens. Em outras palavras, ponderou considerações éticas com prudenciais. Calculou os benefícios, os custos, os riscos e as implicações éticas. E decidiu ficar na Topf.

Em muitos sentidos, a história de Schultze apresenta o perigo que todos nós enfrentamos. Podemos nos prender a pensamentos sobre uma série de decisões baseadas em consequências das quais nos arrependemos. Talvez Schultze pudesse ter escrito uma história diferente para si — se ele tivesse se sensibilizado ao desvio ético antes da guerra. Se ele tivesse aprendido a fazer distinções éticas. Se tivesse um código rigoroso. Se tivesse aplicado princípios éticos de uma maneira sistemática para tomar uma decisão de qualidade sobre um princípio, e não uma circunstância. E se tivesse tornado todas essas coisas em hábito.

A história de Schultze nos lembra de que nosso primeiro desafio, evitar o desvio, não deve ser considerado algo com pouca relevância. O desafio seguinte, fazer a coisa certa, pode ser uma realização notável quando estamos sofrendo coerção. E o terceiro, usar desafios éticos como oportunidades para tomar decisões de qualidade, a fim de aprimorar e até mesmo transformar relacionamentos, parece estar totalmente fora de alcance.

Nos próximos dois capítulos, contudo, mostraremos como podemos ir muito além da média. À medida que aprendemos a fazer reflexões éticas mais apuradas, podemos usar nossas habilidades para chegar a alternativas — e ações — que sejam muito mais gratificantes do que a mera sujeição. Quer nos orientemos para a ação ou para as consequências, podemos formar o hábito de transformar desafios éticos em oportunidades, a fim de mudar os relacionamentos para sempre.

➢ Sua Vez: Use Suas Ferramentas de Decisão

Relembre da história que você resumiu no Capítulo 1. Aplique as ferramentas deste capítulo para chegar às alternativas "boa", "melhor" e "a melhor de todas" para sua ação original. Qual alternativa você escolheria hoje, tendo em vista o que você aprendeu desde então? Qual alternativa fortaleceria mais seus relacionamentos?

CAPÍTULO 6

Transforme a Vida

Tomada de Decisão Competente na Vida Pessoal

Toda tentação vencida representa um novo fundo de energia moral. Toda resistência à provação e temperança do espírito correto tornam a alma mais nobre e fortalecida.

Atribuído a William Butler Yeats

Em 1937, o empresário alemão John Rabe deparou-se com uma tentação que muitos nazistas enfrentaram na Segunda Guerra Mundial: consentir e calar-se diante de um genocídio. Diferentemente de homens como Karl Shultze, no entanto, Rabe não consentiu. Em vez de se tornar um agente de mentiras, roubo e danos, ele se tornou um agente da verdade e protetor da vida. Embora muitos alemães tenham cedido à insensibilidade ética e ao pensamento falho, Rabe permaneceu fiel a valores éticos mais elevados.

Em 13 de dezembro de 1937, tropas japonesas com 50 mil homens entraram rapidamente na então capital chinesa, a cidade de Nanquim, na vanguarda de uma importante invasão japonesa da China. A cidade, um antigo centro do governo e da cultura, caiu facilmente diante das forças japonesas. Os danos do ataque inicial foram leves.[1]

Mas nos dias subsequentes, as tropas japonesas partiram para a violência, queimando um terço da cidade e aterrorizando sua população. As brutalidades incluíram estupro, massacre, vivisseção e canibalismo. Pelo menos 260 mil civis morreram nas mãos de soldados enlouquecidos, incontidos por seus comandantes.

Rabe era líder do partido nazista em Nanquim. Ele era a face da Alemanha, um aliado leal do Japão. Ele se recusou a ajudar os japoneses, e levou outros expatriados ocidentais a criar uma zona de segurança em Nanquim. Em uma ilha de edifícios urbanos, ele abrigou 250 mil chineses. Com enorme risco pessoal, ele vagava pelas ruas para impedir a pilhagem, assassinatos, violação sexual e mutilação, tendo chegado a ponto de enfrentar um estuprador que atacava uma jovem.

Em *The Rape of Nanking*, a falecida autora Iris Chang reconta a história do trabalho de Rabe. Mesmo antes de as tropas japonesas agirem com violência, ele ligou para Hitler para solicitar que os japoneses concedessem uma zona de segurança. À medida que as atrocidades se espalhavam, ele fez repetidos protestos aos diplomatas japoneses. Telegrafou para Hitler que, pelo relato de Rabe, intercedeu para redirecionar o bombardeio aleatório aos alvos militares.

Mas os apelos de Rabe não fizeram uma diferença real para os civis que estavam no local. As atrocidades se intensificaram.

Quando a carnificina se atenuou, Rabe voltou para a Alemanha, levando em segredo um documentário das barbaridades cometidas. Por suas ações, o secretário de estado da Alemanha concedeu-lhe a condecoração Cross Service da Ordem da Cruz Vermelha. Rabe fez palestras sobre o massacre e mostrou o filme em Berlim. Enviou um relato e o filme para Hitler e seu braço direito, Hermann Goering. Como prometera à população de Nanquim, ele divulgou os atos cruéis dos soldados japoneses.

Embora poucos de nós passemos pelas provações de Rabe, a história dele mostra como os indivíduos podem transcender a mais malévola das tentações éticas. Rabe teve todas as chances para aceitar, ignorar e até ajudar na selvageria. Mas escolheu outra alternativa: proteger as vítimas civis de uma das maiores monstruosidades da humanidade.

Nossas virtudes podem não corresponder às de Rabe. Mas podemos nos inspirar nele e procurar exercitar as mesmas habilidades a fim de superar a tentação. Nossa jornada começou no Capítulo 1 com a nossa sensibilização às transgressões. Continuou com o aprendizado de distinções éticas (Capítulo 2), a escolha de referências éticas (Capítulo 3) e a elaboração de um código ético (Capítulo 4). Culmina nos Capítulos 6 e 7, quando aprendemos a usar o processo de tomada de decisão do Capítulo 5 para transformar desafios éticos em relacionamentos e caráter revitalizados.

A Opção de Evitar

É melhor prevenir que remediar. A melhor forma de lidar com muitas situações antiéticas ou eticamente discutíveis é evitá-las. Isso é muito mais fácil do que se envolver em uma situação difícil. Por isso, tente sempre evitar antes de transformar. Da mesma forma, usamos nosso código ético para nos preparar para desafios éticos, usamos nossa sensibilidade aguçada para prever e evitar dilemas esperados.

Uma das decisões mais úteis que podemos tomar é nos recusarmos a aderir a causas, grupos e organizações cuja ética seja inconsistente com a nossa. Uma vez dentro do grupo, não podemos nos livrar facilmente de nossas obrigações. Quando uma tentação ética é direcionada para nós, podemos enfrentar a escolha entre violar nossa ética e violar as normas da organização. Com muita frequência não nos encaixamos na organização. Com o sentimento de que caímos em uma cilada, podemos apelar para racionalizações que nos levam a romper com nosso código ético. Mas podemos minimizar esse apuro se, antes de entrar para organizações, verificarmos se estão ou não alinhadas com a nossa ética.

Certa vez ouvimos uma história sobre beisebol juvenil. No final da temporada regular, um grupo de pequenas cidades recebeu, cada uma, duas equipes para um campeonato. Os melhores garotos eram indicados para a equipe A de cada cidade e o restante, para a equipe B. Rapidamente, a equipe A de uma determinada cidade perdeu e saiu da competição. A equipe B avançou para as semifinais. Quando o treinador da equipe B divulgou a seleção inicial, os jogadores da equipe (e seus pais) ficaram surpresos: o treinador tinha convocado um treinador da equipe A como *starter*.

Para muitos pais da equipe B, a convocação resultou em um ato fraudulento. Um dos pais protestou. O treinador respondeu que ele fez a substituição para o bem dos meninos. Afinal, disse ele, nenhum dos meninos gostava de entrar no jogo e não se dar bem. O treinador, embora talentoso e muito querido, não percebeu que a substituição foi antiética. Os pais se sentiram enganados. Houve claramente um desacordo entre códigos éticos.

Seja uma equipe esportiva, um grupo comunitário ou uma organização de jovens, os conflitos entre a ética pessoal e organizacional acontecem o tempo todo. Por essa razão, é melhor termos cautela para determinar em que grupos entramos. Se vemos que um treinador justifica o que consideramos desvios éticos com o objetivo de vencer, ou para que se tenha um bom time, podemos preferir simplesmente evitar essa associação.

Quando surgem questões éticas, com muita frequência parece ser tarde demais. Podemos ser levados pelos acontecimentos. No jogo de beisebol, muitos pais acharam que estavam sendo, involuntariamente, cúmplices de uma trapaça para com a outra equipe — na qual seus filhos foram envolvidos. Para o alívio dos pais, o time de seus filhos perdeu, o que pelo menos eliminou o inconveniente ético de obter um lugar não merecido nas eliminatórias.

Quando nossa habilidade de aplicar princípios éticos na tomada de decisão se aprimora, encontramos menos situações desse tipo. Em vez disso, podemos mudar o foco para as oportunidades, a fim de usar a ação ética para nossa transformação e transformar nossas relações com os outros. Para criar tais oportunidades, nos concentramos em três habilidades:

- Encontrar toda a verdade. Esclarecer nossas motivações e medos, encontrar verdades que nos permitam agir com autenticidade.

- Formular questões como relacionamentos. Criar alternativas considerando como nossas ações afetarão outras pessoas, tanto agora quanto no longo prazo.

- Aumentar as exigências de reciprocidade. Perguntar, à medida que testamos nossas alternativas, não apenas como gostaríamos de ser tratados, mas como gostaríamos que nossos entes queridos fossem tratados.

No final, reconhecemos mais plenamente que a ética nos dá não só a clareza para tomarmos as atitudes certas, mas a sabedoria para criarmos oportunidades dos outros fazerem o certo. Quando mantemos o foco não nas transações, mas naqueles que estão à nossa volta, vemos que os ganhos com as pessoas são duradouros; os ganhos durante transações, fugazes. Nossa tarefa é conjugar a vontade e a imaginação para nos concentrarmos no que é duradouro.

Transforme as Mentiras: Diga Toda a Verdade

Quando nos deparamos com a tentação de nos comprometermos, mais comumente somos tentados a mentir. Em parte porque as mentiras são tão comuns, principalmente mentiras bem-intencionadas, com frequência elas são consideradas inofensivas, necessárias e razoáveis. Para reiterar, no entanto, dizer mentiras cria barreiras em relacionamentos. Em vez disso, podemos converter as tentações de dizer mentiras, pequenas ou grandes, em oportunidades para transformar relacionamentos.

Considere como nosso amigo que detesta ruibarbo poderia ter contornado sua mentira bem-intencionada — se ele tivesse procurado captar toda a verdade do momento. E se ele tivesse pensado plenamente no que isso causaria à mãe de sua noiva. E se ele tivesse se guiado pelas regras de ouro, ou de Platina, ou de Diamante.

Dizer mentiras para a sogra, evidentemente, é uma antiga tradição para algumas pessoas. Mas os princípios básicos de transformação funcionam tão bem para a sogra quanto para qualquer outra pessoa. Começa encontrando-se toda a verdade.

"Toda a verdade" é mais difícil de determinar do que poderíamos pensar. Na história do ruibarbo, a verdade está enterrada. Talvez fosse algo como: "Obrigado por pensar em mim quando fez esta torta de ruibarbo. Eu reconheço o seu esforço e sua recepção generosa. É difícil para mim dizer isso porque eu amo sua filha e quero que nosso relacionamento comece bem. Mas eu preciso admitir que não gosto de ruibarbo".

Nosso amigo precisaria ter percebido por que no início ele foi tentado a enganar — ou seja, ele queria causar uma boa impressão e pensou que o novo relacionamento não toleraria a verdade. Ele teria que ir fundo dentro de si para revelar esses sentimentos. Mas o esforço poderia ter tido uma recompensa atraente. A verdade é poderosa porque, ao admitirmos nossas vulnerabilidades e mostrarmos a coragem para revelá-las, podemos aprofundar nossas relações mais significativas.

Dizer a verdade dessa forma exige que nos concentremos nas pessoas, e não nas transações. Em vez de nos preocuparmos com questões como os resultados de um evento — constrangimento e estranheza — nós nos preocupamos com os resultados de nosso relacionamento com uma pessoa. Uma boa maneira de fazer isso é lembrar do teste da reciprocidade. Se estamos fazendo uma torta para comemorar o início de um novo relacionamento, gostaríamos que mentissem para nós? É bem provável que quiséssemos conhecer melhor a pessoa.

Fazer o trabalho para dizer toda a verdade significa que nos importamos com os outros o suficiente para nos esforçarmos, para enfrentarmos nossos medos, e para assumirmos um risco emocional. Na história do ruibarbo, uma vez que nosso amigo não optou pela verdade, ele criou uma separação persistente, ao longo de sua vida, entre sua sogra e ele. Alguns genros ou noras podem achar que não é má ideia criar esse tipo de separação, mas não gostaríamos que esse distanciamento fosse causado por um pensamento falho ou rudimentar.

Conhecer os parentes (ou pais) é uma preparação clássica para testar a força de nossa habilidade ética. O encontro significa muito para nosso parceiro. Com frequência é estressante, incerto e estranho, porque queremos causar boa impressão e nos preocupamos com uma falha que possa aborrecer nosso parceiro ou abalar nosso relacionamento. Ao sentirmos a pressão podemos escorregar para inverdades. Talvez se mais pessoas fossem capazes de dizer toda a verdade em situações com grande carga emocional, mais relações com a sogra seriam significativas.

A noção de usar toda a verdade para transformar relacionamentos tem um lugar no mito. Crianças americanas aprendem, aos 6 anos, como o primeiro presidente, George Washington, derrubou uma cerejeira plantada na fazenda de seu pai. A história, há muito acreditada, é uma lenda criada pelo biógrafo Mason Locke Weems. Como alguns autores contemporâneos, Weems entendeu, em 1809, quando escreveu *The Life of Washington*, que incluir fatos reais em uma ficção não era uma forma de vender livros.

E no entanto, Weems, um mentiroso, parecia também entender como criar uma forte parábola ética. George não só admitiu ter derrubado a árvore com seu novo machado. O pai dele reagiu à verdade com alegria: "Venha, venha garoto, me dê um abraço. Estou contente, George, que você disse ter matado minha árvore, pois você me pagou mil vezes por isso. Tal ato de heroísmo em meu filho (de dizer a verdade) vale mais do que mil árvores, mesmo que dessem flores de prata e frutos do mais puro ouro".[2]

Adotamos histórias em que a verdade transforma relacionamentos. Elas são vistas no cinema e na mídia, quando personagens chegam a momentos em que têm uma percepção clara e então usam verdades profundas para estimular a reconciliação com amigos e ou pessoas amadas. Podemos tirar vantagem dessa força transformadora com mais frequência na vida real.

Lembre-se da história sobre o autor que mentiu ao inspetor da agricultura sobre tomates na fronteira da Califórnia. Que momento perfeito teria sido para o autor cultivar seu relacionamento com os filhos. Mas ele não reconheceu a oportunidade e a desperdiçou, embora capitalizasse sua transgressão para conduzir muitas conversas frutíferas daquele momento em diante.

Ou pense nas histórias de celebridades no início deste livro. Considere o historiador Stephen Ambrose, cujo plágio estragou uma carreira extraordinária. Ele poderia ter transformado a tentação de poupar esforços em uma reputação admirável — em vez de deixar a seus filhos arcarem com o peso de defender sua honra após a morte. Ou lembre-se do treinador Kenny Rogers, que quase certamente mentiu sobre a cola de pinho em sua mão. Ele fez uma excelente partida, mesmo depois de tê-la removido, mas nunca mais conseguiu recuperar sua relação com os fãs do beisebol.

E então veio o presidente norte-americano James K. Polk, que mentiu para justificar o início de uma guerra contra o México. Ele tinha várias maneiras de assegurar, recorrendo à verdade, um melhor relacionamento com os legisladores e o povo americano (e ainda mais com o México). Mas desfilou um golpe contra seu legado, devido a suas inverdades. E, justificadamente, seu precedente de desonestidade prejudicou as relações entre presidentes e cidadãos desde então.

Usar a verdade para aprofundar relacionamentos não é uma ideia nova. Mas podemos nos dedicar novamente a isso. Quando somos tentados a dizer meias-verdades, a dar impressões falsas, podemos parar e perguntar: Qual é a verdade? A quem estamos afetando? Como podemos agir do modo como eles gostariam que agíssemos? Não é uma questão de fazer o que é certo, ou o bem, mas de nutrir relações na comunidade em que vivemos.

Kant disse: "Ao mentir, um ser humano desperdiça e, por assim dizer, aniquila sua dignidade como ser humano".[3] Mas o corolário à advertência de Kant é uma ideia esclarecedora da qual podemos nos beneficiar: Por toda a verdade, recuperamos a dignidade e a usamos para revitalizar nossas vidas.

Transforme a Fraude

Outra fonte produtiva de oportunidades para transformar relacionamentos é a tentação de enganar. Como mentir, a fraude é algo sempre presente, e da mesma forma, rapidamente temos um ganho transacional imediato à custa da perda de um relacionamento. O que é ainda pior, podemos nos cumprimentar por nossa capacidade de enganar, sem dizer "tecnicamente" uma mentira. Mas não há diferença ética. Quando enganamos com inteligência, só complicamos o problema, fazendo de bobos também a nós mesmos. Como se precisássemos de prova, os estudos mostram que nos relacionamentos amorosos, as pessoas alimentam relações mais positivas quando não fraudam e acreditam na fidelidade de seus parceiros.[4]

Para examinar por que isso acontece, lembre-se da vinheta do Capítulo 1 em que um aluno recusa o convite de ir ao cinema porque quer relaxar e ver TV. Ele sugere ter muitas tarefas de casa — o que é verdade, mas não é o argumento certo. Imagine se o aluno parasse um momento para encontrar a verdade a usasse para aprofundar seu relacionamento com um bom amigo.

A verdade na íntegra poderia ter soado como: "Obrigado por me convidar para ir ao cinema. Eu prefiro assistir à TV hoje, mas tenho medo de, ao dizer isso, você pensar que eu não valorizo sua companhia. Claro que sim.

Eu ficaria contente em ir com você uma próxima vez. Mas hoje, eu quero ver TV. Conte-me amanhã como foi o filme".

As circunstâncias dessa história podem parecer triviais, mas isso ajuda a ilustrar um ponto crucial. Antes de dizer toda a verdade, temos de perceber por que somos tentados a enganar. Em geral, isso vem de suposições simples — temos uma desculpa fraca e nosso relacionamento não pode tolerar a sinceridade. Ao enfrentarmos esses medos, no entanto, podemos levar nosso relacionamento a um patamar mais elevado. O estudante poderia ter usado a verdade para mostrar que entendeu que sua amizade era sólida o suficiente para ele poder ser honesto, que ele não precisava reter informação.

Imagine a mesma situação com circunstâncias variadas. Seu chefe o convida para jogar golfe após o trabalho. Você prefere passar a noite com sua família, pois recentemente tem tido pouco tempo com seus filhos. Você diz ao chefe que tem muito trabalho para fazer, o que é verdade, mas não planeja realmente abrir sua pasta se não tiver que fazer isso. Enganar parece ser a saída fácil. Mas o perigo é que isto reflete um hábito que você desenvolveu através de várias repetições. O ato de enganar é o mesmo praticado pelo estudante, mas com um aspecto negativo ainda maior.

Isto não sugere que dizer a verdade seja grosseiro ou ofensivo; significa escolher uma alternativa, uma forma hábil de responder. Uma regra prática antiga sugere perguntar antes de falarmos: Isto é verdade; isto é generoso; é útil? Se não for nenhuma dessas coisas, não encontramos uma maneira habilidosa de expressar.[5] Esta é, na realidade, outra forma de dizer: Diga toda a verdade — uma verdade que leva em conta seu relacionamento mutuamente benéfico, antigo, com a outra pessoa.

Imagine na manhã seguinte o comentário feito pelo seu chefe sobre ter tido muito trabalho e não poder ter ido jogar golfe. Ele lhe pergunta se você conseguiu terminar o trabalho. Você responde com exatidão, mas enganando: "Não tanto quanto eu gostaria". Você começa a ver desdobramentos crescentes de sua enganação. Se você tivesse dito a verdade na noite anterior, poderia, agora, ter uma conversa sobre ter tempo com a família — aprofundando seu relacionamento. Mas essa oportunidade se perdeu, porque você nunca procurou entender e expressar toda a verdade.

Do mesmo modo que a mentira, a tentação de enganar se dispersa se enfocamos as pessoas e não as transações, e mantemos a reciprocidade em mente. Se convidamos alguém para ir ao cinema, gostaríamos que mentissem para nós? Gostaríamos de perceber que nosso relacionamento amargou? É seguro dizer que a maioria das pessoas prefere amigos que se descrevem autenticamente.

Uma forma de reconhecer nossa tendência para a falta de autenticidade é fazer o "exercício da coluna esquerda" criado pelo professor Chris Argyris, da Harvard Business School. Pegue uma folha de papel em branco. Trace uma linha no meio. Pense em uma conversa recente na vida, que tenha sido significativa. Na coluna direita, esboce uma transcrição da conversa. Na esquerda, anote seus pensamentos particulares a cada ponto da conversa.

O exercício destaca como passamos pela vida com dois discursos: público e privado. Nossa coluna esquerda, a privada, contém muitos pensamentos válidos e não válidos. Podemos criticar os não válidos. Mas podemos reconsiderar os válidos. No exemplo da televisão, nossa coluna esquerda diria: "Ah, estou me sentindo sobrecarregado; quero ficar sozinho esta noite". Na medida em que temos pensamentos válidos, podemos passá-los para a coluna direita. Podemos praticar "não ter pensamentos na coluna esquerda". Expressar nossos pensamentos na coluna esquerda é outra forma de nos habituarmos a encontrar e expressar toda a verdade.

Como outro exemplo de transformação, considere uma história contada por uma enfermeira: "Eu tive uma colega que [estava morrendo] de câncer... Ela tinha uma filha, um filho, e não tinha marido... A filha não estava lhe dizendo a verdade sobre a doença... [nem] conversando com a mãe sobre a morte... Mas eu não concordava com o que eles queriam... porque meu relacionamento com aquela amiga era mais importante do que o que a filha e o filho estavam querendo, então eu fui visitá-la nesse dia... e me despedi dela... Foi um momento privilegiado ser honesta e dizer adeus a ela, e eu acho que ela reconheceu".[6]

A paciente morreu dias depois. Não sabemos, na verdade, qual foi a reação dela, mas sabemos que muitas pessoas agonizantes preferem não ser enganadas. Sissela Bok, autora de *Lying*, explica porquê. A preocupação delas em saber sobre sua condição vai muito além da mera curiosidade ou do desejo de fazer escolhas pessoais isoladas no curto espaço de tempo que ainda têm; sua postura perante a vida que tiveram e a capacidade de dar um sentido e um final a ela é que estão em jogo."[7]

Embora enfermeiros e familiares costumem dar respostas vagas e dizer meias-verdades, além de enganar por omissão, enganar alguém no final da vida abala a confiança em um momento que a pessoa que está morrendo pode se sentir mais fora de controle. Mesmo que o motivo seja manter a esperança, o benefício do momento vem a um custo altíssimo. Mesmo com uma pessoa que está morrendo, podemos transformar relacionamentos para melhor.

Um dos autores aprendeu essa lição quando seu pai adotivo morreu de linfoma. Dick tinha 68 anos, era veterinário aposentado, pastor leigo e cheio de vida. Quando os exames confirmaram seu diagnóstico, ele tinha apenas algumas semanas de vida. Estava doente e assustado. A família foi tentada a "apoiá-lo", concentrando-se em sua pequena chance de recuperação. Mas sua esposa superou os medos e contou toda a verdade a Dick.

Aconteceu uma coisa surpreendente. Quando Dick fez seu último sermão na igreja, ele sentiu mãos em suas costas. Ele sabia que morreria logo, mas percebeu que não estava só. Aqueles à sua volta também estavam com medo, e precisavam da ajuda que só ele poderia dar.

Dick abandonou seu medo. Nos últimos dias de vida, ele encontrou sentido e propósito profundos em ser ministro para todos aqueles à sua volta. A família achava que devia ser forte e lhe dar apoio. Mas Dick deu uma guinada na situação. Ele ajudou sua família, sua congregação e até mesmo seus médicos a aceitarem sua morte iminente. Depois de falecer, as lembranças de seus últimos dias permaneceram entre as mais preciosas da família.

Da mesma forma que fazemos com a mentira, podemos praticar as habilidades de pensar para transcender a fraude. Quando somos tentados a alimentar impressões equivocadas, omitir fatos importantes e a desviar as pessoas da verdade, podemos buscar toda a verdade, fazer um balanço das pessoas que nos rodeiam e ser honestos, da mesma forma como gostaríamos que os outros fossem honestos conosco.

Isso não significa que não devamos ser diplomáticos. Presumivelmente, temos um desejo sincero de ser gentis, senão diplomáticos. Como Gandhi teria dito: "Sempre que você tem a verdade, ela deve ser transmitida com amor, ou a mensagem e o mensageiro serão rejeitados".

Transforme Promessas Não Cumpridas

Outra tentação ao desvio é não cumprir promessas. Na vida diária, as pessoas deixam de cumprir promessas o tempo todo, quando isso atende a suas necessidades. Com frequência, as promessas não cumpridas têm pouca importância, como o pagamento atrasado de pequenas dívidas, descumprir prazos, faltar a compromissos e deixar de cumprir tarefas. Como acontece com outros desvios, as promessas não cumpridas com frequência geram um ganho transacional à custa da perda de um relacionamento.

Muitas vezes somos tentados a prometer algo e depois voltamos atrás. Então racionalizamos — o tempo apagou a obrigação, as circunstâncias mudaram, não fizemos uma promessa explícita. Mas por mais inteligente que seja nosso raciocínio, ele não apaga o desvio.

Podemos usar o pensamento ético competente para transformar essas tentações em oportunidades. Novamente, começamos com toda a verdade. Informamos a pessoa a quem devemos a obrigação, de nossa necessidade ou desejo de mudar. Renegociamos a promessa, pensando em nosso relacionamento. E no espírito da reciprocidade, reafirmamos nossa responsabilidade para a promessa, mesmo que ela pareça ter expirado ou sido esquecida.[8]

A ação ética cuidadosa não exige comportamentos complicados. Somos tentados a quebrar nossa promessa com um vizinho de podar um galho da macieira que está pendendo do lado dele? Conversamos com o vizinho. Somos tentados a não pagar uma dívida a um primo? Lembramos o primo e assumimos o compromisso de pagar em data viável. Perdemos o prazo? Informamos as pessoas que dependem de nós, renegociamos e reafirmamos que faremos a entrega. A resposta comum pode transformar um relacionamento.

Alguns psicólogos recomendam a aplicação de tais princípios, mesmo diante da tentação de quebrar a promessa mais sagrada da vida: o voto de fidelidade no casamento. Somos tentados à infidelidade? Antes de agir, informamos a nosso parceiro sobre a tentação de um caso extraconjugal.[9] O simples ato de informar pode melhorar um relacionamento.

Uma forma especial de promessa é o segredo. Em nossas aulas, costumamos ouvir alunos que guardam o mesmo segredo. Imagine que você seja um desses alunos: um amigo lhe confidencia que está enganando a namorada. Ele quer que você guarde o segredo da infidelidade dele. Mas logo a namorada dele lhe pergunta sobre a infidelidade. O que você diz? Você mantém o segredo?

A tentação de revelar o segredo é extrema. A lição neste caso é que, em primeiro lugar, todos nós precisamos determinar se aceitamos guardar um segredo. Seguem três critérios para aceitar essas confidências:

- Deixe claro aos outros que você não será obrigado a manter segredo de nada que não lhe pediram antecipadamente para guardar.
- Atribua um limite de tempo para guardar o segredo.
- Seja claro sobre as circunstâncias sob as quais você pode revelar os segredos.

Manter segredos pode mudar radicalmente nosso relacionamento com aqueles que poderiam se beneficiar de saber deles, por isso devemos aceitá-los e lidar com eles com cautela. Se um segredo está nos causando problemas, também podemos voltar atrás para a pessoa que nos contou confidencialmente. Podemos esclarecer os detalhes do segredo. Podemos confirmar a reciprocidade do acordo. Podemos nos comprometer com um prazo claro. Cada uma dessas ações pode fortalecer o relacionamento.

Lembre-se da história sobre um dos segredos do autor: não contar ao seu filho que ele sabia que seu filho seria demitido. O autor não revelou o segredo, mas poderia ter sido mais cuidadoso ao aceitar guardá-lo. E poderia ter sido mais hábil, voltando a procurar sua filha e esclarecendo o segredo, confirmando reciprocidade e entendendo o limite de tempo.

Segredos recebem atenção incomum na vida diária. Nosso pressuposto imediato da inviolabilidade provavelmente venha do valor que atribuímos à lealdade. A lealdade é muito prezada por todos nós porque vem de emoções tribais primitivas. Somos essencialmente formados de modo a pensar primeiro no irmão, no clã, na casta e na classe. Levantamos os braços contra os outros para proteger nossa tribo de intrusos, estranhos e bárbaros. A lealdade, como explica a autora Sissela Bok, "precede a lei e a moralidade em si... ajuda a assegurar a sobrevivência coletiva em um ambiente hostil".[10]

No entanto, devemos ter cuidado em deixar que nossa ligação com a lealdade nos impeça de lidar eticamente com nossas tentações. A lealdade parece ser um bem, mas sua definição é escorregadia, e praticar a lealdade nem sempre é uma virtude. Um dos requisitos para se ingressar na Máfia é o juramento de sangue — jurar lealdade para com a família. Mas a fidelidade cega ao clã não leva necessariamente ao comportamento ético, porque a lealdade não oferece orientação ética. Sempre que alguém apela para nosso senso de lealdade, devemos passar as condutas solicitadas pelo filtro ético.

Transforme o Roubo

Não menos do que com a mentira, a fraude e as promessas, as tentações para roubar oferecem oportunidades para transformar os relacionamentos. Pena que somos facilmente convencidos a cometer erros, por pequenas somas. Como observadores dos outros, quantas vezes lucramos a curto prazo quando os ganhos de transgressões mais longas são muito maiores?

Um de nossos alunos contou que foi a uma grande loja de móveis e utilidades domésticas para comprar uma mesa. Para seu alívio, ele chegou a tempo de comprar a última peça por 300 dólares. No caixa, o funcionário fez a leitura do código de barras que marcava 30 dólares pelo item. Ele não disse nada e abençoou silenciosamente sua sorte com o erro da rede de lojas. Pagou apenas 30 dólares. Na classe, ao lhe perguntarem pelo pagamento de 270 dólares que não foi feito, ele disse: "Eles vão recuperar isso".

O estudante contou essa história quando pedimos histórias de situações delicadas do ponto de vista ético. Ele declarou ter consciência clara, mas sua explicação sugeriu o contrário. Ele mereceu o desconto, disse, porque ficou zangado com sua experiência anterior com artigos de baixa qualidade daquela loja.

Evidentemente, quem não invejaria um acontecimento fortuito? Mas a questão era como lidar com ele habilmente. Ele saiu ganhando. Mas o que ele fez com seus relacionamentos — com ele mesmo, com os amigos, com colegas de classe, com os comerciantes locais? O erro de preço foi uma oportunidade financeira, mas também ética. O que ele teria feito se tivesse buscado a verdade, ponderado as alternativas de melhorar relacionamentos e considerado a reciprocidade, digamos, da Regra de Ouro?

Se ele tivesse feito isso, poderia ter tomado uma decisão que o recompensaria menos em termos de dinheiro, e mais em caráter e relacionamentos. Sem dúvida, muitos estudantes poderiam caçoar dele por sua estupidez. Quem não pegaria o dinheiro? O mesmo se poderia dizer do indivíduo que pagou 17 dólares a menos no restaurante, no Capítulo 1. Mas quem confia nessas pessoas? Os amigos? Os irmãos? Os pais? Roubos de todos os tipos corroem os relacionamentos.

Uma tentação de roubar que precise ser conduzida, sobretudo com habilidade ética, é aceitar algo que não seja nosso, por direito — como Paul Hamm fez na história em que aceitou uma medalha olímpica por ter ganhado devido a um erro de contagem de pontos. O caso de uma mulher ilustra como Hamm poderia ter agido de outra forma. Ela é Irina Karavaeva, ginasta russa que ganhou a medalha de ouro olímpica em Sydney, em 2000, na competição individual no trampolim.[11]

Karavaeva compete sob a International Gymnastics Federation (FIG), a mesma organização que Hamm. Em 2001, no Campeonato Mundial na Dinamarca, Karavaeva enfrentou exatamente a mesma situação que Hamm em 2004. Devido a um erro de contagem na pontuação pelo computador, descoberto mais tarde, ela recebeu a medalha de ouro. Mas Karavaeva não apelou para ação legal a fim de manter o ouro, e ela não tinha obrigação de abrir mão da medalha. Ao saber do erro, pediu à FIG para conceder a medalha a Anna Dogonadze, a alemã que ganhou a medalha de prata.

Karavaeva, que então trocou as medalhas com Dogonadze, disse que era apenas uma questão de justiça. Karavaeva continuou competindo contra Dogonadze nas Olimpíadas seguintes. Em 2004, em Atenas, quando Dogonadze ganhou a medalha de ouro, Karavaeva perdeu nas preliminares, mas já tinha atraído a atenção global no ano anterior. Em Paris, ela foi homenageada pelas Nações Unidas, com a presença do secretário geral, Kofi Annan, e recebeu um prêmio por sua ação justa. Ela foi aplaudida pela conduta exemplar na prática esportiva.

Tais atos mostram a força de se superar a tentação. Não precisamos competir nas Olimpíadas para descobrir oportunidades como essa. Lembre-se da vinheta dos três estudantes que tomaram emprestado, um em seguida ao outro, um aparelho de televisão gratuitamente, durante noventa dias. Cada um tinha alternativas que renderiam ganhos no relacionamento que superariam de longe os ganhos financeiros.

E o que dizer do treinador do time de futebol americano da Universidade do Colorado, que aceitou o erro dos juízes para ganhar um jogo decisivo contra a Universidade de Missouri? Bill McCartney, do Colorado, que mais tarde manifestou arrependimento com a decisão, sem dúvida aprendeu que vencer um jogo é uma coisa; vencer em seu papel de dar um bom exemplo de como construir caráter e relacionamentos é outra.

Quando somos tentados a furtar pequenos objetos, materiais de escritório, baixar trabalhos com direitos autorais, aceitar (ou dar) propinas, roubar itens de proprietários anônimos e de grandes empresas, e lucrar com a ignorância e com os erros dos outros, podemos conter nossas ações. Podemos nos perguntar: É assim que queremos que os outros nos tratem? Como agiríamos para transformar a situação se recorrêssemos à tomada de decisões éticas acertadas?

Transforme os Danos

As tentações a causar danos compõem a última oportunidade significativa para transformar o desvio potencial em nossa vantagem. Se somos um soldado, podemos enfrentar um dilema como aquele de nosso estudante. Em sua segunda ida ao Iraque, em 2006, ele estava sob fogo cruzado enquanto algumas pessoas corriam na frente do franco atirador que atirava em sua direção. Ele podia acertar o atirador, mas tinha de decidir: "Aperto o gatilho com a possibilidade de acertar civis?". Como ele não queria matar inocentes, não atirou.

No dia a dia, não enfrentamos tais tentações de matar ou causar danos. É mais provável que passemos por situações em que nossa falta de ação pode causar danos, ou em que as ações nos ligam a danos através de um ou mais graus de separação. Anos atrás, uma mulher no Vale do Silício foi presa por não pagar seus impostos. Ela se recusava porque uma pequena parte deles financiava a guerra. Um repórter lhe perguntou por que ela arranjou tamanho problema para si mesma. Ela respondeu: "Na época dos fornos a gás, eu não tinha nem como comprar tijolos para fazer um forno a lenha".[12]

A questão de como transformar uma situação quando esta envolve certo grau de separação com frequência não é clara, mesmo quando adotamos uma forma de pensar cautelosamente. Um caso que mostra isso é *The Parable of the Sadhu*, de Bowen McCoy, um clássico da Harvard Business Review.[13] McCoy conta a história de como, vários anos atrás, na região do Himalaia, na Ásia, ele seguia por um caminho íngreme com cerca de 6 mil metros de altura. Ele e seu grupo queriam fazer a travessia depressa, enquanto o tempo ainda era estável. À frente deles havia um grupo de neozelandeses, e atrás, um grupo de japoneses.

Enquanto subiam, um neozelandês descia cambaleante, com um homem sobre os ombros. O homem era um peregrino, um *sadhu*, um homem santo indiano, que caiu e tremia sobre o gelo. Ele estava semiconsciente, as roupas rasgadas, não conseguia falar. Não tinha nem calçados. Devia estar retornando de Muklinath, um antigo lugar sagrado para os peregrinos. Quando ele alcançou o caminho, não deve ter resistido ao frio e à altitude — para os quais a única alternativa é descer rapidamente para o vale.

McCoy e seu grupo entraram em ação. Vestiram o homem, deram-lhe líquido, o reanimaram e lhe deram as orientações para descer. Como estavam preocupados com a piora do tempo, seguiram em frente. Não perderiam talvez sua única oportunidade, na vida inteira, de transpor a trilha. Quanto ao *sadhu*, as últimas pessoas a atravessarem a passagem disseram que ele estava descansando sobre uma rocha onde tinha sido deixado, mas não estava andando.

A atenção deles para com o sadhu foi ética? O companheiro de escalada de McCoy criticou a decisão deles quando ele chegou na trilha. Ele afirmava que, com o *sadhu* ainda a 5 mil metros de altitude, eles podem ter contribuído para a morte dele – embora ninguém soubesse ao certo. Como observadores à distância, podemos dizer que provavelmente McCoy tenha feito a coisa "certa" e até deu um passo além da atitude certa. Afinal, ele se esforçou e salvou alguém da morte certa.

Todos nós poderíamos nos deparar com uma situação como a de McCoy. Poderia acontecer após um acidente de carro ou ao passarmos por um mendigo em uma calçada. Como McCoy, consideraríamos nossa ação (ou a falta de ação) ética ou antiética dependendo de nosso código ético pessoal. No caso de McCoy, não sabemos como ele se sentia, mas podemos dizer claramente que ele não explorou seu potencial de transformar o episódio em uma oportunidade para transformação. Ele se deparou com a chance de fazer um sacrifício por outra pessoa, de ser até um herói. A questão que fica: não seria esta a chance que ele teria de passar por uma das experiências mais enriquecedoras de sua vida e ele a deixou escorregar por entre os dedos?

McCoy sugere que percebe ter deixado a oportunidade passar. Ele comenta que, quando ele mesmo se sentiu mal seis anos antes, nepaleses que habitavam o local o levaram para casa e cuidaram dele durante cinco dias, até se recuperar. Foi a experiência mais inesquecível no Nepal, e podemos especular que tenha sido uma experiência transformadora para aqueles que o acolheram.

Se devemos fazer algumas das perguntas sobre decisão ética acertada, podemos perguntar: Ele entendeu claramente toda a verdade de seu relacionamento com o *sadhu*? Ele poderia ter focado melhor nos relacionamentos para fazer uma escolha melhor das alternativas? Ele examinou amplamente a questão da reciprocidade refletida nas Regras de Metal?

Só para contrastar com a experiência de McCoy, considere novamente John Rabe. Podemos especular que Rabe captou imediatamente a verdade da situação, que ele considerou alternativas que levavam em consideração relacionamentos com todos os participantes, e que ele atuou claramente em sintonia com a reciprocidade pelo menos da Regra de Ouro. Ele mais do que superou a tentação, ele transformou a si e aos outros.

O capítulo final da história de Rabe mostra o quanto. Depois da guerra, em 1948, os habitantes de Nanquim souberam que Rabe ficou muito pobre. Ele e sua família ficaram na miséria. Arrecadaram e lhe enviaram 2 mil dólares. Enquanto isso, o prefeito de Nanquim enviou para Rabe quatro pacotes imensos de alimentos. Em Berlim, a família Rabe se limitava a tomar sopa de ervas, e a caridade fez os Rabe recuperarem a fé na vida.[14]

Muitos de nós não esperamos (ou nem mesmo desejamos) ter um comportamento santo, mas podemos aproveitar melhor as oportunidades éticas que surgem das tentações de causar danos aos outros. Isso é verdade mesmo que sejam tentações tão simples quanto a do fumante, de sujeitar sua família à fumaça do cigarro. Ou que exijam a coragem de um filho, quando seu pai, com uma doença terminal, lhe pede para ajudá-lo a suicidar-se. Em qualquer um dos casos, podemos praticar as habilidades de pensar eticamente para tirar vantagem. Se somos tentados a causar mal aos outros a fim de impedir um mal maior, ou a ignorar nossa imposição de risco aos outros, ou a ignorar os danos além do que podemos enxergar, ou a impor indiretamente danos aos outros, podemos pensar mais em nossas ações.

Uma das ações relacionadas a danos que é bastante debatida é a escolha reprodutiva. Temos dúvidas sobre a ética do aborto, à barriga de aluguel, à doação de esperma, à doação de óvulos, ou à promessa das pesquisas com células-tronco ou com células embrionárias? Escolher alternativas transformadoras exige não só novas habilidades, mas uma aplicação focada das mesmas. Cada um de nós faz suas próprias escolhas de acordo com nossos princípios éticos.

A Opção de Crescimento

Em resposta a muitos desafios éticos, apenas uma escolha simples e óbvia é adequada. Nem todas as situações permitem diversas alternativas. Mas às vezes temos muitas alternativas boas, e então o que fazemos? Em certo sentido, enfrentamos a opção de selecionar uma "opção de crescimento". Escolhemos nossas ações de acordo com nossa capacidade de crescimento pessoal e interpessoal. Cabe a nós definir o nível de escolha — e de desafio.

Se estamos procurando um modo para começar a crescer, seria bom nos concentrarmos na prática das habilidades de transformação, dizendo toda a verdade. Podemos perguntar: Qual é o escopo dessa tentação? Eu separei cuidadosamente as questões prudenciais das éticas? Quais são as ações que eu posso escolher para reagir de um modo sensato? Considerei plenamente a reciprocidade?

O poder que a verdade tem de transformar reflete o poder de transformação da ética como um todo. Em uma sessão de autodescoberta frequentada por um dos autores, um participante, um pai, disse que seu filho com uma doença terminal preenchia os desenhos de livros para colorir usando apenas o giz de cor preta. O pai estava angustiado. Ele não conseguia dizer ao filho que ele ia morrer, ou o quanto ele estava sofrendo.

Uma semana depois, o pai voltou para outra sessão. Finalmente ele chegou à verdade com o filho. Ele contou-lhe que a vida era curta, que ele o amava e que sentiria falta dele. Parece que uma barreira foi transposta. A verdade fortaleceu e aprofundou o relacionamento deles. O filho voltou aos livros de colorir, e agora usava todas as cores.

A verdade transforma. E também as escolhas de superar tentações de roubar e causar danos. Como discutiremos no próximo capítulo, selecionar a opção de crescimento transforma não só nossas vidas pessoais, mas, de forma especial, transforma nossas vidas profissionais também.

➢ Sua Vez: Transforme A Vida Diária

Escolha uma decisão de sua vida que caia na área indistinta da ética. Agora use as três habilidades destacadas neste capítulo para repensar como você poderia ter agido se fosse mais cuidadoso: Pergunte-se como você teria tratado uma pessoa amada. Quais as alternativas que você poderia ou deveria ter considerado para transformar a situação em uma oportunidade para fortalecer o relacionamento com os outros?

CAPÍTULO 7

Transforme o Trabalho

Tomada de Decisão Competente no Local de Trabalho

A virtude é corajosa, e a bondade jamais revela medo.
William Shakespeare[1]

Quando o mercado das empresas virtuais desmoronou na virada do século, a Outcome Software foi fortemente atingida. Embora a nova empresa tivesse levantado 10 milhões de dólares em capital de risco, estava sem caixa. Os investidores, ansiosos para recuperar seu dinheiro, intervieram. Eles pediram ao fundador e diretor operacional para não revelar a crise financeira, temendo que a empresa perdesse os principais engenheiros de software para outras empresas mais seguras.[2]

Mas o diretor operacional, um dos autores deste livro, decidiu não entrar nesse jogo fraudulento. Do ponto de vista dos investidores, dizer a pura verdade aos funcionários — que uma crise de recursos ameaçava seus futuros salários — privava a empresa de ter uma chance extra de sucesso. Era melhor esperar até a última hora, para que as pessoas não procurassem outros empregos.

O diretor operacional disse o contrário aos investidores. Talvez os funcionários devessem começar a procurar outro emprego, disse ele, porque cabia a eles tomar essa decisão.

O diretor operacional já tinha vivenciado a força de se dizer toda a verdade como uma forma de transformar relacionamentos com seus funcionários. Quando ele foi diretor executivo durante os anos iniciais da empresa, antes dos episódios de risco, às vezes faltava caixa. Todo mês, ele conversava abertamente com os funcionários sobre finanças, as projeções de vendas e, eventualmente, a possibilidade de ninguém ser pago.

A política da empresa em caso de um aperto do fluxo de caixa era explícita: se a empresa não tivesse dinheiro suficiente para a folha de pagamento, os fundadores não retirariam seu salário no primeiro mês, o resto da alta gerência não tiraria o salário no segundo mês e se o problema persistisse, todos os funcionários ficariam sem o salário no terceiro mês. Três vezes, em três anos, ele teve que invocar a política de congelamento do contracheque, e uma vez esta durou quatro meses.

Mas nesse período, apenas uma de doze pessoas saiu. Em vez de minar as relações com os outros, dizer toda a verdade, embora fosse assustador, fortaleceu os vínculos da equipe. O sucesso na condução de três episódios de dificuldades financeiras juntos construiu uma tremenda lealdade. As pessoas achavam que estavam construindo a empresa juntas; todas se sentiam donas da empresa.

As ações do diretor operacional mostram como os empresários podem ir além, fazendo a coisa certa. Ele poderia ter seguido uma política de manter as condições financeiras e as perspectivas de venda como assuntos confidenciais. Se ele tivesse tornado esta uma prática explícita, certamente isso teria sido ético. Ele preferiu uma alternativa mais criativa: ser aberto e transparente. Em essência, o diretor operacional baseou sua abordagem ética nos mesmos elementos enfatizados no último capítulo. Procurou toda a verdade dentro de si mesmo, criou alternativas que ressaltaram as relações com os *stakeholders* e aumentou as exigências de reciprocidade para tratar os outros como ele gostaria de ser tratado.

Existe Um Único Você

Apesar de histórias desse tipo, persiste um mal-entendido no campo da ética — que as pessoas deveriam praticar "a ética dos negócios" no trabalho e "a ética pessoal" em casa. Na história sobre a Outcome, poderíamos perguntar: por que o diretor operacional sentiu qualquer responsabilidade em evitar enganar os funcionários? Em negócios, o axioma é a advertência "o comprador deve estar atento". Não seria responsabilidade dos funcionários imaginar seu futuro? Além disso, tratando-se de uma empresa iniciante, os funcionários não deveriam perceber que esta poderia fechar rapidamente?

A noção de um padrão duplo vem de um erro de pensamento, que as situações, em vez de nossa voz interior, ditam nossas ações. Como aprendemos no Capítulo 2, podemos cair facilmente na armadilha do padrão duplo. Colocamos uniformes de guardas de presídio e (sem pensar nem treinar) adotamos as atitudes de guardas insensíveis. Vestimos a roupa para ir trabalhar, vamos para a empresa e aceitamos a permissão de nosso chefe para fazer cambalachos.

Se olharmos para além das situações, no entanto, vemos que toda ética é pessoal. Usamos padrões de tomada de decisão que são pessoais. Afetamos outras pessoas pessoalmente. Nossas ações se refletem em nós como pessoas. Cultivamos apenas um tipo de integridade: a pessoal.

O trabalho impõe desafios e restrições especiais, quer os enfrentemos mentindo, enganando, roubando ou prejudicando os outros. Todos nós temos chefes, a quem sentimos que devemos acatar. Somos compelidos a nos concentrar nos números, que desviam nossa atenção das pessoas. Contamos com equipes para termos sucesso, o que nos coloca à mercê da pressão dos pares e do pensamento consensual do grupo. Mas nossas ações ainda dependem da ética da única pessoa dentro de nós.

Com frequência não nos sentimos livres para exercer nossa ética pessoal. De fato, nossas profissões ou organizações podem exigir o respeito a normas éticas que divergem das nossas. Podemos até sentir pressão para violar nosso código pessoal e racionalizar nosso comportamento dizendo: "É assim que as coisas funcionam" nos negócios ou no governo, na política ou nas organizações civis.

É por isso que uma das decisões mais pesadas na vida é o que fazer para viver. Que ocupação ou profissão devemos seguir? Em que organização vamos trabalhar? Se queremos chegar ao final de cada dia sem nos comprometer, devemos nos juntar a uma organização que seja compatível com nossos princípios.

A Profissão Certa

Como acontece com nossas vidas pessoais, o curso mais sensato de ação com frequência é evitar situações delicadas do ponto de vista ético. Inúmeras questões nos ajudam a encontrar uma ocupação ou profissão adequada, do ponto de vista ético:

- Nós nos sentiríamos bem com as tentações que enfrentaríamos na profissão?
- Como as pessoas nessa profissão se comportam quando enfrentam uma tentação?
- Há graus de distanciamento suficientes entre nós e ações reprováveis?
- Queremos ser como as pessoas que estão nas posições mais altas dessa profissão? Uma vez que os líderes dão o exemplo, eles seriam modelos de papel ético?

Para uma ilustração de como se deve pensar, vamos examinar detalhadamente apenas a primeira questão: nós nos sentiríamos bem com as tentações que enfrentaríamos na profissão? Antes de escolhermos ser advogados, por exemplo, podemos perguntar se estamos prontos para um dos aspectos mais onerosos da profissão: manter segredos. O Direito requer um nível extremo de sigilo. Esposos e esposas, cujas vidas são muito afetadas pelo que os advogados fazem, não partilham os segredos de seu trabalho.

Manter alguns segredos também pode ser eticamente constrangedor. Imagine um advogado interno se reportando a um diretor executivo que, contra o conselho do advogado, se engaja em comportamento arriscado, do ponto de vista legal. Ao fazer isso, as ações do executivo podem violar a ética pessoal do advogado e colocar não só ele próprio, mas a empresa e o advogado, em risco legal. O que o advogado que discorda faz?

A situação coloca o advogado em um impasse. Embora ele possa se ofender pessoalmente com as ações do diretor executivo, e possa até correr um enorme risco pessoal, é seu dever ser um advogado zeloso e alcançar os melhores resultados, dentro da lei, para o cliente. Um advogado é um fiduciário. Isso significa que é seu dever agir visando ao melhor interesse do cliente, mesmo que não seja do melhor interesse dele. Essa ética positiva vai muito além da ética negativa dos médicos de simplesmente "não causar prejuízo". Na maioria das jurisdições, delatar má conduta é algo fora de questão. Um advogado não poderia entregar o diretor executivo, mesmo que as ações contempladas envolvessem a morte ou lesão a terceiros.

Em escritórios de advocacia, surge outra questão. No Vale do Silício, por exemplo, os advogados costumam pedir aos clientes para sinalizarem conflitos de interesse, porque os escritórios dão consultoria a empresas de alta tecnologia em vários níveis, com frequência representando os concorrentes. Com o dever de manter segredos vitais, os advogados são forçados a distinguir entre esclarecimentos gerais e informações específicas da empresa. Passar informação obtida de um cliente para outro, em detrimento do primeiro, é antiético. Os advogados em tal comunidade jurídica intimamente unida enfrentam esse dilema regularmente.

Outras profissões impõem tentações éticas com dificuldades comparáveis. Considere um médico cujos testes de um paciente do sexo masculino foram positivos para o vírus da AIDS. O médico pode insistir com o paciente para que ele conte à esposa, mas não pode dizer nada, mesmo que a esposa seja paciente sua. Suponha que o médico veja a esposa no clube da comunidade. O que ele diz? Podemos debater o que é certo ou errado, mas também podemos preferir prever tais vínculos éticos e, se não nos sentirmos bem, abrimos mão de seguir essa profissão.

Conflitos semelhantes surgem em outras profissões. Oficiais da justiça com frequência são obrigados a mentir se fizerem um trabalho que envolve a retenção de informação. Engenheiros podem se sentir obrigados a não relevar danos, se isso significa sentir-se obrigado a se engajar em fraude para obter informação de fontes difíceis. Se estamos considerando esses cargos, desejaremos nos sentir bem com os desafios éticos específicos que eles envolvem.

A Afiliação Certa

Da mesma forma que as ocupações e profissões impõem desafios éticos, isso também acontece com toda organização, e até mesmo com todo setor. Para estarmos eticamente satisfeitos em nossa vida profissional, precisamos examinar uma organização antes de entrarmos nela. Se não, mais cedo ou mais tarde desejaremos ter feito isso. Apenas 56% dos trabalhadores nos Estados Unidos definem a atual empresa na qual trabalham como tendo uma cultura ética, de acordo com questionários feitos pela empresa de consultoria LRN.[3]

Embora não possamos conhecer realmente a ética até entrarmos, podemos ficar atentos a sinais indicativos dos padrões éticos de uma empresa. Um sinal de alerta é o comportamento questionável das pessoas. Como em uma profissão, o tom no comando define a cultura da empresa em que iremos trabalhar, o tempo todo. Os altos executivos ou gerentes são modelos de papel? A convivência com eles nos fará explorar o melhor de nós? Se não nos sentimos bem com as escolhas feitas por nosso chefe ou pelo chefe de nosso chefe, podemos achar proveitoso fazer mais perguntas sobre a organização.

Outro sinal de alerta é o código de ética da organização, principalmente se este enfatiza a obediência à lei. A lei é um padrão mínimo, não necessariamente desejável. (De fato, obedecer à lei pode ser uma prática prudencial em vez de ética.) As empresas focadas apenas no cumprimento das leis, em oposição àquelas que respondem a um parâmetro ético independente, têm mais probabilidade de comprometer a ética pelo lucro. Isso ocorre principalmente quando estão seguindo leis que as pessoas livres consideram antiéticas, como as leis da censura na China.

Um terceiro alerta potencial são os conflitos nas práticas de negócio diárias. Uma empresa pode exigir estritamente a proibição da liberação de qualquer informação confidencial (mas e se o seu cliente for comprar um produto obsoleto, e você prefere ser honesto?); ou proibir que se fale mal dos concorrentes (mas e se o concorrente fabricar um produto perigoso?); ou permitir bonificações de certa quantia especificada (mas e se a empresa permitir bonificações de quantias que passam a linha limite da propina?). Temos de decidir por nós mesmos se essas questões entram em conflito com nossa ética e, em caso afirmativo, devemos evitar essas organizações.

As organizações em alguns setores — tabaco, armas de fogo, segurança, energia nuclear, propaganda e outros — podem levantar outros alertas éticos, dependendo de nosso código ético pessoal. Quais são as práticas nesses setores, e o quanto se aproximam de mentir, roubar e causar danos? Para darmos um exemplo extremo, suponha que estejamos pensando em trabalhar na CIA. Se aceitamos o emprego como espiões, precisamos estar preparados para mentir (se não para roubar e causar danos). O mesmo acontece para um policial disfarçado. Se assumimos um emprego como soldado, temos de estar preparados para matar, quando a ordem for fazer isso. Faz parte do ofício.

Se percebemos um ambiente eticamente não agradável, enfrentamos a dura escolha de sair da organização. Obviamente, isso não é fácil. Mas é uma questão que muitos de nós enfrentamos. Uma quantidade notável de 36% dos trabalhadores nos Estados Unidos diz ter saído de um emprego porque discordava dos padrões éticos da empresa.[4] A lição é que, quando ponderamos uma oferta de emprego, vale incluir uma avaliação ética. Nosso caráter, nossos relacionamentos e certamente nossa satisfação no emprego, tudo isso depende dela.

Transforme a Mentira no Trabalho

Podemos bem ver a mentira no trabalho como uma ferramenta prática, e até inteligente. Principalmente as pequenas mentiras — ditas a chefes, clientes, colegas, investidores, autoridades fiscalizadoras — podem parecer indiscrições aceitáveis e não uma jogada suja. Estes são os fingimentos e tapeações do mundo profissional. Mas se mentimos para ganhar alguns pontos positivos sobre um colega ou para ganhar um pedido de um milhão de dólares à custa de um concorrente, fazemos o mesmo sacrifício que em nossas vidas pessoais. Ganhamos na transação enquanto perdemos nos relacionamentos.

Também perdemos a oportunidade de transformar a tentação. Lembre-se da vinheta do Capítulo 1, em que nós nos imaginamos sendo um consultor que oferece 200 mil dólares por um serviço de 300 mil. Imaginamos que nosso cliente acabaria concordando com o trabalho extra necessário e com as despesas, então por que colocar o projeto em risco, oferecendo-o pelo montante total? A razão para a pequena mentira é que tememos não haver alternativas a ela.

Mas, novamente, sempre temos alternativas à mentira. Podemos explorá-las fazendo os mesmos tipos de perguntas que faríamos em nossa vida pessoal: Qual é a verdade integral sobre nossas intenções e desejos e temores? Que alternativas criativas nos vêm à mente quando pensamos primeiro nas relações humanas? Como poderíamos modificar nosso comportamento se formos guiados por uma noção mais forte de reciprocidade, pelas regras de Ouro, Platina, Diamante ou outras Regras de Metal?

A plena verdade pode ter sido esta: "Em nosso melhor julgamento profissional, o trabalho acabará exigindo 300 mil dólares para ser executado. Há um incentivo para nós fazermos uma oferta baixa, de apenas 200 mil, de modo que possamos vencer a licitação. Então você assumiria um compromisso com o projeto e é provável que concordaria com o trabalho e o custo adicional posteriormente. Mas preferimos oferecer diretamente o trabalho pelo valor correto. Sabemos que isso o encoraja a procurar o serviço em outra parte, mas não queremos iniciar um relacionamento com o pé errado".

Ao adotarmos essa abordagem, teríamos de reconhecer por que pensamos em mentir — ou seja, não confiamos que nosso cliente valorizasse nosso trabalho ou valorizasse a verdade. Ao tratar dessa questão, mudamos a pergunta de Esta é uma transação ética? para É dessa maneira que queremos trabalhar com nosso cliente?. Focados em uma pessoa, em vez de um pedido de compra, podemos investir pensando no longo prazo.

Note que se seguirmos a abordagem da ética baseada nas consequências, podemos cair em várias das armadilhas descritas anteriormente neste livro. Uma delas é desculpar inverdades porque achamos que um propósito superior justifica isso — por exemplo, mentir a um cliente para poupar a reputação ou mentir para manter fluxo de caixa e pagar os funcionários. Mas as desculpas podem nos levar para todos os tipos de conduta ética questionável, como costumamos ver nos negócios, no governo, na política, no terceiro setor e em toda parte.

No jornalismo, os repórteres às vezes ganham elogios ao conseguirem o acesso a documentos ou a pessoas através de ardis. Os ganhos nessas transações individuais (traduzidos em ricas histórias) podem muito bem ficar apagados, em comparação à perda da confiança pública nos jornalistas. Nas pesquisas anuais da agência Gallup sobre a confiança em profissionais, os jornalistas classificam-se no nível mais baixo.[5] Não é de surpreender que as pessoas costumem desconfiar dos jornalistas e não respondam às suas perguntas.

No setor sem fins lucrativos, um gerente que demonstrou como transformar uma cultura da mentira é Charles Anderson, diretor executivo da United Way of the National Capital Area em Washington, D.C. Anderson assumiu a United Way local em 2003, depois de mandar o ex-diretor executivo da Oral Suer para a prisão, por fraude. Anderson reconstruiu a confiança dos doadores na organização, e optou pela transparência radical e pela responsabilidade de fazer isso.[6]

Anderson assumiu seu cargo em julho de 2003, apenas seis semanas antes da apresentação de erros passados por uma auditoria forense. Em sua entrevista de emprego, a diretoria perguntou-lhe como ele lidaria com as más notícias da auditoria. "Eu pegaria essa bomba e a colocaria direto na Web", ele se lembra de ter dito. "Vamos deixar o mundo inteiro ler o que é bom, ruim e negativo nesta organização." A auditoria soltou verdades nocivas sobre as práticas anteriores, como tomar dinheiro para férias anuais, licenças por doença e pagamento de despesas sem recibos, desembolso de pagamentos de pensão antecipadamente e reembolso do ex-diretor executivo pela sua própria doação que prometera fazer.

O relato concluiu que o funcionário da United Way tinha saqueado aproximadamente 1,5 milhão de dólares. A organização precisava de uma transformação radical. Dois terços das 45 pessoas saíram ou foram demitidos por Anderson. Então ele abriu todos os arquivos da organização ao público, com exceção de registros confidenciais de pessoal e doadores. Em uma iniciativa rara para uma instituição de caridade, a sede local optou por cumprir voluntariamente com as cláusulas da Lei norte-americana Sarbanes-Oxley, de 2002, incluindo alguns dos procedimentos de controle interno da onerosa Seção 404, destinados à prevenção de fraude em corporações.

Os esforços de Anderson estabilizaram as doações, que despencaram em dois terços depois do escândalo anterior. Ele continuou a usar sua sinceridade incansável para fazer os doadores voltarem. Quando foi acusado, em 2006, por seu próprio diretor financeiro de deturpar somas levantadas na campanha de 2004-2005, ele acabou com uma prática antiga de usar dados projetados das contribuições, e não reais — embora este fosse e continue sendo o padrão em outras unidades do sistema da United Way.

Como todos os gerentes, Anderson correu o risco de sua sinceridade dar aos críticos munição para atacá-lo. Foi o que fez o *Washington Post* — desafiar sua integridade por usar dados projetados.[7] O jornal chamou a prática de "tropeço". Mas a sinceridade de Anderson extinguiu comentários sobre a má conduta e simplesmente fortaleceu os relacionamentos com os *stakeholders*. Como prova, o número de novas empresas doadoras subiu de menos de 100 entre 2005 e 2006 para 176 entre 2006 e 2007. O diretor de sua campanha para 2006 e 2007 lhe pediu para ficar por mais um ano e participar da diretoria. Em uma cidade que respeita sua franquia de futebol americano local, o Washington Redskins, o *quarterback* Jason Campbell assinou contrato para fazer os comerciais de TV da United Way.

Hoje, em locais de trabalho de toda parte, os gerentes instruem os funcionários a "fazer a coisa certa" ou "fazer coisas certas". Eles destacam a integridade em discursos e boletins informativos. Mas seus esforços podem, na verdade, incentivar as pessoas a subestimar o valor potencial da ética, a usar princípios éticos como regras básicas, e não como alavancas poderosas para transformar as relações entre indivíduos, grupos e organizações. Como mostram Anderson e outros gerentes, a verdade e a transparência são a base para uma forma nova de gerenciar as pessoas.

Alternativas para se falar a verdade de modo a transformar relacionamentos têm muito mais poder do que mentiras "inofensivas" calculadas. Se nos vemos tentados a exagerar nas entrevistas, a mentir para os subalternos em avaliações de desempenho, a usar meias verdades em marketing, a adulterar dados e cifras, a inflar relatórios para os investidores, podemos parar. Podemos buscar toda a verdade e encontrar maneiras honestas de expressar vínculos mais fortes com os outros, no longo prazo.

"Diga sempre a verdade", como diz o velho ditado. "Isso surpreenderá seus amigos e assustará seus inimigos." E poderíamos acrescentar que isso funciona tão bem no local de trabalho quanto na vida pessoal.[8]

Transforme a Fraude no Trabalho

Para muitos, a fraude no trabalho é outro desvio que parece ser justificado pela situação. Quem, por exemplo, não sentiu a necessidade de entrar na dança da fraude, tão comum na compra ou venda de um carro? Associamos inverdades com vendedores de carros usados que têm um discurso doce (que se classificam ainda abaixo dos jornalistas no índice de confiança Gallup), mas podemos todos ser facilmente arrastados pelas aparentes vantagens na negociação de carro usado, cheia de enganação.

Mas essas tentações, novamente, oferecem oportunidades para se agir de uma maneira benéfica. Lembre-se de que um de nossos estudantes contou a história de se preparar para uma feira comercial internacional. A empresa do aluno tinha inventado um programa de software para resolver problemas padrões duas vezes mais rápido que o software do concorrente. Para mostrar isso, a empresa elaborou uma demonstração que contrapunha cada aspecto de seu software com o da concorrência.

Mas pouco antes da feira, um problema técnico não relacionado com o software tornou a demonstração simultânea impossível. Os gerentes da empresa, no entanto, pediram ao estudante para fazer a demonstração de qualquer maneira, usando arquivos de sessões anteriores para dar a impressão de que o software funcionava. O engenheiro não deveria revelar a falsificação — e não fez isso.

Agora, o que teria acontecido se o engenheiro, em vez de ceder à pressão de seu chefe, insistisse em ser honesto? E se ele tivesse dito, "Veja, chefe, isto me deixa realmente constrangido. Eu gosto de me ver como uma pessoa que diz a verdade, e gosto de ver esta organização como uma que diz a verdade". Como isso teria mudado as relações com o chefe dele? Talvez um chefe irado o demitiria ou o colocaria de escanteio, mas se ele trabalhasse em uma empresa honesta, o comentário dele certamente seria interpretado como um alerta.

As tentações de enganar no trabalho vêm com uma complexidade adicional. Não estamos em posição de controlar o que os outros fazem. Trabalhamos em equipes nas quais é difícil agir unilateralmente. E sabemos que se não nos comprometermos, outra pessoa se comprometerá. Então isso levanta a pergunta relativa aos graus de distanciamento: Compartilhamos a culpabilidade por desvios cometidos perto de nós (ou no mesmo espaço): Como podemos ter certeza de que a transgressão não está tão próxima que não poderemos fazer vista grossa?

Em uma história verdadeira do setor de alimentos, fazer vista grossa tornou-se uma tradição. A presidente de uma pequena empresa de vegetais congelados soube, após assumir seu posto, que a água do poço usada para cozinhar vegetais na fábrica dela estava contaminada por tolueno, benzeno e xileno. Uma coluna de água poluída migrara para o solo da empresa e penetrou no poço, vinda de uma tinturaria de limpeza a seco e de tanques de petróleo próximos do local. Apesar da contaminação, a fábrica ainda estava enviando produtos para clientes antigos no mercado institucional e de alimentos para bebês. Os executivos anteriores tinham feito vista grossa.[9]

Era forte a tentação de continuar a ignorar a questão por parte de muitos na empresa. O gerente de fábrica tentou convencer a presidente de que os níveis de poluentes, de partes por bilhão, eram baixos demais para serem considerados, e que os contaminantes provavelmente se volatilizavam durante o processamento. Mas ninguém sabia se os milhares de quilos de produtos congelados já estocados estavam ou não contaminados. Eles só sabiam que os clientes, que em geral testavam o produto que chegava, não estavam reclamando.

A presidente poderia ter continuado a dirigir a fábrica e não contar aos clientes, mas, em vez disso, comunicou: nada será expedido até analisarmos o problema com o conselho e testarmos o produto para verificar a presença de poluentes. Sua primeira consultoria jurídica endossou a tentação de fingir desconhecimento. Quando ele veio com vários colegas falar em uma reunião de gerentes seniores, apresentou à presidente duas opções: "A primeira é o que chamamos de técnica do avestruz", começou.

A presidente conteve o riso e contratou outro escritório de advocacia. Dessa vez, um dos sócios da empresa conversou diretamente com uma autoridade do Ministério da Agricultura dos Estados Unidos. Então o conselho foi: testar intensamente os produtos no estoque para cada um dos elementos químicos específicos, a fim de determinar se estavam ou não contaminados. Em caso afirmativo, não poderiam ser expedidos.

O efeito transformador da decisão dela, embora não fosse complexo, era difícil de subestimar. Todos os gerentes e funcionários sabiam que a nova presidente falava sério quando se referia a acabar com a história da qualidade medíocre e de ignorar deliberadamente problemas potenciais. A decisão dela transmitiu uma mensagem para toda a organização: os exames da água não estão sendo bons e se não inventarmos como obter um novo sistema, não faremos a expedição dos produtos.

Essa abordagem reforçou o foco de toda a gestão dela. Como ela costumava lembrar os funcionários, "Nosso objetivo é tornar uma boa empresa melhor ainda". Tomar decisões que prejudicavam a qualidade seria seguir na direção errada.

Da mesma forma que em nossas vidas pessoais, quando somos tentados a omitir fatos, a desviar as pessoas da verdade, a usar evasivas e eufemismos, ou a recorrer a várias maneiras de enganar, podemos, em vez disso, parar para refletir. Podemos examinar toda a verdade de nossas intenções, ponderar os interesses dos *stakeholders* em nossas decisões e chegar a uma abordagem que mostre uma conduta justa, recíproca e virtuosa. No caso da fábrica de alimentos congelados, os testes mostraram que os produtos não estavam contaminados e, cerca de quatro dias depois, a empresa retomou as expedições. Enquanto isso, fechou seus poços e efetuou a ligação com a rede municipal de abastecimento de água.

O efeito de escolher alternativas criativas e éticas tem um impacto muito mais amplo do que apenas fazer a coisa certa. No capítulo final da história sobre a Outcome Software, quando o diretor operacional não conseguiu convencer os investidores a deixarem de manter a condição financeira da empresa em segredo, ele se demitiu. Recusou-se a tratar seus funcionários dessa forma. Ele não considerou sua demissão uma alternativa transformacional, mas pelo menos não violou sua ética. Um ano depois, a Outcome fechou, mas suas primeiras ações o ajudaram. Quando ele abriu outra empresa três anos depois, muitas pessoas que tinham trabalhado na Outcome foram contratadas.

Transforme Promessas Não Cumpridas no Trabalho

A tentação, no trabalho, de tolerar qualquer forma de fraude — quebrar promessas e compromissos — surge a cada prazo, a cada entrega, a cada dólar orçado ou gasto. Embora tenhamos sinceramente a intenção de dizer aos outros o que faremos, e outras pessoas esperem que façamos o que dizemos, nossa disciplina hesita. E somos pegos em transgressões.

Para minimizar problemas éticos com compromissos, achamos útil entender o conceito da "qualidade" de um compromisso.[10] Um compromisso é um acordo entre duas pessoas, a quem chamamos de "solicitante" e "promitente". Se dividirmos o processo, um compromisso tem quatro etapas: uma solicitação (de um solicitante a um promitente), uma promessa (de um promitente ao solicitante), uma entrega (do promitente ao solicitante) e uma aceitação (do solicitante ao promitente).

Uma solicitação "de qualidade" exige que o solicitante e o promitente concordem que o promitente tem o conhecimento, as qualificações, os recursos e o tempo para cumprir com o compromisso. Eles estabelecem claramente as condições de satisfação, em termos de pontualidade, qualidade e quantidade.

Um compromisso de "baixa qualidade" pode surgir quando essas condições não são atendidas. Quando o descumprimento de um compromisso vem da falta de competência ou da negligência do gerenciamento, este é lamentável, mas não é antiético. Uma solicitação que um promitente não pode recusar não faz parte de um compromisso de qualidade; é uma ordem. Uma ordem pode parecer injusta ou insensata, mas não é antiético dar ordens. O compromisso deve ser assumido por ambas as partes, mas a ordem é dada por apenas uma parte.

Se a quebra vem por ter se estabelecido um compromisso de baixa qualidade, a quebra levanta questões éticas. O desvio mais óbvio em um compromisso vem quando um promitente não está comprometido com a promessa. Mas também são comuns situações em que os solicitantes, principalmente chefes muito ocupados, não assumem o compromisso com as solicitações que fazem. Ambas são fraudes comuns. Para evitar essas transgressões, um compromisso de qualidade deve incluir tanto uma solicitação de qualidade quanto uma promessa de qualidade.

Podemos considerar que um desvio ético é inevitável quando percebemos que simplesmente não podemos atender aos compromissos. Mas, como acontece com outros desafios éticos, temos alternativas. Se achamos que não podemos honrar os compromissos, não precisamos simplesmente abandoná-los. Podemos usar o desafio como sinal para tentar transformar relacionamentos.

Uma técnica simples costuma ser esquecida: pergunte às pessoas com quem você assumiu um compromisso o que elas acham. A renegociação é uma oportunidade de construir um relacionamento ainda mais forte. Este princípio funciona da mesma forma que em nossas vidas pessoais.

Transforme Tentações para Guardar (e Revelar) Segredos

Os compromissos de manter segredos estão entre os mais difíceis. Novamente, para minimizar problemas éticos, podemos desenvolver, com cautela, o hábito de prometer segredo — deixando as outras partes saberem que não mantemos segredos exceto se concordarmos com isso de antemão, estabelecendo limites de tempo aos segredos e esclarecendo condições para mantê-los. Se nos sentimos pressionados a revelar o segredo, podemos esclarecer o segredo com o solicitante, reafirmar limites de tempo e confirmar nossas responsabilidades recíprocas.

Uma ferramenta efetiva para lidar com segredos é fazer um acordo explícito de segredo com o solicitante. Por exemplo: "Eu concordo em não contar seus segredos durante x anos, e você entende que eu fiz a mesma promessa a outros e que eu não revelarei os segredos deles a você, não importa o quanto esses segredos possam ajudá-lo. Se surge uma situação em que eu não posso fazer meu trabalho da melhor forma possível por causa desse entendimento sobre o segredo, eu me retirarei do projeto".

Imagine que você seja engenheiro consultor em um projeto para a Empresa Alfa. Você deve analisar e aprimorar o portfólio de projetos de pesquisa da Alfa. Um dos projetos é um novo produto químico, o J-22, que promete dobrar o rendimento de qualquer colheita a um custo muito baixo.

Em sua análise de desenvolvimento e comercialização do produto químico, você descobre um documento técnico obscuro que revela uma falha fundamental na química, que não pode ser superada. Relutantemente, você recomenda que a Alfa abandone o J-22 e conclui seu trabalho sobre o portfólio sem ele.

Um ano depois, você conduz um projeto de portfólio de pesquisa para a Empresa Beta. No meio do trabalho, o cliente lhe diz que eles elaboraram um excelente projeto para acrescentar ao portfólio. Descobriram um produto químico, o J-22, que parece dobrar os rendimentos agrícolas. Eles querem que você acompanhe o seu desenvolvimento. O que você faz?

Uma alternativa é dizer: "Examinei isso para outra empresa e não funcionará". Mas você prometeu manter os segredos da Empresa Alfa, e esta lhe pagou muito dinheiro para descobrir que o J-22 não funcionaria.

Uma segunda alternativa é ligar para a Alfa e dizer: "Estou trabalhando para um de seus concorrentes e eles acham que o J-22 é uma excelente ideia. Tudo bem se eu disser a eles que não é?". A Alfa poderia dizer: "Não! Preferimos ver nossos concorrentes gastando dinheiro a investi-lo em coisas que poderiam prejudicar nosso negócio".

Uma terceira alternativa é não dizer nada e continuar trabalhando. A Empresa Beta poderia ou não descobrir a falha no J-22. De qualquer modo, você estará gastando o dinheiro deles. O que é pior, se a Beta não descobrir o defeito, você gastará uma quantia ainda maior de recursos a cada dia que passa.

Uma quarta alternativa é dizer à Empresa Beta que, por razões que você não pode explicar, você se afastará do projeto e arranjará um colega confiável e capaz para assumir. Você também absorverá o custo de trazer o colega (que não tem conhecimento do J-22), para acelerar o trabalho. A situação pode ser estranha, mas você se retira e, com isso, evita quebrar o segredo e continuar com a fraude.

Para ver por que você poderia seguir esse caminho, imagine que as presidentes das duas empresas estejam jogando golfe anos mais tarde. Suponha que a Empresa Beta tenha prosseguido com o J-22 e tenha sofrido uma enorme perda, divulgada pelo jornal local. A presidente da Empresa Alfa, Alice, diz a Bárbara, presidente da Empresa Beta: "Você teve uma perda enorme com o J-22". Bárbara responde: "Sim, tivemos". Alice diz: "Você não sabe, mas examinamos o J-22 antes de vocês e descobrimos que era uma burrice".

Agora imagine como a conversa prosseguiria depois que as presidentes descobrissem seu papel em ambas as empresas. Se você tivesse ficado com o projeto na Empresa Beta, poderia imaginar Bárbara dizendo: "Robin não disse nada sobre o problema com o J-22. Não acredito que pagamos para desperdiçar nosso dinheiro!". Então ela se sente explorada. Mas você saiu do projeto, logo Bárbara diz: "Robin começou à frente de nosso projeto, também. Acho que agora entendo por que ele se retirou quando estávamos nos envolvendo com o J-22". Bárbara se sente frustrada.

No mundo real, lidar com segredos pode impor muitas outras tentações desse tipo. Basta dizer que com esforço podemos chegar a alternativas criativas que nos permitirão tanto manter o segredo quanto levar nossos relacionamentos adiante, de uma maneira ética.

Transforme o Roubo no Trabalho

Quando se trata de tentações de roubar no trabalho, com frequência contamos com raciocínio jurídico para traçar a linha entre adquirir algo honestamente e adquirir algo por meios eticamente obscuros. Seguimos a legislação tributária, normas contábeis, normas de valores mobiliários e normas na administração de propriedades. Se não encontramos uma lei, regra, normatização ou política que diga que algo não é nosso, nos aproveitamos disso.

No Capítulo 1, nós nos imaginamos como consultores em um voo para visitar um cliente. Cobramos o cliente por todo o tempo de viagem. Também cobramos várias horas de outro cliente pelo trabalho que realizamos no avião. Não há regra ou lei que proíba a duplicidade da cobrança. Mas achamos que isso não é ético. Para transformar essa situação, perguntamos: Qual é a verdade da questão? Como consideraríamos a alternativa criativa de levar em conta os interesses de nossos clientes? Como esperaríamos ser cobrados se fôssemos o cliente?

Ao responder a essas perguntas, podemos chegar a alternativas mais interessantes. E se pedíssemos a opinião de nosso cliente a respeito? Poderíamos criar a oportunidade de fortalecer um relacionamento, a oportunidade que provavelmente perderíamos por cobrar duplamente sem que nosso cliente soubesse disso. Mais uma vez, poderíamos resistir, obtendo um ganho transacional à custa da perda de um relacionamento.

Ou considere um exemplo em uma área ainda mais obscura. Somos proprietários de uma loja de materiais de construção. Uma senhora idosa chega ao caixa com um martelo de carpinteiro, muito caro. Perguntamos: "A senhora encontrou o que precisava?". Ela responde: "Encontrei este martelo perfeito para pendurar meus quadros". Muitos martelos mais baratos para tarefas caseiras podem ser encontrados na loja. Perguntaríamos se ela desejaria fazer uma compra menos onerosa? Ou simplesmente fazemos a cobrança?

A questão é: Tirar vantagem da ignorância dela seria roubar? Pode ser ou não, dependendo de nosso código ético. Mas de qualquer forma, enfrentamos uma oportunidade de transcender nosso código, e transformar um relacionamento: podemos recomendar um martelo diferente, poupar o dinheiro da senhora e provavelmente garantir a confiança dela em nós.

Histórias na mídia tratam com frequência do desenvolvimento do crédito junto aos outros, quando se transformam as tentações de roubar. As pessoas que resistem à tentação podem se tornar modelos imediatamente. Em 2007, o taxista Osman Chowdhury, em Nova York, descobriu uma mala de um passageiro deixada no porta-malas. Ela continha trinta anéis de diamante e um laptop, no valor de 30 mil dólares. Com empenho e depois de vários telefonemas, ele encontrou o dono (uma mulher que sem dúvida se arrependeu de ter-lhe dado apenas 30 centavos de gorjeta em uma corrida de 10,70 dólares.[11]

Ao devolver a mala, Chowdhury aceitou apenas 100 dólares de recompensa. Então a mídia mundial, inclusive a BBC, fez matérias sobre as ações dele. A prefeitura de Nova York reconheceu oficialmente seu mérito, pela honestidade. Até mesmo membros da comunidade de Bangladesh em Nova York se pronunciaram, manifestando orgulho por ele, que também era imigrante. Este pode ser o poder transformador de uma simples tentação de roubar.

Nós nos deparamos com tentações menos glamorosas o tempo todo no trabalho. Quando enfrentamos tais situações, temos alternativas para abrir mão do tentador ganho financeiro e, em vez disso, colher ganhos mais duradouros em nossas relações pessoais. Quando somos tentados a nos engajar em contabilidade criativa, táticas legais agressivas, violação de propriedade intelectual, apropriação de materiais de nossas organizações, podemos pensar novamente. Podemos perguntar: Temos outras opções?

Transforme os Danos no Trabalho

Tentações de causar danos no local de trabalho surgem com muito mais frequência do que muitos de nós gostaríamos de admitir. Mesmo sem enfrentarmos tentações pessoalmente, vivemos em uma economia global na qual nossos esforços se cruzam, com frequência, com os esforços dos outros. Fabricantes de produtos insalubres ou nocivos, empresas engajadas em trabalho infantil, unidades de regimes estrangeiros cruéis, unidades de nosso próprio governo, corporações que lucram com danos em suas operações globais, grupos de defesa corrompidos pela violência, empresas engajadas em pesquisas científicas questionáveis — muitas dessas organizações se ligam com nossas vidas.

A questão não é tanto se causaremos mal ao outro diante de nós. É uma questão do quanto estamos distantes do mal, e do quanto decidimos ser sensíveis à ética. Mais uma vez, temos de perguntar: O quanto é estar perto demais de agirmos dessa forma? Mesmo que deixemos a atividade militar de lado, podemos ter de decidir se devemos dividir a culpa, no trabalho, pelos danos causados aos outros.

Suponha que somos engenheiros da I.A. Topf and Sons na década de 1940, e acabamos de receber um contrato para fazer fornos a gás. Isso é estar perto demais? Suponha que somos uma empresa que fornece equipamentos militares e recebemos um contrato para fabricar minas usadas pelo mundo todo? Ou rifles? Ou óculos para visão noturna? Ou suponha que somos padeiros e nos peçam para fornecer rosquinhas doces para os guardas no campo de concentração.

Considere outro tipo de situação. Somos gerentes de um fundo mútuo. Podemos colocar a I.A. Topf and Sons em nossa carteira sem problemas? Ou suponha que somos consultores de um fundo mútuo. Podemos recomendar a um gerente de fundo mútuo que tenha em sua carteira de empresas a I.A.

Topf and Sons? De novo, o quanto é estar perto demais? Qual a extensão desejada de nosso espaço ético?

No Capítulo 1, imaginamos ser um oftalmologista e encontramos pacientes cuja cirurgia anterior fora malfeita. Não tomamos nenhuma medida que prejudicasse o colega. Ou seja, não denunciamos o colega, nem nenhum de nossos colegas. Mas vamos examinar esse caso outra vez. Poderíamos ter buscado a verdade da situação: embora leais a um colega, protegendo-o de qualquer dano à sua carreira, poderíamos ter reconhecido que estávamos a apenas um grau de separação dos prejuízos que ele estava causando. Poderíamos ter perguntado: Estamos perto demais? Temos alguma cumplicidade, ainda que remota? Dependendo de nossos códigos, podemos ter.

Em toda profissão, a questão de expor colegas incompetentes é um tabu. Ninguém quer destituir os charlatães de nossa profissão. Mas nossos códigos éticos poderiam nos obrigar a tomar providências. Como no caso do oftalmologista, podemos procurar alternativas criativas. Talvez pudéssemos formar um consenso com colegas para encaminhar apenas casos simples ao profissional medíocre, insistindo para que ele se inscrevesse em cursos para treinamento na especialidade.

Uma infinidade de outros casos aparece no local de trabalho. Se somos médicos e rejeitamos o aborto, fazemos a prescrição da pílula do aborto? Se somos técnicos de laboratório e os cientistas começam a construir armas, permanecemos no emprego mesmo que isto viole nossas crenças pessoais? Se somos vendedores em uma indústria farmacêutica que minimiza os efeitos colaterais cardiovasculares de um novo medicamento, levamos a questão a uma autoridade superior? Se somos da justiça militar e nos pedem para julgar um réu que foi torturado para produzir evidências, aceitamos o caso?

Quando somos tentados a ignorar os danos que estão distantes de nós ou somos tentados a colocar os outros em risco, ou vendemos produtos que causem ou piorem os danos, podemos reconhecer que enfrentamos uma decisão ética clara. Temos a oportunidade de transformar o relacionamento com os outros, e provavelmente iluminar um canto de nossa consciência.

A Opção de Crescimento no Trabalho

Às vezes não temos uma escolha ética criativa no trabalho. Enfrentamos questões objetivas em que as alternativas são diretas. Mas, com mais frequência do que pensamos, podemos ter a coragem de escolher o caminho que aumenta nossa capacidade de crescimento pessoal e interpessoal. Podemos transformar a situação para recompensar melhores e a prazos mais longos.

Considere o exemplo de Matthew Farmer, que foi advogado da Holland & Knight, com 1.200 advogados. Farmer, cuja história apareceu pela primeira vez no *Wall Street Journal* em 2006, estava examinando os registros de cobrança de 2004 quando notou uma discrepância alarmante: uma fatura declarava que ele cobrou 6,5 horas no primeiro dia de um caso para a Pinnacle Corporation, uma construtora do Centro-Oeste.[12] Ele se lembrava claramente daquele dia, porque passou apenas quinze minutos ao telefone.

Farmer quis saber se não houve erro. Ele fez outras verificações e descobriu mais de sessenta erros em várias faturas, que juntas inflavam a conta da Pinnacle em pelo menos 100 mil dólares. Quando perguntou ao sócio encarregado, foi informado que o tempo era consistente com o valor das horas trabalhadas. Farmer discordou e apelou aos outros advogados da empresa.

Por ter levantado a questão, Farmer se tornou um estudo de caso incomum na profissão jurídica. Um questionário de pesquisa divulgado em 2007 mostrou que aproximadamente dois terços dos advogados sabem da cobrança majorada, ou indevida, e a maioria não diz nada a respeito.[13] Ele poderia ter evitado muito constrangimento. Poderia ter evitado a confrontação com o sócio sênior cuja reputação foi ameaçada. Poderia até ter poupado seu emprego.

O que ele fez? Saiu da firma.

Como outros em situações de dificuldade semelhantes, Farmer mostrou que cada um de nós tem uma opção. Se o ambiente ético entra em conflito com nossas crenças, podemos evitar a situação simplesmente saindo do emprego. Farmer poderia ter acatado ao sócio mais velho ou minimizado o incidente, varrendo-o para debaixo do tapete, mas preferiu uma abordagem simples: arranjar outro emprego. Quando as opiniões sobre ética entram em conflito, procurar outro emprego nos dá mais energia para termos uma vida melhor, em vez de ficarmos esgotados, remando contra a corrente em um ambiente pernicioso. Talvez no processo Farmer instigasse a transformação em seu antigo escritório de advocacia, despertando outros para a gravidade da cobrança a maior.

Tentações nos colocam em um ponto de equilíbrio entre a coisa certa e a errada. Podemos nos erguer e seguir o caminho da retidão. Podemos voltar atrás, para os braços do interesse próprio e da transgressão. Podemos, como Farmer, simplesmente nos afastar de situações eticamente questionáveis. Ou podemos dar um passo à frente e chegar a soluções transformadoras para termos uma vida mais gratificante.

Charles Anderson, o chefe da instituição de caridade, deu um passo à frente, escolhendo a transparência à tentação de manipular os dados. O taxista Osman Chowdhury deu um passo à frente não apenas contendo-se para não roubar, mas se dando ao trabalho de recuperar bens perdidos. A presidente da empresa de vegetais congelados deu um passo à frente acabando com fraudes e instituindo uma cultura da qualidade.

Esses indivíduos ilustram como podemos cultivar o hábito de usar a ética como uma alavanca. Eles viram a oportunidade de seguir o caminho nobre, enquanto outros se prejudicam, ao tomarem o caminho vil. Todos nós queremos agir como eles. Alguns de nós já tivemos treinamento para isso. O restante pode começar, aprendendo a pensar e a agir de uma forma mais adequada. Podemos todos aprender a ter uma vida mais significativa diante da tentação.

➢ Sua Vez: Transforme o Trabalho Diário

Escolha uma decisão do trabalho que caia na área obscura da ética. Agora use as três habilidades destacadas neste capítulo para repensar como você poderia ter agido se fosse mais hábil: Esclareça toda a verdade. Trate a situação no contexto dos relacionamentos. Pergunte-se como você teria tratado uma pessoa amada. Que alternativas você poderia ou deveria ter considerado para transformar os relacionamentos no trabalho?

EPÍLOGO

Hábito da Sabedoria

A Recompensa da Tomada de Decisão Ética Acertada

Semeie um pensamento, colha um ato.
Semeie um ato, colha um hábito.
Semeie um hábito, colha um caráter.
Semeie um caráter, colha um destino.

Anônimo

SUPONHA QUE SAIBAMOS que, quando morrermos, viveremos nossa vida atual novamente, e então a viveremos novamente e assim por diante, para sempre. Não nos lembramos das vidas anteriores, logo não podemos aprender com elas. Se esta fosse a verdade da existência, ela nos transformaria ou nos esmagaria?

Friedrich Nietzsche, filósofo que explorou essa suposição, escreveu: "E se um dia ou uma noite, um demônio viesse lhe dizer: 'Esta vida que agora vives, e viveu, terás de viver mais uma vez, e inúmeras vezes; e não haverá nada de novo nela, mas toda dor, toda alegria, todo pensamento e vista, e tudo o que for pequeno ou grandioso em tua vida deve voltar a ti... A eterna ampulheta da existência é virada repetidamente, e tu, com ela'".[1]

Diante desse futuro, você exclamaria: "Que legal!" ou "Que absurdo!"?. A resposta diz muito sobre como vivemos a vida.

Cabe a pergunta: O que é necessário para melhorarmos nossas chances de dizer: "Que legal!"?. Como autores deste livro, acreditamos que uma das coisas necessárias seja aprimorar nossa capacidade de tomar decisões éticas, que nos permitam substituir transgressões éticas dolorosas por episódios gratificantes de construção de caráter e de relacionamentos.

Mas aprender as habilidades para tomar decisões éticas não será suficiente para atingirmos tais objetivos. O que também é necessário é transformar novas habilidades em hábitos. Somente quando as habilidades se tornarem automatizadas — fazendo parte de nossa natureza — colheremos um destino que nos fará querer virar a eterna ampulheta, sem parar.

Em ética, como em tudo o mais, desenvolver hábitos requer repetição e reforço. Como diz o ditado, a prática leva à perfeição — ou mais exatamente, a prática perfeita leva à perfeição. Esta é a mensagem final deste livro. Para tomarmos a decisão ética mais competente, devemos transformá-la em hábito.

As pesquisas mostram que demoram três a quatro semanas de repetição diária para criarmos um hábito. Ter um desempenho com um alto nível de competência requer ainda mais. Os melhores violinistas, por exemplo, praticaram mais de dez mil horas quando chegam aos vinte anos. O próximo nível de especialistas praticou sete mil e quinhentas horas, e o nível mais baixo, cinco mil horas.[2] Quanto mais prática, melhor, seja na música ou na ética.

Se conseguirmos transformar a competência ética em hábitos semelhantes àqueles de músicos virtuosos, não gastaremos tempo para descobrirmos como fazer a coisa certa. Johannes Brahms, entrevistado no final da vida, disse sobre compor: "As ideias fluem diretamente para mim, diretamente de Deus, e eu não só distingo temas nos olhos de minha mente, mas eles vêm envolvidos nas formas, harmonias e orquestração certas. Passo a passo, o produto acabado me é revelado".[3]

No nível de Brahms, não lutamos para resolver os problemas, nós os superamos. Como os grandes líderes morais — Jesus, Buda, Maomé, madre

Teresa, Gandhi —, não temos de parar para consultar um código ético sobre enganar, roubar ou causar danos. Chegamos a um nível de entendimento sobre nós mesmos e sobre o mundo em que não caímos mais em tentação. Só fazemos a coisa certa.

É claro que poucos de nós esperam atingir o domínio ético dos virtuosos ou dos iluminados espiritualmente. Mas, com a prática, podemos seguir em uma direção em que atingimos uma noção melhor do domínio que eles gozam. Quanto mais longe seguimos por esse caminho, menos precisamos consultar nossos códigos ou praticar as regras da análise de decisão. Quando nossa sensibilidade ética melhora, e à medida que começamos a seguir nossos códigos como uma questão de hábito, definitivamente passamos a tomar decisões conscientes.

Nossa jornada começa com a prática das habilidades apresentadas neste livro. A habilidade de fazer um autoexame. A habilidade de agir corretamente, de acordo com um código ético. A habilidade de usar processos de tomada de decisão ética. A habilidade de ver a tentação como uma oportunidade para o crescimento, e transformar a tentação em uma chance de uma vida melhor.

Que habilidades deveríamos desenvolver hoje? Que hábitos nos permitirão responder à pergunta de Nietzsche com confiança crescente, para dizer que gostaríamos sim de viver nossas vidas outra vez?

Não há nada melhor do que nos habituarmos a refletir regularmente sobre a antiga máxima religiosa: Ame o próximo como a ti mesmo. E não podemos alcançar um entendimento maior do que se interpretarmos o próximo no sentido mais amplo, para incluir todos em nosso espaço ético, e não apenas a família e os amigos, mas a comunidade mais ampla da humanidade.

Como disse Einstein: "Um ser humano é parte de um todo, chamado universo, uma parte limitada no tempo e no espaço. Ele experimenta a si mesmo, a seus pensamentos e sentimentos como algo separado do resto... um tipo de ilusão de ótica de sua consciência. Essa ilusão é um tipo de prisão para nós, nos restringindo aos nossos desejos pessoais e à afeição por algumas poucas pessoas mais próximas. Nossa tarefa deve ser a de nos libertarmos dessa prisão, ampliando nosso círculo de compaixão para incluir todas as criaturas vivas e toda a natureza em sua beleza."[4]

Podemos nos inspirar em Einstein e outros líderes espirituais para seguirmos na direção certa. As mudanças renderão benefícios práticos ao longo do caminho. Seremos capazes de ver situações eticamente estranhas de longe, e evitá-las. Seremos capazes de fazer opções inteligentes sobre as organizações em que ingressarmos. E quando confrontados com tentações, mais frequentemente seremos capazes de transformá-las em oportunidades para construir nosso caráter e relacionamentos.

Em vez de encontrarmos "boas razões" para nos comprometermos, encontraremos razões convincentes para agirmos corretamente. Em vez de remover partes de nosso caráter que nutrem pensamentos falhos, pensaremos em nossas decisões habilmente e teremos vidas mais gratificantes. Quando alcançarmos o final de nossas vidas, carregaremos um peso muito menor, sentiremos menos remorso e criaremos essa satisfação maior por usarmos a ética para tornar nossas vidas melhores. Talvez até estaremos inclinados a virar a ampulheta.

APÊNDICE A

Aspectos do Pensamento Ético

Como a Decisão Flui

Para um resumo gráfico das principais distinções que capacitam a termos um pensamento ético hábil, veja a Figura A-1. Note como as distinções funcionam juntas. Não use a figura para orientar decisões individuais. Em vez disso, use-a para orientar o fluxo de sua lógica, dependendo das características de uma decisão. Essas distinções, exclusivas ao raciocínio ético, aparecem repetidamente neste livro.

A figura sugere as consequências quando se confundem as dimensões de uma decisão. Considere o erro comum, mencionado no Capítulo 2, de colocar ações prudenciais no caldeirão ético. Se fizermos isso, passaremos erroneamente por um longo processo de tomada de decisão (de cima para baixo, no quadro), em vez de um processo curto (da esquerda para a direita).

FIGURA A-1

Aspectos fundamentais do pensamento ético

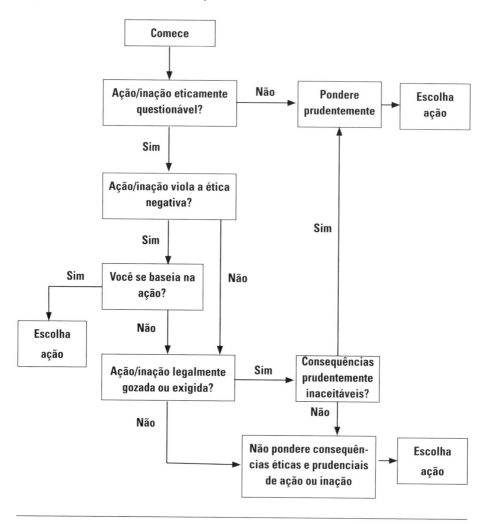

APÊNDICE B

Códigos Éticos

Três Exemplos

Nas páginas seguintes, estão os textos de três códigos éticos escritos por três alunos que seguiram a orientação deste livro. Os alunos produziram esses códigos como parte do curso de Ron Howard na Universidade de Stanford, ou do curso de Clint Korver no Grinnell College. Mudamos os nomes dos alunos para proteger suas privacidades, e editamos os códigos ligeiramente, para torná-los adequados para publicação.

Estes não são códigos "modelo". São longos e nem sempre eloquentes. Mas publicar o código "perfeito" daria uma ideia errônea sobre o modo como os códigos são produzidos na vida real. O importante é que os códigos permitem a cada pessoa tratar de questões de importância pessoal em determinado momento de suas vidas. Os códigos representam uma jornada de reflexão pessoal, uma jornada necessária para a tomada de decisão ética acertada.

Um exercício que ajuda (sugerido no final do Capítulo 4) é revisar e anotar esses códigos a fim de mostrar onde eles seguem claramente ou divergem dos conselhos dados neste livro. Depois retome seu próprio código e, com o benefício dessa reflexão adicional, aprimore-o.

Megan Gerber — Código Ético

Ideologicamente, não me sinto bem com a ética baseada no utilitarismo e no consequencialismo, como contextos para se avaliar a verdade. Em minha opinião, a implementação racional dessas perspectivas requer a informação perfeita — na realidade, uma condição irrealista e rara — e a capacidade de ponderar as vantagens e desvantagens entre diferentes considerações (como vida, confiança e liberdade). Não me sinto preparada para tomar essas decisões.

Logicamente, isto indicaria que todo o meu código deveria se fundamentar na ética baseada na ação. Infelizmente, nem toda parte de minha vida, personalidade ou realidade, é totalmente lógica. Embora eu tenha usado a ética baseada na ação como diretriz para o conteúdo que será apresentado, não discerni ainda como eliminar totalmente as consequências das considerações éticas. Nas seções a seguir, meu desafio foi reconciliar esses interesses competentes a fim de criar um modelo que seja real por ora. À medida que eu continuo a testar esses dogmas ao longo do tempo e for adquirindo experiência, continuarei refinando as diretrizes e exemplos que apresento aqui.

Mentir

Lutarei sempre para ser honesta, direta e franca com aqueles que me rodeiam.

Lutarei para me comunicar com os outros de uma forma que lhes permita e os capacite a tomar decisões informadas.

Trabalharei para detectar vieses em minha própria mentalidade, a fim de aprimorar a plenitude das verdades que passo aos outros.

Respeitarei os direitos dos outros de formarem suas próprias opiniões e decisões com base em fatos que reúnem por mim ou por outras fontes. Não manipularei esses resultados.

Não reterei deliberadamente informações relevantes de uma pessoa quando esta é imediatamente relevante para ela.

Em situações em que as circunstâncias não são sensíveis ao tempo, posso esperar para revelar informações adicionais até o momento em que ela seja imediatamente pertinente.

Não guardarei parte da verdade a fim de lucrar pessoalmente com a ignorância do outro.

Em caso algum permitirei que o comportamento dos outros afete minha vontade de dizer a verdade.

Se os outros abusarem de minha honestidade, eu diminuirei minha confiança neles na proporção direta dessa violação.

Ao me ajustar à minha maneira de me expressar honestamente, guardarei verdades inteiras, e não meias verdades. Isto me permitirá ter cautela ao divulgar informações enquanto ainda estou lutando para comunicar todos os aspectos de questões relevantes.

Não farei promessas que não tenciono manter ou não seja capaz de guardar.

Se as condições mudarem e se eu não for capaz de manter uma promessa que fiz, tomarei a iniciativa de avisar as outras partes sobre o que elas podem esperar realmente.

Agirei da forma mais apropriada possível nessas situações, independentemente da importância relativa da promessa a outras prioridades em minha vida. As promessas são, por natureza, uma prioridade automática, pois o nível de confiança que se tem no outro depende do seu cumprimento.

Manterei a confidencialidade quanto estiver comprometido a fazer isso, com exceção de situações onde manter segredo de informação ameaça a vida ou a segurança de outra pessoa.

Não prometerei confidencialidade em situações nas quais sei que a lei exige que eu divulgue informação.

Por exemplo, no trabalho com crianças, não assumirei o compromisso de manter segredo, pois posso ser obrigado, por lei, a delatar abuso infantil.

Procurarei avisar os outros de minhas exceções à confidencialidade, quando a vida e a segurança estão em jogo, antes de elas divulgarem informações para mim.

Terei cautela ao me engajar em situações de verdade parcial.

Não mentirei em discussões.

Não jogarei com verdades parciais para criar deliberadamente dúvida ou suspeita sobre verdades do mundo real.

Não lucrarei, sem saber, com a ignorância dos outros.

Não colarei nas provas, em outros cursos, ou em seus equivalentes em minha vida acadêmica.

Não pedirei extensões ou exceções em casos em que, sabendo de toda a verdade, eu mesma não as concederei. Explicarei, de modo completo e com honestidade, situações em que eu não conseguir acompanhar com atribuições ou compromissos semelhantes.

Não mentirei sobre as razões para perder aulas ou atrasar a execução de atribuições.

Não direi mentiras "inofensivas", nem mentiras que envolvam "inverdades bem-intencionadas, diplomáticas ou triviais".

Verei essas tentações como oportunidades para aprofundar meu relacionamento com os outros, dizendo a verdade.

Lutarei para usar linguagem exata, precisa e adequada. Evitarei intencionalmente causar equívocos por meio da retórica, quer minhas declarações sejam ou não verdadeiras tecnicamente.

Lutarei para permanecer alerta e ciente de situações em que eu possa ser tentada a cometer alguma forma de exagero. Evitarei distorcer, conscientemente, a magnitude de qualquer verdade, inverdade ou evento.

Evitarei eufemismo, disfemismo e outros recursos linguísticos, sempre que possível.

Em situações em que eu não seja capaz de discernir a verdade, lutarei para apresentar todos os lados da história sem viés.

Quando os dados estatísticos podem apoiar vários resultados, apresentarei de forma direta as várias conclusões possíveis.

Causar Danos

Não provocarei danos ou usarei violência física contra os outros.

Em um caso sério de autodefesa, não usarei mais força do que o absolutamente necessário para escapar da situação.

Alertarei as autoridades de brigas físicas em vez de me envolver pessoalmente.

Não beberei se for dirigir, não estacionarei em locais proibidos, nem dirigirei veículos motorizados se não estiver completamente sóbria, ciente do que me cerca e em condições de dirigir.

Roubar

Não roubarei em casos nos quais os efeitos sobre outros indivíduos sejam claros. Isto inclui artigos de supermercados, lojas ou outros estabelecimentos. Espero que com o tempo esse dogma possa ser reduzido a "Não roubarei".

Não tirarei vantagem da generosidade ou autonomia oferecida por meu empregador.

Não serei vítima de fraude.

Não tirarei vantagem de confiança ou ignorância dos clientes, nem dos outros, seja para meu benefício ou em benefício de meu empregador.

Farei tentativas quando possível de devolver itens pelos quais não sou responsável, ou pelos quais não fui corretamente encarregado. Farei pelo menos muito esforço para corrigir erros que me beneficiem como eu faria para corrigir erros que me ponham em desvantagem.

Procurarei em todos os casos dar crédito aos outros quando merecido. Não cometerei plágio nem explorarei propriedade intelectual dos outros em meu próprio trabalho.

Devolverei objetos perdidos que eu encontrar, independentemente do valor deles em si. Sempre que possível, devolverei itens perdidos para autoridades relevantes.

Tratamento Especial

Procurarei tratar a todos da maneira como eu gostaria de ser tratada.

Ficarei contente em dar mais oportunidades para as pessoas que eu amo, por meios justos, mas não usarei de minha influência nem de outros relacionamentos para que elas ganhem vantagem sobre outros candidatos.

Eu me absterei de influenciar processos de contratação em que meus amigos estejam competindo. (Em casos em que as candidaturas são desconhecidas, eu me retirarei do processo de tomada de decisão no momento que suspeitar de conflito de interesse.)

Ética nos Negócios

Não permitirei que incentivos do empregador influenciem ou deturpem meu código ético, nem aceitarei empregos cujos requisitos violem esse código.

Não roubarei nem fraudarei meu empregador, nem roubarei ou fraudarei em nome dele.

Não esconderei nem ajudarei a esconder comportamento ilegal (meu ou dos outros) no local de trabalho.

Não criarei incentivos para os outros agirem antieticamente.

Proximidade ao Comportamento Antiético

Acredito firmemente que se todas as "boas pessoas" do mundo trabalhassem apenas para "boas empresas", poucos processos faltosos, antiéticos ou cruéis seriam empregados. Portanto, embora eu não me proíba de trabalhar para operações de cujas premissas subjacentes eu não compartilho, permanecerei alerta quando estiver próxima de conduta antiética e lutarei para evitar, a todo custo, amortecer minhas sensibilidade instintiva. Embora eu possa aceitar um emprego em uma empresa com a intenção de mudar suas práticas, não estou disposta a violar qualquer dogma de meu código ético no processo. Lutarei sempre para cumprir meu código ético pessoal, independentemente das ações dos outros.

Embora eu possa aceitar um emprego como operadora financeira, em uma fabricante de cigarros, evitarei contribuir diretamente para as práticas de marketing que eu considero antiéticas.

Não aceitarei trabalho quando os requisitos do cargo e as expectativas exigirem que eu viole o código ético. Isso inclui trabalhar para as forças armadas e a polícia.

Lutarei para respeitar sensibilidades éticas e a confiança em meus instintos quando me aproximar de comportamento antiético.

Trabalharei para evitar situações de sensibilidade ética nas quais não possa discernir um meio viável de influenciar pessoalmente a mudança e o aprimoramento.

Trabalharei para manter uma perspectiva clara em empresas nas quais ocorrem práticas questionáveis, e me manifestarei em favor de reformas sempre que possível e apropriado.

Questões de Reprodução

Não me envolverei em relacionamentos amorosos em casos em que não me sinta totalmente à vontade para lidar com o "pior" resultado.

Não engravidarei a não ser que esteja absolutamente certa de que meu parceiro e eu somos capazes e tenhamos chance de tomar decisões conjuntas, maduras e racionais sobre como lidar com uma gravidez acidental.

Tomarei precaução contra doenças sexualmente transmissíveis.

Manterei relacionamentos honestos e abertos com todos os meus parceiros amorosos.

Informarei a todos os meus parceiros sobre questões envolvendo doenças sexualmente transmissíveis, gravidez ou saúde geral da forma mais proativa possível.

Respeitarei a autoridade final na tomada de decisão das pessoas a quem eu amo, ao tomarem decisões sobre seu corpo. Embora eu expresse minha opinião livremente em discussões e debates, lutarei para aceitar e apoiar suas escolhas.

Não me engajarei em relacionamentos amorosos com indivíduos que estejam comprometidos com outras pessoas. Perguntarei sobre os compromissos antes de decidir me envolver. Se eu descobrir que existe um compromisso, do qual fui informada, romperei imediatamente.

Utilizarei enorme discrição ao me relacionar amorosamente com ex--parceiros de minhas amigas colegas ou conhecidas. Não me engajarei em relações com indivíduos que possam estar se encontrando com minhas amigas, ou por quem minhas amigas ainda guardem sentimentos.

Tentarei ser compreensiva e liberal se minhas amigas acabarem tendo um relacionamento com meus ex-namorados depois de ter se passado um período razoável.

Aborto

Consultarei meu parceiro e respeitarei sua sugestão ao tomar uma decisão final sobre o aborto.

Raphael Copters — Código Ético

Segue meu código ético, organizado pelas categorias principais com as análises de cada uma das regras.

Dizer a Verdade

I. Mentiras. Apenas mentirei se isso não causar danos à pessoa sobre quem mentir, e o ganho total (excluindo o meu) for maior do que o prejuízo causado. O prejuízo causado deve ser capaz de ser explicado às pessoas para quem estamos mentindo, após encerrado o incidente.

II. Segredos. Manterei a confidencialidade de amigos, família e colegas, contanto que não haja consequências negativas, no longo prazo, de se manter seus segredos.
Exemplo: Eu vejo a namorada de meu amigo na frente de um restaurante beijando outro homem. Decido contar ao meu amigo o que eu vi porque sei o que ele acha da honestidade em um relacionamento. A namorada dele poderia continuar esse comportamento sem que meu amigo soubesse e acabar causando tensão em seu relacionamento com ele.

III. Promessas. Manterei as promessas que fizer aos outros e espero que os outros mantenham as suas, contanto que não ocorra nenhum imprevisto que acabe sendo prioritário ou me impeça de manter a promessa.

Exemplo: Prometo ser o padrinho de meu amigo, mas então minha mãe adoece gravemente e é hospitalizada. Embora ambas as situações sejam eventos que ocorrem uma vez na vida (e nesse sentido sejam iguais), eu prefiro quebrar a promessa ao meu amigo e visitar e cuidar de minha mãe porque, como família, ela tem mais prioridade do que meu amigo.

IV. Fraude. Não cometerei fraude nem tolerarei que os outros cometam. Quando me deparar com uma situação injusta na qual os outros estão enganando, não vou me rebaixar ao nível deles, enganando também.

Exemplo: Jogando pôquer em Las Vegas, vejo que dois jogadores estão colaborando um com o outro sob a mesa. Em vez de me rebaixar ao nível deles e me juntar a outro jogador contra eles, prefiro ir embora e simplesmente evitar jogar com eles no futuro. Embora eu já tenha trapaceado, não "revidarei" a fim de recuperar minhas perdas. Devemos assumir a nossa parte no cumprimento do código de honra, e tomar as medidas necessárias a fim de assegurar que ele seja mantido.

Matar/Lesar

Eu lesarei diretamente alguém somente se me lesarem antes, mesmo que eu saiba que serei lesado: neste caso, farei tudo o que puder para evitar a situação.

V. Direitos dos Animais. Não matarei animais por esporte se considero isso uma morte sem propósito.

A caça frívola ou por diversão não é algo em que eu me engajaria porque não há propósito em matar. A atividade não tem valor de lazer para mim e esse aspecto não seria ponderado em uma decisão ética; a menos que fosse para uma finalidade útil (por exemplo, pescar para se alimentar).

Apoiaria testes com animais se o objetivo dos experimentos fosse servir a um bem maior da sociedade. Aprovaria o teste com animais para soluções médicas e benefícios, tais como a cura de doenças como o câncer, mas não para produtos de consumo que não aprimorem a qualidade de vida (como um perfume ou cosmético).

VI. Impor Risco. Não imporei riscos aos outros, a não ser que eu considere que o benefício de minhas ações seja tão maior que o risco imposto, ao ponto de se tornar desprezível.

Questões de Reprodução

VIII. Aborto. Concordo com o aborto legal porque pessoalmente não creio que isto seja tirar uma vida, contanto que seja dentro dos dois primeiros trimestres de gestação. No entanto, uma vez que o aborto é inevitavelmente uma decisão tomada entre minha parceira e eu, estou disposto a conceder a decisão a ela, se eu julgar que a opinião dela sobre a questão pesa mais do que a minha.

Minhas opiniões sobre a questão não são particularmente fortes e, como resultado, eu respeitarei a decisão de minha parceira nesse sentido, contanto que as condições a seguir para a guarda também sejam atendidas.

IX. Guarda. Não adotarei uma criança por questões prudenciais, mas aceitarei as adoções dos outros se julgarem que podem arcar financeiramente para cuidar de uma criança e atender aos interesses dela.

Ética Profissional

X. Exploração de uma Situação Profissional para Ganho Pessoal. Não usarei qualquer conhecimento adquirido de minha posição para ganhos pessoais, mesmo que não haja imediatamente vítimas claras de tal decisão.

Independentemente da possibilidade de eu não perceber logo qualquer efeito prejudicial aos outros, usarem essa informação pode eventualmente levar a efeitos nocivos por mim desconhecidos como resultado de uma vantagem injusta que eu aproveitei.

XI. Não trabalharei para uma empresa cujos produtos entrem em conflito com meus valores éticos. Por exemplo, não trabalharei para grupos de pirataria que visem a destravar um software para distribuí-lo. Embora falsificar software não seja necessariamente algo nocivo (por exemplo, em projetos que exijam a reconfiguração de certos equipamentos ou programas), o ato de fazer isso para um grupo de pirataria provavelmente leve ao uso pernicioso do produto.

XII. É importante conhecer o código ético de uma empresa antes de trabalhar nela; ignorar sua ética é errado porque isso poderá levar a muitas situações eticamente delicadas que eu deveria evitar.

XIII. Se eu aceitar um cargo sem entender as consequências éticas de sua execução, então as situações eticamente delicadas que surgirem desse cargo só poderão ser atribuídas a mim mesmo.

Categoria de Tratamento Especial

XIV. Nepotismo. Eu ajudaria a família e os amigos desde que não fosse tirando a oportunidade de terceiros e desde que eles fossem capazes de ou se esforçassem para fazer o trabalho (mesmo que não estivessem imediatamente qualificados para isso).
Nesse caso, tenho uma ética positiva para ajudar minha família e amigos a aproveitarem as melhores oportunidades que tiverem. Isso, no entanto, é condenado pela ética negativa segundo a qual se deve evitar que pessoas consigam posições injustamente, sendo que poderiam ser abertas a outras mais qualificadas.

XV. Ação Afirmativa. A ação afirmativa, em meu ponto de vista, é um subconjunto do nepotismo como uma resposta vantajosa a certas partes, para uma oportunidade limitada. Como resultado, se isto tirar o lugar de uma pessoa mais qualificada, então eu não apoiarei e verei como algo eticamente errado, assim como favorecer um amigo sem qualificação em detrimento de uma pessoa que esteja procurando emprego e seja mais qualificada.

XVI. Propinas. Não darei propina como incentivo para uma pessoa praticar uma ação que seja contra suas inclinações morais ou que influenciaria negativamente a oportunidade de terceiros. Por exemplo, se dou gorjeta ao funcionário de um hotel para conseguir um quarto melhor porque é minha lua de mel, contanto que esse quarto não esteja reservado para outra pessoa, não considero isso uma propina. No entanto, eu não daria propina a um *maître* para evitar uma longa espera por uma mesa em um restaurante, porque estaria ganhando à custa de todos os demais clientes que estão esperando antes de mim.

Deve-se notar que minha análise é de uma situação amplamente recreacional, que ocorrerá com maior probabilidade na vida diária (quando é difícil traçar uma linha divisória entre propina e gorjeta), por isso é provável que eu mude de opinião.

Roubar

XVII. Roubarei somente se for por necessidade de sobrevivência e se o item não for uma necessidade para a pessoa que o possui. O item deve ser substituído ou devolvido.

Roubar só ocorreria em circunstâncias extremas, em que eu não tivesse meios financeiros ou tempo suficiente para seguir o protocolo adequado. Por exemplo, roubar por razões financeiras. Se meu filho estivesse gravemente doente, precisasse de um remédio para sobreviver e eu não tivesse como pagar, eu o roubaria da farmácia, desde que (1) houvesse várias unidades no estoque; dessa forma eu não estaria tirando a única unidade que alguém poderia precisar e (2) eu pagasse o valor do medicamento quando conseguisse o dinheiro, para garantir a plena compensação quando eu tivesse condições.

Caso não tenha tempo suficiente para seguir o procedimento normal. Por exemplo, estou trocando de seguro saúde. Devido à doença de meu filho, não posso esperar até que as empresas seguradoras resolvam as discrepâncias, e não posso pagar pelo medicamento sem ter o devido reembolso. Assim, eu roubaria pela urgência da questão, em vez de esperar e seguir o protocolo adequado.

XVIII. Não roubarei nada que seja da propriedade de terceiros, a não ser que eu esteja tirando esse bem para evitar efeitos danosos. Por exemplo, se um amigo meu está se recuperando de câncer de pulmão e quer continuar fumando, eu roubarei cigarros dele para impedir que ele fume e se sujeite a piorar sua condição.

Proximidade à Conduta Antiética

XIX. Dependendo do quanto eu estivesse próximo ou pessoalmente envolvido na situação, eu tomaria iniciativa para testemunhar uma conduta antiética.

Por exemplo, eu não tenho relacionamentos pessoais nem vínculos que me aproximem do conflito entre israelenses e palestinos, por isso, embora meus impostos estejam apoiando o lado israelense, eu não sinto a necessidade de protestar, porque a situação está distante demais de meus interesses.

XX. Se eu vir alguém roubando pequenos itens de uma loja, não impedirei essa pessoa de fazer isso. Não julgarei a decisão dela e suas razões para agir assim (que eu desconheço), e não avisarei ninguém de algo que tem um valor relativamente pequeno para a loja.

Entretanto, se eu vir, durante um exame final, duas pessoas colando, comparando respostas uma com a outra no meio da prova, eu me sentirei obrigado e no direito de delatar essa conduta por causa (1) do código de honra, do qual parte de minha responsabilidade deve seguir, e (2) da injustiça para comigo e os outros estudantes, porque recebemos nota com base comparativa, logo, a vantagem indevida dos dois alunos que estão obtendo terá um impacto negativo para o resto da classe que está seguindo o código de honra.

Deepti Chandna – Código Ético

Ética Pessoal

1. Dizer a Verdade
   a. Eu não mentirei nem apresentarei a verdade de uma maneira enganosa, a não ser que:
      - Minha mentira de alguma forma poupe a vida de alguém (poderia ser a minha, a de uma pessoa amada ou de um estranho).

- Minha mentira de alguma forma evite que alguém sofra danos físicos.
b. Eu manterei segredo se prometer fazer isso, a não ser que ao revelá-lo eu salve a vida de alguém ou evite que a pessoa sofra danos físicos. (Este julgamento será feito por mim, com a melhor informação possível que eu puder.)
c. Se eu fizer uma promessa, a manterei. Eu considerarei todas as promessas verbais como contratos e as respeitarei.
d. Eu não cometerei fraude em nenhum ambiente (acadêmico ou profissional).
e. Quando comunicar algo a alguém, eu usarei uma linguagem simples e neutra, para transmitir toda a verdade. (Ética positiva)
f. Se eu sei que alguém está comunicando algo falso, questionarei essa pessoa diretamente.
g. Se eu souber que alguém está cometendo fraude, eu a questionarei. (Isso inclui fraude acadêmica, nos negócios ou infidelidade.)

2. Matar, Prejudicar, Impedir Danos
a. Não matarei ninguém, a não ser que seja por autodefesa ou em defesa de uma pessoa amada.
b. Matarei se alguém ameaçar usar a força com a intenção de matar, mesmo que ainda não tenha iniciado esse ato.
c. Não dirigirei sob a influência de álcool. Se eu achar que estou ligeiramente alto, darei uma volta ou esperarei até que isso passe, antes de pegar a direção.
d. Não comerei animais.
e. Só comprarei leite de "fazendas éticas" quando houver essa opção, mesmo que seja mais caro. Acredito que o tratamento de animais que produzem leite seja uma questão eticamente delicada.
f. Não auxiliarei alguém a suicidar-se; entretanto, não usarei da força para impedir alguém de cometer suicídio, se a pessoa pensou plenamente nisso e tem a total segurança do que quer fazer, por mais que essa decisão possa me causar sofrimento.
g. Interromperei alguém que esteja maltratando um cachorro na rua, por exemplo. Usarei da força contra essa pessoa se for preciso.

3. ROUBAR
   a. Não roubarei, a não ser para proteger a vida de alguém.[1]
   b. Não considerarei pirataria um roubo, do ponto de vista ético. Não acho que baixar música da internet ou comprar livros baratos seja "roubar".[2]
   c. Não roubarei para tornar minha vida mais fácil ou confortável.

Questões de Reprodução

Nesta seção, fiz uma lista das questões que acredito serem éticas, para deixar clara minha opinião. Embora este seja um código ético, acho que é importante comentar questões que possam ser vistas comumente em vários códigos éticos de muitas pessoas, e indicar que eu acredito que elas sejam tópicos neutros do ponto de vista ético, para que fique claro que eu pensei neles.

   a. Não acredito que a pesquisa com células-tronco seja antiética. Eu usaria os benefícios de tal pesquisa, ou doaria recursos para essa pesquisa, ou trabalharia para uma empresa que a estivesse fazendo.
   b. Acredito que a doação de esperma e óvulos não seja uma questão ética; acho que se trata de uma questão totalmente prudencial.
   c. Acredito que ser mãe de aluguel não é uma questão ética. É uma matéria apenas prudencial e legal.

Ética Profissional

1. TIPO DE TRABALHO
   a. Não trabalharei em uma organização cujos objetivos firam a minha ética. Por isso, não trabalharei para uma empresa que fabrique armas.[3]
   b. Para empresas cujos objetivos a levem a uma conduta antiética (e isto não faz parte intrínseca de seus objetivos — no primeiro caso seria contribuir de alguma maneira para uma guerra), eu trabalha-

rei somente nos seguintes casos: ou eu trabalho diretamente para corrigir a questão,[4] ou, se a empresa estiver acostumada a se portar antieticamente, farei parte da organização para ajudá-la a parar de fazê-lo.[5]

2. Interpretação Equivocada de Dados
a. Não interpretarei dados incorretamente, nem farei relatos incorretos para apoiar ou me opor ao ponto de vista de qualquer pessoa (mesmo que meu chefe me pedisse isto). Apresentarei os fatos de tal forma a me esforçar para dizer a verdade, e toda a verdade, no que concerne o meu melhor julgamento profissional.
b. Se estou ciente de que interpretei incorretamente fatos ou dados, eu revelarei isso e tratarei de minhas preocupações com meus superiores. Em suma, não deixarei que as coisas fiquem "pairando soltas no ar". Eu serei franco, mesmo que alguém queira agir de modo contrário. Farei isso da maneira mais prudencial e inteligente possível.

3. Materiais de Trabalho
a. Não considero o uso de materiais de escritório uma questão ética quando se trabalha em corporações com fins lucrativos, mas tenho que colocar isto em meu código para esclarecer este ponto.
b. Ao trabalhar para uma organização sem fins lucrativos, verificarei a política geral a respeito de materiais de escritório antes de usá-los.

4. Horas de Trabalho
a. Nunca cobrarei a mais as horas trabalhadas.
b. Trabalharei no cargo que a empresa está me pagando para atuar, durante todo o tempo que eu marcar como horas trabalhadas.
c. Não farei telefonemas pessoais, nem verificarei e-mails pessoais, ou lerei assuntos de interesse não profissional na Internet durante o horário em que estiver trabalhando para a empresa. Se a empresa disser que eu posso fazer isso, então eu reservarei parte de meu intervalo para esse fim.
d. Não considero tomar café, chá, suco ou outras bebidas fornecidas pela empresa como questões éticas.

Diversos

1. Propina
a. Não darei propina, a não ser que seja para salvar a vida de alguém.
b. Nunca aceitarei propina.

2. Favoritismo/Nepotismo/Racismo
Não considerarei o gênero, raça ou classe social de alguém ao contratá-lo. Se duas pessoas forem igualmente qualificadas para uma posição, cada uma terá 50% de chance de obter a posição.

NOSSAS MENSAGENS

Ética para o Mundo Real apresenta uma variedade de mensagens novas e únicas. Para torná-las fáceis de encontrar e lembrar, fizemos uma lista delas abaixo, na ordem em que aparecem no livro. Use esta lista para avivar sua memória ou localize os números de página para passagens relevantes e os principais exemplos.

Introdução: Tomada de Decisão Habilidosa

(*Exemplo*: o contratante de defesa solicita uma análise falsa)
Este livro tem três objetivos   12
    Dominar distinções éticas
    Assumir antecipadamente o compromisso com princípios éticos
    Exercitar habilidades disciplinadas de tomada de decisão
A transgressão ética vem do pensamento falho   13
Lapsos de pensamento são semelhantes, tanto para pequenas quanto para grandes transgressões   14
Nossa abordagem da engenharia à ética enfoca o que é útil   18
Não use cegamente a ética dos outros; desenvolva sua própria ética   18
Concentre-se em aprimorar-se, e não em criticar os outros   19
O pensamento moral se baseia em normas culturais; o pensamento ético se baseia em nossas próprias normas   19
Situações delicadas do ponto de vista ético sempre envolvem outra pessoa   20
Seu "espaço ético" define quem está incluído em suas considerações éticas   20
Ética diz respeito a ações, e não a pensamentos   20
Este livro unifica os campos da ética e da análise de decisão   21

Capítulo 1: Quase Ético

(*Exemplo*: médicos com um conflito de interesse não revelado)

Mesmo os melhores e mais brilhantes são pegos em transgressões éticas   24
A transgressão ética cria barreiras aos relacionamentos   24
Reconheça as tentações diárias para mentir   25
Mentir é dizer a alguém algo que sabemos que não é verdade com a intenção de enganar   25
Em geral, temos "boas razões" para mentir   26
Mentira chama mentira   27
Mentira cria barreiras em relacionamentos   27
"Mentiras inofensivas" são extremamente perigosas   28
Quem ouve uma mentira a vê de uma forma bem menos generosa do que quem mente   29
Examine as tentações diárias para enganar   30
Enganar é intencionalmente dar uma falsa impressão com ou sem mentiras   30
Nós usualmente temos "boas razões" para enganar   31
Enganar cria barreiras em relacionamentos   32
O eufemismo e o disfemismo podem enganar   32
Os segredos podem criar barreiras aos relacionamentos   33
   (*Exemplo*: o professor guarda segredo de seu filho)
Promessas insinceras podem se tornar fraudes   33
Reconheça as tentações diárias para roubar   34
Roubar é se apossar da propriedade dos outros sem permissão   34
Geralmente temos "boas razões" para roubar   35
Roubar é tirar o poder, controle e valor da vítima   36
Não examinamos nossos maus hábitos   36
Reconheça as tentações diárias a danos físicos   37
Causar danos físicos é usar ou ameaçar usar violência contra outra pessoa   37
Na vida diária, com frequência causamos danos indiretamente, impondo riscos aos outros   37
Em geral, temos "boas razões" para ser cúmplices em danos   38
Nós nos tornamos insensíveis e causamos mais danos do que pensamos   38
(*Exemplo*: O experimento de choques de Milgram mostra nosso potencial para causar danos)
Reconheça como o desvio ético pode levar à tragédia   39
Os melhores e mais brilhantes curvaram-se/rebaixaram-se ao genocídio   40
(*Exemplo*: Médicos nazistas e engenheiros ajudaram ou cometeram assassinato)

Quando manipulados por circunstâncias, todos nós comprometemos nossa ética   42
Com muita frequência vivemos a vida sem pensar sobre ela   42
Sua vez: um momento de remorso   43

Capítulo 2: Trace Distinções

O menor dos males ainda é um mal   46
(*Exemplo*: Kurt Gerstein tenta expor atrocidades nazistas)
Faça distinções para destravar o entendimento   47
A distinção mais básica envolve a escolha das palavras   47
A escolha das palavras ressalta algumas ideias, disfarça outras   48
Distinga as três dimensões de uma decisão   49
Separe questões éticas, prudenciais e legais   49
A confusão entre dimensões leva a decisões confusas   51
Ações legais podem não ser éticas   52
(*Exemplo*: a desculpa "legal" invocada nos Tribunais de Nuremberg)
A maioria das transgressões éticas vem da tentação prudencial, e não de dilemas éticos   53
Distinga injunções éticas positivas e negativas   54
Ética negativa são proibições ("Não deverás...")   54
Ética negativa fornece limites claros   54
Ética positiva são aspirações ("Deverás...")   54
Ética positiva fornece limites indistintos   54
Confundir as duas éticas mina os limites claros da ética negativa   54
Distinga ética baseada em ação e em consequências   55
Na ética baseada em ações, a aceitabilidade ética vem das ações, independentemente das consequências   55
Na ética baseada em consequências, a aceitabilidade ética se baseia nas consequências de uma ação   56
Respostas éticas dependem de nossa escola de pensamento   56
A ética baseada em consequências pode ser mal utilizada para justificar erros   57
A responsabilidade por nossas ações sempre recai sobre nós   58
(*Exemplo*: o experimento do pensamento terrorista esclarece nossa ética)
Distinga raciocínio de racionalização   59
Racionalização propositalmente confunde certo e errado   59

O eufemismo, fazer uma atividade parecer melhor do que é realmente, é uma racionalização   60
O disfemismo, fazer uma atividade parecer pior do que é realmente, é uma racionalização   60
A racionalização com frequência vem encoberta pela ética   60
"Todos estão fazendo isto" é uma racionalização   60
(*Exemplo*: no experimento de Solomon Asch, as pessoas se conformam)
Previna a racionalização com autoexames   61
O teste de reciprocidade, de se colocar no lugar do outro   61
O teste da primeira página   61
O teste da linguagem tendenciosa   62
O teste do exemplo   62
O teste da pessoa amada   62
O teste da mãe   62
Cuidado para não distorcer a força do contexto   62
As situações podem distorcer facilmente o pensamento   63
Uniformes também distorcem o pensamento racional   63
Distorções chocantes surgem de experimentos   63
(*Exemplo*: Philip Zimbardo conduz um experimento prisional)
Distinções fortes nos ajudam a evitar essas armadilhas   64
Sua vez: ética nas notícias   66

Capítulo 3: Consulte as Referências

(*Exemplo*: Ali Hasan enfrenta o dilema do nepotismo)
Vasculhe o seu passado para orientação ética   68
Consulte seu legado religioso   69
A orientação religiosa tem um veio baseado na ação   69
Nem todos os princípios religiosos são princípios éticos   69
Distinga ética positiva de aspirações   72
Considere as Regras de Metal, variações da Regra de Ouro   73
Reconheça a 'lei real": Ame ao próximo como a ti mesmo   75
Consulte seu legado secular   75
A orientação secular tem um veio consequencial   76
Considere a orientação paterna e as bases   76
Considere amigos e líderes como modelos   77
Considere as referências adquiridas na escola   77
(*Exemplo*: o código de honra de West Point)

    Lembre-se da ética secular positiva   79
Consulte seu legado   80
    Considere os códigos de ética no trabalho   81
    Considere os códigos de ética de ocupações e profissões   81
Evite os equívocos dos ricos e famosos   83
    Cuidado com falsos modelos de papel político   84
    (*Exemplo*: James K. Polk frauda o Congresso dos Estados Unidos)
    (*Exemplo*: George Washington reivindica seus escravos)
    Cuidado com falsos modelos de papel religiosos   84
    (*Exemplo*: a igreja admite a escravidão)
    Cuidado com falsos modelos de papel esportivo)   85
    (*Exemplo*: Paul Hamm ganha uma medalha de ouro contestada)
Concilie as referências para iniciar a criação de um código   85
Sua vez: trace seus princípios   87

Capítulo 4: Esboce Seu Código

    (*Exemplo*: o advogado compra a pasta da viúva)
    Os princípios de referência não atendem à orientação ética   90
    Um código nos permite decidir antecipadamente nossos princípios   90
    Siga um processo de três passos para esboçar um código em que acreditemos   91
Passo 1: Esboce os padrões   92
    Comece com enganar, roubar e causar danos
    Escolha as exceções (tabela 4-1)
    Escolha outros tópicos pessoalmente relevantes
    Concilie conflitos entre as referências e sua voz interior
Passo 2: Teste o código   96
    Cheque a lógica
    Cheque o foco
    Faça o *test-drive* para verificar a utilidade
Passo 3: Refine o código   101
    Esclareça os graus de separação: o quanto é estar próximo demais?
    Trace limites bem definidos
    Considere uma hierarquia
    Fatores que levam ao fracasso   105
    Confundir questões prudenciais e éticas
    Usar linguagem carregada

Julgar as ações dos outros
Basear a ética no julgamento dos outros
Criar padrões louváveis, mas não passíveis de se viver de acordo
Escrever padrões vagos
Códigos mais curtos são mais úteis   108
Sua vez: faça o protótipo de seu código   109

Capítulo 5: Escolha a Ação

(*Exemplo*: pesquisadores de drogas falham com TGN1412)
Para tomar as melhores decisões, precisamos seguir um processo de três etapas   112
Esclareça a questão ética
Crie alternativas
Avalie as alternativas
Busque decisões de alta qualidade   113
A qualidade vem de seguir um processo e princípios comprovados   113
(*Exemplo*: o genro come torta de ruibarbo)
A qualidade vem de responder e não reagir   114
A qualidade vem de reconhecermos oportunidades éticas   114
Esclareça a questão ética   115
Construa um esquema que enfatize as preocupações certas   115
(*Exemplo*: a mãe lê os e-mails do filho)
Descreva a situação em linguagem neutra
Desembarace preocupações éticas, legais e prudenciais
Formule perguntas como relações com os outros
Procure primeiro as questões éticas básicas   117
Crie alternativas atraentes   119
Considere alternativas que atendam a padrões mínimos
Considere alternativas que um modelo preferiria
Considere alternativas que escolheríamos para uma pessoa amada
(*Exemplo*: uma mulher lida com uma piada racista)
(*Exemplo*: uma enfermeira responde a uma paciente com Alzheimer)
(*Exemplo*: outras alternativas de Kurt Gerstein)
Avalie as alternativas   124
Avalie alternativas contra o seu código
Avalie alternativas contra seu exemplo ético
Teste a reciprocidade

Teste a universalidade
"Trate as pessoas como um fim, e nunca apenas como um meio" — Kant   125
   (*Exemplo*: a mãe testa alternativas à leitura dos e-mails do filho)
Considere uma das alternativas mais simples: pedir autorização   127
Assuma a responsabilidade pelas consequências   128
   Determine as consequências de cada alternativa
Avalie incertezas
Avalie vantagens e desvantagens (*trade-offs*)
(*Exemplo*: o Google usa o consequencialismo para decidir operar na China)
Horizontes a longo prazo, pressões do tempo e incertezas complicam a análise baseada nas consequências   130
O pensamento consequencialista pode indeterminar responsabilidades éticas   132
   Pergunta-chave: deveríamos lidar com pessoas ou países trapaceiros?   132
   Escolhas baseadas na ação e nas consequências podem divergir fortemente   132
(*Exemplo*: as lições na escolha de Karl Schultze)
Sua vez: use suas ferramentas de decisão   135

Capítulo 6: Transforme a Vida

(*Exemplo*: John Rabe protege Nanquim)
   Podemos transcender a mais perniciosa das tentações éticas   138
   Evite grupos e organizações cuja ética entra em conflito com a sua   139
   (*Exemplo*: reforçar a equipe B de beisebol juvenil)
   Coloque o foco em três habilidades transformadoras   140
      Encontre toda a verdade dentro de si
      Formule questões em termos de relacionamentos
      Eleve a exigência da reciprocidade a um nível que atenda às pessoas que você ama
      Transforme tentações de mentir dizendo toda a verdade   141
   (*Exemplo*: o genro que come ruibarbo revisitado)
   Perceba por que você é tentado a mentir   141
   Concentre-se nas pessoas para encontrar a verdade de seu relaciona mento   142
   Transforme tentações de enganar dizendo toda a verdade   144
   (*Exemplo*: mentir ao chefe para evitar um convite para jogar golfe)
   Reconheça a causa da tentação   145
   Aprenda a se comunicar bem   145
   Faça um levantamento de suas conversas interiores   146

(*Exemplo*: exercício da coluna esquerda de Chris Argyris)
(*Exemplo*: dizer a verdade para um paciente terminal)
Transforme tentações de quebrar promessas   148
Transforme a maneira de lidar com segredos   149
Três critérios ajudam a transformar a maneira de se lidar com segredos   149
Diga aos outros que você precisa concordar com confidências antecipadamente
Imponha um limite de tempo para guardar segredos
Seja claro quanto a circunstâncias para revelar o segredo
Cuidado para não distorcer os efeitos da lealdade   150
Transforme tentações de roubar   150
(*Exemplo*: os alunos pagam $30 por uma mesa de $300)
(*Exemplo*: Irina Karavaeva devolve a medalha de ouro)
Transforme tentações de causar danos   152
Causar danos na vida diária pode ser resultado mais frequentemente da inação do que da ação   153
A responsabilidade por causar danos pode indiretamente recair sobre nós   153
(*Exemplo*: oportunidade perdida em "A Parábola do Sadhu")
Pergunte-se: "Qual é a opção de crescimento?".   155
Sua vez: conceba uma forma de transformar a vida diária   156

Capítulo 7: Transforme o Trabalho

(*Exemplo*: rejeitar a fraude na Outcome Software)
Novo desafio: ir além de "fazer a coisa certa" no trabalho   158
Reconheça que toda ética é pessoal, no trabalho e em casa   158
Escolha uma profissão ou ocupação consistente com sua ética   159
Escolha uma organização consistente com sua ética   161
   Fique atento ao comportamento de pessoas no trabalho   161
   Verifique o código de ética da organização   162
Note conflitos nas práticas de negócio diárias   162
Transforme tentações de mentir no trabalho, expressando toda a verdade   163
(*Exemplo*: aumentando a oferta de $200 mil, propositadamente mais baixa)
Use as habilidades da tomada de decisão na vida pessoal   164
Adote a transparência e assuma responsabilidades   165
Evite desculpar inverdades para atender a um "propósito maior"   165
(*Exemplo*: construindo sobre a transparência na United Way)
Transforme tentações de enganar no trabalho   167

(*Exemplo*: transformando a falsa demonstração de software)
(*Exemplo*: transformando a tentação de usar água poluída da fábrica)
A transformação costuma render benefícios a longo prazo   168
Transforme tentações de quebrar promessas no trabalho   170
Aprenda a conduzir com habilidade compromissos com a "qualidade"   170
Aprenda habilidades para lidar com segredos no trabalho   171
(*Exemplo*: mantendo o segredo J-22 enquanto troca de empresa)
Transforme tentações de roubar no trabalho   173
(*Exemplo*: o dono de loja de materiais de construção vende um martelo)
(*Exemplo*: motorista de táxi Osman Chowdhury ganha fama)
Transforme tentações de causar danos no trabalho   175
Investigue graus de separação/distanciamento   175
Pergunte-se: Qual é a opção de crescimento no trabalho?.   177
(*Exemplo*: o dilema da cobrança de Matthew Farmer, advogado)
Sua vez: planeje uma forma de transformar sua vida profissional   178
Epílogo: O Hábito da Sabedoria
Transforme novas habilidades em hábitos   180
Use hábitos para desenvolver uma noção melhor de domínio   181
Amplie seu espaço ético   181

NOTAS

Introdução

Citação de São Tomás de Aquino: Veja Saint Thomas Aquinas, Summa Theologica, prima secundae partis, pergunta 95, artigo 1.

Pesquisa internacional Zogby: A pesquisa Zogby, "U.S. Public Widely Distrusts Its Leaders", foi lançada em 23 de maio de 2006. Como este escrito, foi disponibilizada em http://www.zogby.com/search/ReadNews.dbm?ID=1116.

Pesquisa de Philip Zimbardo: Zimbardo conduziu e reuniu uma coleção fascinante de pesquisas mostrando como situações induzem as pessoas a cometerem atos maus. As situações, diz Zimbardo, têm uma maneira de derrubar processos de pensamento, suspendendo a "consciência, a autoconsciência, a noção de responsabilidade pessoal, obrigação, compromisso, confiabilidade, moralidade e análises em termos de custos/benefícios de dadas ações". Veja Philip G. Zimbardo, "A Situationist Perspective on the Psychology of Evil: Understanding How Good People Are Transformed into Perpetrators", in *The Social Psychology of Good and Evil: Understanding Our Capacity for Kindness and Cruelty*, Ed. Arthur G. Miller (Nova York: Guilford, 2004, 26).

Capítulo 1

1. *Psiquiatras viram manchete*: Como acontece com muitos casos de conflitos de interesse, a causa é provavelmente a insensibilidade ética e a falta de consciência, e não a má intenção. Em um mundo com ênfase cada vez maior na transparência, o número de transgressões é mais notável. Em seu quadro na primeira página, o *Journal*

destacou Lori Altshuler, Vivien K. Burt, Lee S. Cohen e Adele C. Viguera por não terem relatado ligações financeiras com fabricantes de medicamentos. Veja David Armstrong, "Side Effects: Financial Ties to Drug Makers Cloud Major Depression Study", *Wall Street Journal*, 11 de julho de 2006.

2. *Eles não declararam que faziam um extra*: No artigo original, a maioria dos autores não revelou conflito nenhum, quando de fato dúzias de revelações eram exigidas pela política do *JAMA*. Veja Lee S. Cohen, Loru Altshuler, Bernard L. Harlow, Ruta Nonacs, Jeffrey Newport, Adele C. Viguera, Rita Suri, Vivien K. Burt, Victoria Hendrick, Alison M. Reminick, Ada Loughead, Allison F., Vitonis e Zachary N. Stowe: "Relapse of Major Depression During Pregnancy in Women Who Maintain or Discontinue Antidepressant Treatment — Correction", *Journal of the American Medical Association* 296, nº 2 (2006); 499-507. Na correção agora anexada ao artigo, o trecho sobre Altshuler, por exemplo, é o seguinte: "Dr. Altshuler é consultor de Abbott Laboratories, Eli Lilly, Forest Pharmaceuticals, Janssen Pharmaceutica, Pfizer, Solvay e Briston-Myers Squibb; recebe Grant da Abbott, Eli Lilly, Forest e GlaxoSmithKline e faz parte do *bureau* de palestrantes e/ou conselhos de consultores da Abbott, AstraZeneca, Briston-Myers Squibb, Eli Lilly, Forest, GlaxoSmithKline, Pfizer, Wyeth e Solvay".

3. *O vexame da revista médica*: O editor de *JAMA* resumiu a longa batalha do periódico pela transparência de conflitos de interesse, a começar em 1985. Veja Catherine D. De Angelis, "The Influence of Money on Medical Science", *Journal of the American Medical Association* 296, nº 8 (2006). Recentemente, em 2005, ela tinha chamado atenção para políticas de divulgação, dizendo: "JAMA exige a completa divulgação de todas as relações financeiras relevantes e potenciais conflitos de interesses financeiros, independentemente da quantia ou valor". Veja Phil B. Fontanarosa, Annette Flanagin e Catherine D. DeAngelis, "Reporting Conflicts of Interest, Financial Aspects of Research, and Role of Sponsors in Funded Studies", *Journal of the American Medical Association* 294, nº 1 (2005): 110-111.

4. *A pesquisa mostra malformações*: A pesquisa continua sobre malformações ao nascimento que possam estar associadas à classe de antidepressivos conhecidos como inibidores seletivos da reabsorção de serotonina (SSRIs). Como neste livro, a pesquisa mostrou um aumento de malformações, embora menores. Para um relatório sobre transtornos respiratórios, leia Christina D. Chambers *et al.*, "Selective Serotonin-Reuptake Inhibitors and Risk of Persistent Pulmonary Hypertension of Newborn", *New England Journal of Medicine* 354, nº 6 (2006). Pesquisas

mais recentes incluem dois estudos: Carol Louik *et al.*, "Use of Selective Serotonin-Reuptake Inhibitors in Pregnancy and the Risk of Birth Defects", *New England Journal of Medicine* 356, n ° 26 (2007): 2684-2692.

5. *Alguns leitores ficaram aborrecidos*: Um dos que mais se manifestou foi um obstetra que reclamou: "É... essencial que os leitores estejam cientes de que a maioria dos autores foi paga por empresas que fabricam antidepressivos, e que o principal autor parece ter recebido apoio financeiro de pelo menos oito dessas empresas". Veja Adam C. Urato, "Letters: Antidepressant Treatment and Relapse of Depression During Pregnancy", *Journal of the American Medical Association* 296, n° 2 (2006): 166.

6. *Os autores foram dignos*: Em resposta à solicitação de *JAMA*, os autores disseram que achavam que suas ligações financeiras eram irrelevantes, porque sua pesquisa não era o resultado de testes de drogas individuais, o estudo tinha recursos federais, as próprias pacientes decidiram o que fazer, e os dados foram analisados por partes objetivas. Mesmo assim, eles receberam dinheiro de fabricantes de medicamentos várias vezes. Manifestaram arrependimento e fizeram a total revelação em uma edição subsequente de *JAMA*. Veja Lee S. Cohen, Lori Altshuler, Bernard L. Harlow, Ruta Nonacs, Jeffrey Newport, Adele C. Viguera, Rita Suri, Vivien K. Burt, Victoria Hendrick, Alison M. Reminick, Ada Loughead, Allison F, Vitonis e Zachary N. Stowe, "Letters: Antidepressant Treatment and Relapse of Depression During Pregnancy", *Journal of the American Medical Association* 296, n°2 (2006): 166-167.

7. *Em um estudo sobre mentir*: Veja Bella M. Depaulo *et al.*, "Lying in Everyday Life", *Journal of Personality and Social Psychology* 70, n° 5 (1996): 979-995.

8. *Resina de pinho de Kenny Roger*: O repórter Joshua Prager escreveu um relato completo do incidente do lançamento. Veja Joshua Prager: "In the Fray: Baseball's Dirty Open Secret", *Wall Street Journal*, 26 de outubro de 2006.

9. *Estudos de milhares de estudantes*: O Center for Academic Integrity coloca resultados de cola e plágio on-line. Veja http://www.academicintegrity.org/cai_research.asp.

10. *Um estudo de médicos residentes*: Os relatos de médicos residentes oferecem um quadro chocante da frequência com que profissionais altamente motivados cedem a inverdades. Veja Michael J. Green *et al.*, "Lying to Each Other: When Internal Medicine Residents Use Deception with Their Colleagues", *Archives of Internal Medicine* 160, n° 15 (2000): 2317-2323.

11. *O professor e seus tomates*: O professor é Ron Howard, um dos autores deste livro, que acha que os pequenos episódios de transgressão ética com frequência ilustram os grandes erros no pensamento ético. O episódio do tomate ocorreu no final da década de 1960.

12. *Estudo da mentira em relacionamentos amorosos*: Podemos dizer a nós mesmos que mentimos em benefício daqueles que amamos, mas nossos parceiros não veem isso dessa forma. Os mentirosos relataram sentir culpa por mentir embora dissessem que suas mentiras eram altruístas. Veja Mary E. Kaplar e Anne K. Gordon, "The Enigma of Altruistic Lying: Perspective Differences in What Motivates and Justifies Lie Telling Within Romantic Relationships", *Personnal Relationships* 11, n° 4 (2004): 489, 497.

13. *A declaração infame do president Bill Clinton*: Para um resumo da confusão provocada por Monica Lewinsky, veja Peter Baker e John F. Harris: "Clinton Admits to Lewinsky Relationship, Challenges Star to End Personal 'Prying'", *Washington Post*, 18 de agosto de 1998.

14. *Abraham Lincoln recorria à enganação*: Lincoln fez campanha contra a extensão da escravidão, e não contra a escravidão em si, embora dissesse aos abolicionistas que a escravidão era um mal. Os comentários dele ilustram as manobras de políticos profissionais em busca de votos. Veja Richard Hofstadter, *The Americans Political Tradition: And the Men Who Made It* (1948; repr., Nova York: Vintage Books, 1989), 144, 149, 150.

15. *Cientistas admitem mau comportamento*: Veja Brian C. Martinson, Melissa S. Anderson e Raymond de Vries, "Scientists Behaving Badly", *Nature* 435 (2005): 737-738.

16. *Caso do analgésico Vioox, da Merck*: O trabalho original sobre o Vioox descreve pontos atenuantes que levam os pesquisadores a suas conclusões. No entanto, o projeto de estudo permaneceu questionável, e mesmo depois do Food and Drug Administration ter divulgado dados revisados em seu web site em fevereiro de 2001, a Merck continuou a comercializar o medicamento agressivamente. Para o estudo original, veja Claire Bombardier *et al.*, "Comparison of Upper Gastrointestinal Toxicity of Rofecoxib and Naproxen in Patients with Rheumatoid Arthritis", *New England Journal of Medicine*. Veja David Armstrong: "Bitter Pill: How the New England Journal Missed Warning Signs on Vioox", *Wall Street Journal*, 15 de maio de 2006. Os autores do estudo original continuaram a insistir que seguiram os princípios adequados de teste clínico e não corrigiram o artigo. Para um resu-

mo da disputa, veja Wayne Kondro, "Dispute over Vioox Study Plays Out in New England Journal", *Canadian Medical Association Journal* 174m n⁰ 10 (2006): 1397. O New England Journal reafirmou sua censura em Gregory D. Curfman, Stephen Morrissey e Jeffrey M. Drazen, "Expression of Concern Reaffirmed", *New England Journal of Medicine* 354, n° 11 (2006): 1193.

17. *Comentários de George Orwell sobre linguagem*: Veja George Orwell, *A Collection of Essays* (Nova York: Harvest Books, 1970), 166, 171.

18. *Falta de Hak Greenberg, por pisar na linha*: Veja Randall Smith, "Greenberg's Pals Ship a Letter Rallying Support", *Wall Street Journal*, 29 de outubro de 2005.

19. *Propinas recebidas por William Jefferson*. Na época em que este livro foi escrito, William Jefferson estava combatendo as acusações. Para a história do embuste inicial, veja Dana Milbank, "So $90.000 Was in the Freezer. What's Wrong with That?" *Washington Post*, 23, 2006.

20. *Levantamento de Harris sobre roubo em escritórios*: "Plants, Décor and Furniture Among the Items Office Workers Admit to Stealing, New Jersey Finds", 1° de maio de 2006. Quando estávamos escrevendo este livro, o levantamento estava disponível em http://research.lawyers.com/common/content/print_content.php?articleid=1037764&.

21. *Roubo de sinal de televisão a cabo*: Rob Stoddard e Brian Dietz: "New Survey Finds Significant Drop in Cable Theft Rate", *National Cable & Telecommunications Association*, 11 de abril de 2005. Na ocasião em que estava escrevendo este livro, o levantamento estava disponível em http://www.ncta.com/contentview.aspx?hidenavlink=true&type=reltyp1&contentId=367.

22. *Patrick Schiltz sobre cobranças adicionais de advogados*: Schiltz apresenta um case provocativo da inevitabilidade de cobranças adicionais na maioria dos grandes escritórios de advocacia. Veja Patrick J. Schiltz, "On Being a Happy, Healthy, and Ethical Member of an Unhappy, Unhealthy, and Unethical Profession", *Vanderbilt Law Review* 52 (1999):917.

23. *Experimentos de Stanley Milgram*: O experimento de Milgram apresenta-se como um lembrete perene da facilidade com que pessoas normais causam danos aos outros, mesmo quando sabem que as circunstâncias são planejadas. Veja Stanley Milgram, "Behavioral Study of Obedience", *Journal of Abnormal and Social Psychology* 67 (1963): 371-378. Para a reprise virtual do experiment de Milgram, veja M. Slater *et al.*, "A Virtual Reprise of the Stanley Milgram Ovedience Experiments", *PLoS ONE* 1, n° 1 (2006). Na ocasião em que este livro estava sendo escrito, isto

estava on-line em http://www.plosone.org/article/fetchArticle.action?articleURI=i nfo%3Adoi%2F10.1371%2Fjournal.pone.0000039.

24. *Legitimação da morte controlada pelo Estado*: Para nosso relato da morte de crianças e pessoas insanas com apoio do Estado, contamos com o trabalho de Robert Hay Lifton. Os médicos, como mostra Lifton, cederam ao mesmo tipo de pensamento que os voluntários no experimento de Lifton. Escreve Lifton: "O médico institucional... estava no ápice da estrutura médica, qualquer que fosse a asserção do regime de que o Estado assumia total responsabilidade. No entanto, ele desenvolveu — de fato, cultivou — o sentido de que, como agente do Estado, ele era impotente". Veja Robert Jay Lifton, *The Nazi Doctors: Medical Killing and the Psychology of Genocide* (Nova York: Basic Books, 1986), 46, 50, 51, 56, 71, 106. Essas atrocidades também são tratadas em outras fontes. O dado de noventa mil assassinatos de adultos insanos e a informação sobre experimentos de combustibilidade vêm de Robert Edwin Herztein, *The Nazis*, World War II Series (Alexandria, VA: Time-Life Books, 1980), 141, 147.

25. *Engenheiros da Topf Fritz Sander e Karl Schultze*: As histórias de Sander e Schulze vêm de transcritos de testemunho pós-guerra dados por cada um deles. Veja http://www.jewishvirtuallibrary.org/jsource/Holocaust/sander.html e http://www.jewishvirtuallibrary.org/jsource/Holocaust/Schultze.html.

Capítulo 2

1. *Citação de Albert Camus*: Albert Camus, *The Plague* (Nova York: Modern Library, 1948).

2. *História de Kurt Gerstein*: a história de Gerstein foi contada em pelo menos dois livros. Contamos principalmente com o relato de Saul Friedländer. O relato de Pierre Joffroy inclui uma tradução de um dos relatos escritos de Gerstein. Veja Saul Friedländer, *Kurt Gerstein: The Ambiguity of Good* (Nova York: Alfred A. Knopf, 1969), publicado originalmente na Europa em 1967 por Casterman; e Pierre Joffroy, *A Spy for God: The Ordeal of Kurt Gerstein* (Nova York: Harcourt Brace Jovanovich, 1971).

3. *O diretor financeiro da Enron, Andrew Fastow, se gabou*: Veja Russ Banham, "How Enron Financed Its Amazing Transformation from Pipelines to Piping Hot", *CFO*, 1º de outubro de 1999. Para analisar a queixa da Securities and Exchange

Commission (Comissão de Valores Mobiliários) contra Fastow, que descreve sua engenharia financeira, veja United States District Court, Southern District of Texas, Houston Division, United States Securities and Exchange Commission, Plaintiff, v. Andrew S. Fastow, Defendant, Civil Action Nº 177762, outubro de 2002. Na ocasião em que esta obra estava sendo escrita, o documento estava on-line em http://www.sec.gov/litigation/complaints/comp17762htm. Fastow foi declarado culpado em janeiro de 2004 e condenado a seis anos de prisão.

4. *A disputada vitória da Universidade do Colorado*: O jogo Missouri-Colorado é descrito em vários lugares. Por exemplo, veja Jim Brady, "Colorado Fifth-Down Score Stands. Missouri's Consolation: Officials Suspended", *Washington Post*, 9 de outubro de 1990.

5. *Em Nuremberg, oficiais nazistas defenderam suas ações como sendo legais*: A citação sobre "meninos que cumprem o dever" vem do Coronel Howard Brundage, principal representante do Departamento de Crimes de Guerra dos Estados Unidos e o interrogador do ministro do exterior Joachim Von Ribbentrop. Veja Robert E. Conot, Justice at Nuremberg (Nova York: Harper & Row, 1983), 90. A citação de Sir Hartley Shawcross aparece em *Justice at Nuremberg* (p. 181), bem como on-line, em texto integral da apresentação de Sir Hartley, datada de 4 de dezembro de 1945; http://history1900s.about.com/gi/dynamic/offsite.htm?site=http%3A%2F%2Fwww.courttv.com%2Fcasefiles%2Fnuremberg%2Fshawcross.html.

6. *Ligado a ações... ligado a consequências*. Em filosofia ética, a abordagem de Kant é referida como "deontológica" e a de Bentham como "teleológica". Visando à simplicidade, contamos com termos legais — por exemplo, ética baseada em ação e baseada em consequência.

7. *Imperativo categórico de Kant*: Veja Emmanuel Kant, "Fundamental Principles of the Metaphysics of Morals (1785)", in *The Right Thing to Do*, Ed. James Rachels; The Heritage Series in Philosophy, ed. Tom Regan (Nova York: Random House, 1989), 95.

8. *A filosofia do utilitarismo de Benham*: Veja John Stuart Mill, "Utilitarianism (1861)", in *The Right Thing to Do*, 81.

9. *Crenças de médicos sobre a concordância*: Muitos médicos (e em alguns casos a maioria) justificam prontamente o engano de pagantes se isso servir aos interesses de pacientes. Veja Victor G. Freeman *et al.*, "Lying for Patients: Physician Deception of Third-Party Payers", *Archives of Internal Medicine* 159, nº 19 (1999): 2263-2270.

10. *As cinco palavras mais perigosas*: Buffett deu esse conselho em um memorando a seus gerentes mais qualificados. Veja Karen Richardson, "Buffett Says to Avoid Scandals, Managers Must Not Follow Herd", *Wall Street Journal*, 10 de outubro de 2006.

11. *Pesquisa de contribuintes*: Veja IRS Oversight Board, 2005 *Taxpayer Attitude Survey* (Washington, DC: IRS Oversight Board, 2005), pergunta 4; disponível on-line em http://www.ustreas.gov/irsob/reports/2006/02212006.pdf.

12. *Experimentos conduzidos por Solomon Asch*: Ver Solomon E. Asch, "Effects of Group Pressure upon the Modification and Distortion of Judgement", in *Groups, Leadership and Men*, Ed H. Guetzkov (Pittsburgh, PA: Carnegie Press, 1951), 177-190.

13. *"Nenhuma autoridade legal controladora"*: Al Gore pode ter escapado do problema legal, mas não pôde explicar sua transgressão ética. Veja Charles Krauthammer, "Gore's Meltdown", *Washington Post*, 7 de março de 1997. Uma transcrição de Gore defendendo suas ações está disponível on-line em http://cnn.tv/ALLPOLITICS/1997/03/03/gore.reaction/transcript.html.

14. *Experimento da prisão de Philip Zimbardo*: Para a informação neste capítulo, contamos com Philip G. Zimbardo *et al.*, "A Pirandellian Prison: The Mind Is a Formidable Jailer", *New York Times Magazine*, 8 de abril de 1973. Também citamos informações de um artigo mais acadêmico: Craig Haney, Curtis Banks, e Philip Zimbardo, "A Study of Prisoners and Guards in a Simulated Prison", *Naval Research Reviews* (1973). Para um resumo on-line do experimento, veja http://www.prisonexp.org/.

15. *Um médico entrevistado sobre o programa T4*: Veja Robert Jay Lifton, *The Nazi Doctors: Medical Killing and the Psychology of Genocide* (Nova York: Basic Books, 1986), 57.

16. *Não há nada mais perigoso no mundo*: Veja Martin Luther King Jr., Strengh to Love (Nova York: HarperCollins, 1963), 46.

17. *"Um jardineiro cultiva seu terreno"*: Veja James Allen, *As a Man Thinketh* (Nova York: Wildside Press, 2005), 11-12; publicado originalmente por Grosset & Dunlap, 1918.

Capítulo 3

1. *Citação de Lao Tsé*: Veja Lao Tsé, Tao Te Ching [The book of the way].

2. *A luta de Ali Hasan contra o favoritismo*: Hasan foi aluno do curso de Ética de Ron Howard em 2006. Embora o nome dele tenha sido trocado para proteger sua privacidade, excertos de seu código, no início e no final do capítulo, são reimpressos com autorização.

3. *Os dez yamas, ou "restrições"*: A lista completa dos dez *yamas* inclui *ahimsa* (não violência), *satya* (veracidade), *asteya* (integridade), *brahmacharya* (celibato ou fidelidade), k*shama* (paciência), *dhriti* (perseverança), *daya* (compaixão), *arjava* (não enganar), *mitahara* (moderação) e *shaucha* (evitar a impureza). Embora alguns dos *yamas* sejam expressos em forma positiva, eles também podem ser expressos como "proibições". Para uma visão geral dos *yamas*, veja Sri Swami Sivananda, *All About Hinduism* (Uttarakhand, India: Divine Life Society, 2003). Um primer on-line e um recurso útil está em http://veda.wikidot.com/.

4. *Cinco preceitos do Budismo*: Os cinco preceitos com frequência assumem a forma de uma promessa de cinco partes: "Assumo o preceito de abstenção de matar... roubar... má conduta sexual... falsidade... todos os tipos de intoxicantes que causam negligência". Os preceitos podem também ser expressos de forma positiva — por exemplo, honestidade em vez de abstenção de falsidade. Um princípio fundamental de todos os cinco preceitos é a compaixão. Para uma discussão útil, veja Lily de Silva, "The Scope and Contemporary Significance of the Five Precepts", in *Buddhist Ethics and Modern Society*, Eds. Charles Wei-hsun Fu e Sandra A. Wawrytko (Nova York: Greenwood Press, 1991), 143. Veja também Lawrence C. Becker e Charlotte B. Becker, eds., *Encyclopedia of Ethics*, vol. 1 (Nova York: Garland Publishing, 1992), 103.

5. *Sermão de despedida de Maomé*: A Universidade da Califórnia do Sul mantém uma compilação útil de textos muçulmanos. Para o Último Sermão do Profeta Maomé, veja http://www.usc.edu/dept/MSA/fundamentals/prophet/lastsermon.html.

6. *Um santo meditando na floresta*: Kausika, um ascético, jurou: "Eu devo sempre falar a verdade". Adiante, na história, *Mahabharata* traz um dos principais pontos deste capítulo: "Muitas pessoas dizem por um lado, que as escrituras indicam moralidade. Eu não contradigo isso. No entanto, as escrituras não cobrem qualquer caso." Veja "Karna Parva", livro 8, seção 69-71. O *Mahabharata* está disponível on-line em inglês em http://www.sacredtexts.com/hin/maha/index.htm.

7. *O Corão exalta a benignidade*: Para esta passagem do Corão, veja University of Southyern California, USC-MAS Compendium of Muslim Texts, Translations

of the Qur'na, chapter 2: Al-Baqara (The Cow), verso 083, on-line em inglês em http:www.usc.edu/dept/MAS/quran/002.qmt.html#002.083.

8. *História da tartaruga e os mercadores*: A fábula da tartaruga está inscrita em uma pedra em cemitério em Borobudur, Indonésia. É um dos Jatakas, ou histórias de vidas anteriores do Buda. Na época em que escrevi este livro, as imagens e histórias estavam disponíveis on-line em http://www.borobudur.tv/avadana_04.htm.

9. *Missão de Madre Teresa*: Esta missão, amplamente atribuída a Madre Teresa, foi expressa pelo Arcebispo Sean Brady da Irlanda em 2003. Para comentários, veja "Blessed Teresa's Thanksgiving Day Is 'Perfect Ending' to Knock Pilgrimage Season", *Western People* (Ballina, Irlanda), 29 de outubro de 2003. Para ter plena apreciação da filosofia de Mãe Teresa, consulte sua palestra dada em 11 de dezembro de 1979, por ocasião em que recebeu o prêmio Nobel. Veja Tore Frängsmyr, editor responsável, e Irwin Abrams, Ed., *Nobel Lectures, Peace 1971-1980* (Cingapura: World Scientific Publishing, 1997). On-line, veja http://nobelprize.org/nobel_prizes/peace/laureates/1979/teresa.lecture.html.

10. *Palestra do prêmio Nobel de Dalai Lama*: A palestra foi dada em 11 de dezembro de 1989. Para o texto na íntegra, veja http://nobelrize.org/nobel_prizes/peace/laureates/1989/lama-lecture.html.

11. *Ponto fraco da Regra de Ouro:* Os autores Sissela Bok e Rushworth Kidder destacam algumas limitações da Regra de Ouro. Veja o ensaio de Bob sobre a Regra de Ouro em The Nonderich, Ed., *The Oxford Companion to Philosophy* (Oxford: Oxford University Press, 2005), 321. Veja os comentários de Kidder em Rushworth M. Kidder, *How Good People Make Tough Choices: Resolving the Dilemmas of Ethical Living* (Nova York: Quill, 2003), 160.

12. *Inconsistências na Regra de Ouro*: Um exemplo é o Islã. No Sermão de Despedida de Maomé, ele diz: "Não machuque ninguém para que ninguém possa machucá-lo". Mas nos Hadiths, citados anteriormente, ele diz: "Nenhum de vós é crente até que ele deseje para seu irmão o que deseja para si próprio". Textos religiosos usados no Cristianismo e no Judaísmo têm inconsistência semelhante. "Ama ao próximo como a ti mesmo" aparece em Levíticos, 19:18, mas no livro de Tobit 4:15, encontramos "Não faça isso para nenhum homem que odiai."

13. *Conselho de Polônio*: Veja William Shakespeare, *The Tragedy of Hamlet, Prince of Denmark*, cena 3. O texto de *Hamlet* está on-line em http://www-tech.mit.edu/Shakespeare/hamlet/full.html.

14. *Gandhi suplicou o comedimento*: Veja K. L. Tuteja, "Jallianwala Bagh: A Critical Juncture in the Indian National Movement", *Social Scientist* 25, nos. 1-2 (Janeiro-fevereiro de 1997):25-61.

15. *Quando McCartney reivindicou a vitória*: Bill McCartney mais tarde expressou remorso com sua decisão, como relatado por CNN/Sports Illustrated em 1998. Veja "McCartney 'Remorseful' About Fifth-Down Play", *Spoorts Illustrated*, 20 de junho, 1998. On-line, veja http://sportsillustrated.cnn.com/football/college/news/1998/06/ 20/mccartney_fifthdown/.

16. *Jogo entre Dartmouth e Cornell*: A história da penalidade de Cornell foi contada várias vezes. Uma retrospectiva de cada jogada com comentários do *quarterback* do Cornell mostra como o ato reverberou durante décadas como um exemplo de comportamento ético. Veja Bob Duffy, "Homens de Honra: Quando o time de futebol americano da Cornell de 1940 recuperou a vitória com um *fifth-down*, os jogadores passaram de vencedores a perdedores... a grandes jogadores.", Boston Globe, 29 de dezembro de 2001. O telegrama de Cornell vem de um artigo on-line em mIvyLeagueSports.com, http://www.ivyleaguesports.com/documents/cor-041106.asp.

17. *Código de honra de West Point*: O código do West Point oferece uma discussão explícita das nuances de mentir, enganar e roubar. Veja United States Army, Corps of Cadets: "The Honor Code and System" (Departament of the Army, 2004). O código está on-line em http://www.usma.edu/Cpme/documents/USCC%20PAM%20632-1.pdf.

18. *Nelson Mandela não exigiu retribuição*: A citação de Mandela vem de uma entrevista com Oprah Winfrey, aparentemente em um programa transmitido em 25 de dezembro de 2000. A citação aparece em uma reportagem de jornal em *The Oprah Winfrey Show* em Independent Online, um Web site sul-africano. Veja http://www.iol.co.za/index.php?set_id=1&click_id=3&art_id=ct20010321211006717k316249/. *BBC News*, 28 de agosto de 2001. Veja on-line: http://news.bbc.co.uk/2hi/africa/1513244.stm.

19. *As treze virtudes de Benjamin Franklin*: Veja Benjamin Franklin, Eds. Leonard W. Labaree, Ralph L. Ketcham, e Helen C. Boatfield (New Haven, CT: Yale University Press, 2003), 149-150. A autobiografia também está on-line em http://www.bartleby.com/1/1/4.htm.

20. *Veja o web site das Nações Unidas*, http://www.un.org/Overview/rights.html.

21. *Três regras práticas*: Veja United States Corps of Cadets, "The Honor Code and System", 1-4.

22. *Decisão difícil em Taiwan*: A história de facilitar pagamentos vem de uma entrevista feita por Bill Birchard com James Baker, CEO aposentado de Arvin Industries, em 2002. Veja Bill Birchard, "Global Profits and Ethical Perils", *Chief Executive*, junho de 2002, 29-34.

23. *Código de ética para treinadores*. O código de ética de Treinamento do Comitê Olímpico dos Estados Unidos está disponível on-line em http://www.usoc.org/education/ethics.pdf.

24. *Código da American Medical Association*: Os Princípios de Ética Médica da American Medical Association, conforme emenda de 17 de junho de 2001, está on-line em http://www.ama-assn.org/ama/pub/category/2512.html.

25. *Regras modelo da American Bar Association*: Veja a regra 1.6 em American Bar Association's Model Rules for Professional Conduct from the Center for Professional Responsibility, on-line em http://www.abanet.org/cpr/mrpc/mrpc_toc.html.

26. *Artigo do navio Essex, que caça baleias*: Veja Nathaniel Philbrick, *In the Heart of the Sea: The Tragedy of the Whaleship Essex* (Nova York: Penguin Books, 2000), 174.

27. *Fraude do Presidente James K. Polk*: Veja Richard Shenkman, "Presidential Improprieties", *Baltimore Sun*, 24 de janeiro de 1999. O artigo sobre a fraude de Polk também está em Michael Farquhar, *A Treasury of Deception* (Nova York: Penguin Books, 2005), 110.

28. *"Mostre-me o local"*: Veja Stephen R. Jendrysik, "History Reveals War Is Always Unpopular", *Republican*, 14 de dezembro de 2005.

29. *A Igreja da Inglaterra aceitava a escravidão*: O autor Adam Hochschild conta a história da supressão do comércio de escravos na Inglaterra. Nos séculos XVIII e XIX, o comércio foi a base da economia do país, e os líderes de todas as classes ignoraram o seu mal. Veja Adam Hochschild, *Bury the Chains: Prophets and Tebels in the Fight to Free an Empire's Slaves* (Boston: Houghton Mifflin, 2005), 61-68.

30. *George Washington continuou a ter escravos*: O artigo de George Washington e Sir Guy Carleton também vem de Hochschild, *Bury the Chains*, 101, 102.

31. *Charles Barkley, modelo exemplar*: Barkley foi multado e suspendido pelo incidente da cuspida. Apesar de seu comportamento, ele era um jogador respeitado, e em 2006 entrou para o Corredor da Fama do Basquetebol. Veja "NBA Fines and

Sits Barkley for Spitting", *Newsday*, 29 de março de 1991; e David Aldridge, "Barkley Caps Career with Hall of Fame Call", *Philadelphia Inquirer*, 3 de abril de 2006.

32. *Paul Hamm ganhou uma medalha de ouro contestada.* A controvérsia toda, relatada amplamente na imprensa, é explicada em detalhes na sentença dada pelo Tribunal de Arbitragem Esportiva, ou CAS, Court of Arbitration for Sport. Veja Michael J. Beloff, Dirk-Reiner Martens, e Sharad Rao, "Arbitration Between Mr Yang Tas Young and Korean Olympic Committee v. Paul Hamm, U.S. Olympic: Committee, *et al.*, "ed. Court of Arbitration for Sport (2004).

33. *Aleksandr Solzhenitsyn*: Veja Aleksandr I. Solzhenitsyn, *The Gulag Archipelago*: 1918-1956 (Nova York:HarperPerennial, 2002), 312.

34. *Famoso hadith islâmico*: Veja-o on-line em http://www.al-islam.org/fortyhadith/1.htm.

Capítulo 4

1. *Citação de Aristóteles*: Aristóteles, Nicomachean Ethics (350 BCE), livro 2, capítulo 1.

2. *Mais de 850 milhões de pessoas*: O número real em 2006 era de 854 milhões, de acordo com a Food and Agriculture Organization. Isso incluía 9 milhões de pessoas em países industrializados. Veja Food and Agriculture Organization *The State of Food Insecurity in the World 2006* (Roma: Food and Agriculture Organization of the United Nations, 2006), 8.

3. *Milhares morrem em conflitos armados*: De acordo com "estimativas do volume global de doenças" feitas com dados da Organização Mundial de Saúde (OMS), 171 mil pessoas morreram em 2002 em conflitos armados. Esse dado derivou dos relatórios anuais da OMS. Na época em que escrevia este livro, os dados mais recentes estavam em http://www.who.int/research/en/. Um relato datado das Nações Unidas calcula que o número cumulativo de mortes infantis em conflitos armados durante uma década foi de 2 milhões. Veja *Impact of Armed Conflict on Children*, disponível on-line em http://www.un.org/rights/introduc.htm#contents. Mortes de conflito armado perfazem cerca de 0,5% de todas as mortes anualmente. Veja C. J. L. Murray *et al.*, "Armed Conflict as a Public Health Problem", *British Medical Journal* 324 (2002): 324.

4. *"Eu só escrevi tanto porque não tive tempo de sintetizar"*: Esta citação é atribuída a muitos autores. Blaise Pascal pode merecer a maior parte do crédito. Ele escreveu (em francês), "Je n'ai fait celle-ci plus longue que parce que jê n'ai pás eu Le loisir de La faire plus courte". Veja Blaise Pascal, *Texte Primitif de Blaise Pascal* (Paris: Adamant Media Corporation, 2006), 300.

Capítulo 5

1. *Benjamin Franklin*: Ver Benjamin Franklin, *The Writings of Benjamin Franklin*, Vol.5, Albert Henry, Ed. (Nova York: Macmillan 1907), 437.

2. *Infusão de TGN1412 em seis homens*: A história da reação de pessoas ao experimento clínico ao TGN1412, juntamente com o tratamento subsequente de emergência, é abordada em crônica do médico supervisor em Northwick Park Hospital. Ver Ganesh Suntharalingam *et al.*, "Cytokine Storm in a Phase 1 Trial of the Anti-CD28 Monoclonal Antibody TGN1412", *New England Journal of Medicine* 355, n° 10 (2006): 1019-1020.

3. *Observadores perguntaram por que colocaram homens saudáveis em risco*: Para uma primeira crítica, ver Michael Goodyear, "Learning from the TGN1412 Trial", *British Medical Journal* 332 (2006): 677-678. As questões levantadas pelo estudo foram levantadas de antemão por especialistas em ética preocupados com novos tipos de pesquisa. Ver Carol Levine *et al.*, "Special Scrutiny': A Targeted Form of Research Protocol Review", *Annals of Internal Medicine* 140, n° 3 (2004). Dois dos mesmos autores reiteraram suas preocupações após a catástrofe. Ver Carol Levine e Jeremy Sugarman, "After the TGN1412 Tragedy: Addressing the Right Questions at the Right Time for Early Phase Testing", *Bioethics Forum* (periodic online) Este artigo está on-line em http://www.bioethicsforum.org/20060417clevinejsugarman.asp.

4. *Autoridades isentaram os pesquisadores de erro*: O caso TGN1412 não ocorreu por terem os pesquisadores enlouquecido. A questão foi se os pesquisadores identificaram e tomaram decisões competentes sobre todas as questões éticas antes de passarem aos procedimentos. Ver a reportagem de *follow-up* feita por autoridades britânicas que atuam na fiscalização de drogas: Medicines and Healthcare Products Regulatory Agency, *Investigations into Adverse Incidents During Clinical Trials of TGN1412* (Londres: Medicines and Healthcare Products Regulatory Agency, 2006), 2. Em uma carta de defesa, o diretor científico da TeGenero relatou sobre o

cuidadoso trabalho da empresa (mas aparentemente inadequado) antes de iniciar o teste clínico. Ver Thomas Hanke, "Correspondence: Lessons from TGN1412", *Lancet* 368 (2006), 1569-1570.

5. *O TGN1412 era uma droga nova*: TeGenero documentou o risco de uma síndrome inflamatória com tempestade de citocinas em sua aplicação da droga para autoridades do governo: TeGenero, *Investigator's Brochure: TGN1412 Humanized Agonistic Anti-CD28 Monoclonal Antibody* (Würzberg, Alemanha: TeGenero AG, 2005), 10, 52. Documentos relacionados ao caso TGN1412 estão disponíveis on-line em http://www.circare.org/foia5/tgn1412.htm.

6. *O teste estava repleto de questões éticas*: Para uma discussão aprofundada de problemas com o formulário de consentimento, ver Norman M. Goldfarb, "Informed Consent in the TeGenero TGN1412 Trial", *Journal of Clinical Research Best Practices* 2, n° 5 (2006).

7. *Um processo de tomada de decisão simples*: Estes passos são adaptados dos princípios de análise de decisão, um campo em que o autor Ron Howard, professor de Stanford, foi pioneiro. Para mais detalhes, ver Ronald A. Howard "Decision Analysis: Practice and Promise", *Management Science* 34, n° 6 (junho de 1988): 679. Ver também Ronald A. Howard e James E. Matheson, *The Principles and Applications of Decision Analysis* (Menlo Park, CA: Strategic Decisions Press, 1984). O próximo livro do professor Howard sobre análise de decisão está no prelo. Ver Ronald A. Howard e Ali E. Abbas, *Foundations of Decision Analysis* (Upper Saddle River, NJ: Prencice-Hall, 2008).

8. *A decisão dos pesquisadores foi ruim?*: Muito se questionou se os pesquisadores do TGN1412 deveriam ter esperado. Por exemplo, ver Goodyear. "Learning from the TGN1412 Trial"; Levine e Sugarman, "After the TGN1412 Tragedy"; e Alastair J. J. Wood e Janet Darbyshire, "Injury to Research Volunteers — The Clinical-Research Nightmare", *New England Journal of Medicine* 354, n° 18 (2006): 1869-1871.

9. *As incursões do filho na Internet*: Este exemplo é adaptado de um caso citado por Rushworth Kidder, em uma entrevista que ele deu em Palo Alto, Califórnia, em março de 2007. No caso, a mulher decidiu ler os e-mails de seu filho. Kidder é presidente do Institute for Global Ethics, Camden, Maine. Ver http://www.globalethics.org e Rushworth M. Kidder, *How Good People Make Tough Choices: Resolving the Dilemmas of Ethical Living* (Nova York: Quill, 2003).

10. *Uma enfermeira visitando uma paciente idosa*: Entre enfermeiros que cuidam de pacientes com câncer, mentir e enganar é algo comum. As pesquisas mostram

que enfermeiras com frequência não veem alternativa, pois não querem causar mal nenhum e têm compaixão. O caso citado é reimpresso, com autorização de A. Tuckett, "Bending the Truth: Professionals' Narratives About Lying and Deception in Nursing Practice", *International Journal of Nursing Studies* 35 (1998): 296. Copyright © Elsevier 1998.

11. *Gerstein tentou várias formas de superação*: a disciplina e a coragem de Gerstein foram inegáveis. Ele não se comprometeu facilmente. Ver Saul Friendländer, *Kurt Gerstein: The Ambiguity of Good* (Nova York: Alfred A. Knopf, 1969), 51-52, publicado originalmente na Europa em 1967, por Casterman.

12. *Do partido, ele escreveu*: Ibid., 59.

13. *Três formulações de Kant*: Kant prosseguiu, elaborando a segunda formulação: "É claro que aquele que transgride os direitos dos homens pretende usar a pessoa dos outros meramente como meio, sem considerar que, como seres racionais, eles devem sempre ser estimados também como fins, ou seja, como seres que devem ser capazes de continuar em si mesmos o final da mesma ação". Veja Immanuel Kant, "Fundamental Principles of the Metaphysics of Morals (1785)", in *The Right Thing to Do*, Ed. James Rachels; The Heritage Series in Philosophy, ed. Tom Regan (Nova York: Random House, 1989), 99. Kant argumentou explicitamente contra o consequencialismo: "Assim o valor moral de uma ação não reside no efeito esperado dela"; veja Kant, "Fundamental Principles", 94. Veja também Immanuel Kant, *Groundwork of the Metaphysics of Morals*, trad. Mary J. Gregor, com contribuição de Christine M. Korsgaard (Cambridge, MA: Cambridge University Press, 1998), 14.

14. *Formulário de consentimento do TGN1412*: Uma discussão completa do formulário de consentimento aparece em Goldfarb, "Informed Consent".

15. *Decisão tomada por executivos do Google*: O caso Google é resumido em uma publicação da Business Roundtable: Kirsten E. Martin, Google, *Inc., in China* (Washington, DC: Business Roundtable Institute for Corporate Ethics, 2006). On-line, veja http://www.darden.edu/corporate-ethics/pdf/BRI-1004.pdf. Outra fonte excelente é Clive Thompson, "Google's China Problem (and China's Google Problem)", *New York Times*, 23 de abril de 2006, 64-71, 86, 154-156. Construímos sobre dados disponíveis publicamente para tirar lições da experiência do Google.

16. *Análise de tomada de decisão*: Para uma discussão aprofundada da análise de tomada de decisão que está além do escopo deste livro, veja Howard e Abbas, *Foundations of Decision Analysis*.

17. *Ação do Google causa indignação*: Políticos nos Estados Unidos tiveram um dia cheio usando o Google como lugar de opressão. O Google partilhou da ira dos políticos contra o Yahoo! e a Microsoft, que também opera na China. Veja a transcrição de todos os testemunhos orais no Congresso citados neste capítulo, inclusive os comentários de Tom Lantos e Elliot Schrage: Subcommittee on Africa, Global Human Rights and International Operations e Subcommittee on Asia and the Pacific Committee on International Relations, U.S. House of Representatives, "The Internet in China: A Tool for Freedom or Suppression?" 109º Congresso, Segunda Sessão, 15 de fevereiro, 2006, on-line em http://commdocs.house.gov/committees/intlrel/hfa26075.000/hfa26075_0f.htm.

18. *Testemunho escrito de Schrage*: O testemunho, publicado pelo Google, está on-line em http://googleblog.blogspot.com/2006/02/testimony-internet-in-china.html.

Capítulo 6

1. *Empresário alemão John Rabe*: Para a história de John Rabe e o ataque a Nanquim, contamos totalmente com Iris Chang, *The Rape of Nanking* (Nova York: Penguin, 1998), 111, 116, 117, 119, 160, 173, 189, 191. Algumas pessoas afirmam ser 350.000 o número de civis mortos (veja Chang, p. 4). A história de Rabe, uma Alemanha nazista fora do país, mostra como o pensamento ético apurado vem de nossa capacidade de raciocinar e não da nacionalidade.

2. *George Washington, aos seis anos*: Veja Mason Locke Weems, *The Life of Washington*, Ed. Marcus Cunliffe (Cambridge, MA: Belknap, Press, 2001), 12. O texto do livro também está on-line em http://xroads.virginia.edu/~cap/gw/weems.html.

3. *Um ser humano destrói sua dignidade*: Veja Immanuel Kant, *The Metaphysics of Morals*, Ed. Mary J. Gregor, Cambridge Texts in the History of Philosophy (1996; repr. Cambridge: Cambridge University Press, 2000), 182.

4. *Estudos mostram essas pessoas em relacionamentos amorosos*: Veja Rim Cole, "Lying to the One You Love: The Use of Deception in Romantic Relationships", *Journal of Social and Personal Relationships* 18, nº 1 (2001):125.

5. *É verdade; é bom; é útil?* A origem deste conselho não é clara. Aparece nos escritos de C. W. Leadbeater. No entanto, segue de perto uma passagem no Tipitaka, uma parte da escritura budista Theravada: "Monges, um enunciado dotado

com estes cinco elementos é bem falado, não é mal falado. É irrepreensível e incensurável pelos entendidos. Quais cinco? É falado no momento apropriado. É falado com verdade. É falado com afeição. É falado para trazer benefício. É falado com boa vontade."Sutta Pitaka, Anguttara Nikaya 5. 198. O Tipitaka está on-line em http://www.accesstoinsight.org/tipitaka/index.html.

6. *Uma história contada por uma enfermeira*: Veja A. Tuckett, "Bending the Truth: Professional's Narratives About Lying and Deception in Nursing Practice", *International Journal of Nursing Studies* 35 (1998): 298. Copyright © Elsevier 1998.

7. *Enganar pessoas agonizando*: Veja Sissela Bok, Lying: Moral Choice in Public and Private Life (1978: repr. Nova York: Vintage Books, 1999), 231.

8. *Condução hábil de promessas*: Veja Robert C. Solomon e Fernando Flores, *Building Trust: In Business, Politics, Relationships, and Life* (Nova York: Oxford University Press, 2001).

9. *Antes de agir, informamos nosso parceiro*: Veja Sue Shellenbarger. "Honey, I'm Thinking of Having an Affair': Therapists Advise Confessing Temptation", *Wall Street Journal*, 16 de outubro de 2006.

10. *A forte influência da lealdade sobre nós*: Veja Bok, Lying, 149.

11. *A ginasta russa Irina Karavaeva*: A história de Irina Karavaeva recebeu pouca atenção na mídia norte-americana e não causou muito alarde no mundo dos esportes. Na determinação arbitral pela Corte de Arbitragem Esportiva para Paul Hamm, os juízes citaram o precedente dela, mas escreveram seu nome errado (como "Ka Aaeva") e por isso a história dela permaneceu desconhecida. Para uma reportagem sobre como ela abriu mão do ouro para Dogonadze, veja Susan Carver: "Gymnastics: 'Noble' Russian Gives Gold Medal to Beaten Rival", *Independent* (Londres), 12 de agosto, 2001. O recorde dela está publicado no site da International Gymnastics Federation em http://www.fig-gymnastics.com/events/athletes/bio.jsp?ID=3542. Seu prêmio por *fair play* está registrado no site da International Fair Play Committee em http://www.fairplayinternational.org/winners_item.php?id=606. Quando este livro estava sendo escrito, Karavaeva tinha vinte e cinco vitórias na Copa Mundial.

12. *Mulher presa por não pagar impostos*: Lembrança dos autores, de uma história publicada muitos anos atrás, provavelmente em *San Jose Mercury News*.

13. *Parábola do Sadhu*: Esta história é adaptada e reimpressa com autorização de *Harvard Business Review*. De "The Parabole of the Sadhu", de Bowen H. McCoy, maio-junho, 1997. Copyright © 1997 por Harvard Business School Publishing

Corporation: todos os direitos reservados. Este artigo foi publicado originalmente em 1983: Bowen H. Mccoy, "The Parable of the Sadhu", *Harvard Business Review*, setembro/outubro de 1983.

14. *Fechando o capítulo com a história de Rabe*: Veja Chang, *The Rape of Nanking*, 194-195.

Capítulo 7

1. *Citação de Shakespeare*: William Shakespeare (1564-1616). *Medida por Medida*, ato 3, cena 1 (1603 ou 1604).

2. *História da Outcome Software*: As passagens sobre a Outcome Software são da experiência pessoal do autor Clint Korver. Korver fundou a Outcome em 1997. Ele passou o cargo de CEO para outro gerente em 2000. Korver saiu em 2003 e a Outcome fechou em 2004. O único funcionário que saiu durante os primeiros períodos de falta de fluxo de caixa foi uma mãe solteira que precisava de uma fonte de renda mais segura.

3. *Dados de pesquisa de LRN*: Na Web, veja LRN, "New Research Indicates Ethical Corporate Cultures Impact the Ability to Attract, Retain and Ensure Productivity Among U.S.Workers", 3 de agosto de 2006, http://www.lrn.com/content/view/263/175/.

4. *Trinta e seis por cento das pessoas dizem que saíram de um emprego*: Ibid.

5. *Questionários anuais de pesquisa da confiança nas profissões*: Veja Wendy Koch, "Poll: Washington Scandals Eating Away Public Trust", *USA Today*, 11 de dezembro de 2006.

6. *United Way of the National Capital Area*: A história da United Way se baseia em relatório de Bill Birchard em abril de 2006 e maio de 2007, incluindo duas entrevistas com o CEO Charles Anderson. O trabalho de Birchard apareceu inicialmente na revista *CFO*: Bill Birchard, "Nonprofits by the Numbers", CFO, julho de 2005, 50-55. Para os interessados em uma exposição exaustiva de mentira, fraude e dinheiro obtido à custa de obras de caridade, a auditoria forense constitui uma leitura fascinante. Veja PricewaterhouseCoopers, "United Way of the National Capital Area Forensic Accounting Investigation" (Washington, DC: PricewaterhouseCoopers LLP, 7 de agosto de 2003).

7. *Munição dos críticos para atacar*: O *Washington Post* publicou um artigo e um editorial sobre o gerenciamento de Anderson. Veja Jacqueline L. Salmon, "United Way Official Resigns, Alleges Inflated Numbers", *Washington Post*, 22 de maio de 2006; e Editorial, "A Stumble at United Way", *Washington Post*, 29 de maio de 2006.

8. *Diga sempre a verdade*: Esta é semelhante a uma citação de Mark Twain e aparentemente atribuída erroneamente a ele. A citação real de Twain: "Sempre faça o certo. Isto gratificará algumas pessoas e espantará outras". Mark Twain [Samuel Langhornme Clemens] (1835-1910), em 16 de fevereiro, 1901, para Young People's Society, Brooklyn. *The Columbia World of Quotations* (Nova York, Columbia University Press, 1996).

9. *História do setor de alimentos*: Esta história, incluída anonimamente para proteger a privacidade do indivíduo, aconteceu em 2000.

10. *Conceito de compromisso com a "qualidade"*. Este conceito foi desenvolvido pelo autor Ron Howard, com base no trabalho de Fernando Flores, ex-ministro de finanças do Chile. Flores desenvolveu um conceito chamado linguagem de ação. Para uma descrição da abordagem de Flores, veja Harrieth Rubin, "The Power of Words", *Fast Company*, dezembro de 1998, 142.

11. *O taxista Osman Chowdhury*: A história de Osman Chowdhury da BBC foi uma das mais completas. Veja Salim Rizvi, "Bangladesh Cabbie Is Toast of NYC", *BBC News*, 9 de fevereiro de 2007, http://news.bbc.co.uk/2low/south_asia/63459001.stm. Quando estávamos escrevendo este livro, um vídeo de Chowdhury foi postado em http://video.msn.com/v/us/msnbc.htm?f=00&g=6eabc8d8-a1db-4b04-8185-c807ceaf1fed&p=hotvideo_m_edpicks&t=m5&rf=http://www.msnbc.msn/id/17024253/&fg=.

12. *O exemplo de Matthew Farmer*: A história de Matthew Farmer foi recontada em Nathan Koppel, "Lawyer's Charge Opens Window on Bill Padding", *Wall Street Journal*, 30 de agosto de 2006. Farmer registrou o superfaturamento em uma carta a um juiz em Minneapolis. Veja Matthew I. Farmer, Letter to Judge Janet Poston, Re: Connecticut Specialty Ins. Co. v. Pinacle Corp., *et al.*, CT-03-015259, 20 de fevereiro de 2006.

13. *Uma pesquisa sobre superfaturamento em 2007*: Veja Nathan Koppel, "Study Suggests Significant Billing Abuse", *Wall Street Journal Online*, 1º de maio de 2007, http://blogs.wsj.com/law/2007/05/01/study-suggests-significant-billing-abuse/. Veja

o blog de *Wall Street Journal* para acompanhar muitos comentários: http://blogs.wsj.com.law/2007/05/01/study-suggests-significant-billing-abuse/.

Epílogo

1. *Predicamento, de Friedrich Nietzsche*: Esta noção, conhecida em filosofia como eterna recorrência, aparece em vários lugares nos escritos de Nietzsche. A citação vem de Friedrich Nietzsche, *Nietzsche: The Gay Science: With a Prelude in German Rhymes and an Appendix of Songs*, Ed. Bernard Williams (Cambridge: Cambridge University Press, 2001), 194.

2. *Os melhores violinistas praticaram*: Veja K. Anders Ericsson e Neil Charness, "Expert Performance: Its Structure and Acquisition", *American Psychologist* 9, n° 8 (1994):741.

3. *Entrevista de Johannes Brahms*: Veja Arthur M. Abell, *Talks with Great Composers* (Nova York: Carol Publishing Group, 1994), 5, 6.

4. *Um ser humano é parte de um todo*: Esta citação de Einstein vem de uma carta datada de 1950, citada em Howard W. Eves, *Mathematical Circles Adieu and Return to Mathematical Circles* (Washington, DC: Mathematical Association of America, 2003), 60.

SOBRE OS AUTORES

Ron Howard, professor na Universidade de Stanford, começou a lecionar Ética quase três décadas atrás. Durante vários anos, as vagas para seus cursos de Ética foram totalmente preenchidas. Ele fez seu nome ajudando alunos a reconhecerem distinções éticas que nunca consideraram anteriormente. Não deixando se levar nunca pela lógica frágil; ele é um excelente conselheiro sobre decisões éticas na vida e no trabalho.

Howard é professor no Departamento de Ciência da Administração e Engenharia. Membro de National Academy of Engineering, ele é diretor do departamento de Decisions and Ethics Center, que examina a eficácia e a ética de arranjos sociais. Howard também é fundador e presidente do conselho de diretoria de Decision Education Foundation, cujo objetivo é aprimorar as vidas de jovens ensinando a eles como tomar decisões melhores.

Desde a década de 1960, como professor tanto em Stanford quanto no MIT, Howard definiu a profissão de análise de decisões. Nesse meio tempo, ele aplicou seus princípios a projetos que vão de planejamento de investimento e estratégia de pesquisa até a semeadura de nuvens em furacões e o isolamento de detritos nucleares. Sua experiência tem lhe dado a perspectiva e o saber para lidar com as questões éticas mais difíceis da atualidade.

Howard também foi diretor fundador e presidente durante muito tempo da Strategic Decisions Group (SDG), uma empresa especializada em processos de tomada de decisão nos setores farmacêutico, de energia elétrica, automotivo e outros. Autor de três livros e dezenas de trabalhos técnicos, ele é professor convidado da Graduate School of Business, de Stanford.

Clint Korver é empreendedor do Vale do Silício e *expert* em tomada de decisão. Ele é diretor executivo e fundador de DecisionStreet, uma empresa na Internet que constrói ferramentas baseadas na Web para ajudar os consumidores a tomar importantes decisões de vida, como saúde, riqueza, moradia e negócios familiares. Ele também é fundador e sócio da Decision Quality Internacional, uma empresa de consultoria e treinamento que ajuda líderes em organizações a motivar e tomar melhores decisões. Embora Korver tenha construído com sucesso quatro empresas baseado nas ideias singulares de Howard sobre análise de decisão, algumas de suas realizações mais memoráveis vieram de sua hábil condução da ética nos negócios.

Korver entrou na área de análise de decisão e ética em 1989, como doutorando do professor Howard. Ele obteve seu doutorado no Departamento de Sistemas Econômicos de Engenharia da Universidade de Stanford em 1994 e começou imediatamente a abrir e montar empresas. Ele também lecionou sobre a tomada de decisão ética quando professor visitante em Grinnell College, onde agora trabalha como vice-presidente do conselho de administradores da faculdade. Trabalha com Howard no Decisions and Ethics Center na Universidade de Stanford no Departamento de Ciência da Administração e Engenharia, e participa do conselho consultivo de Decision Education Foundation, que ensina habilidades de tomada de decisão para alunos do ensino fundamental.

Os papéis de liderança acadêmica e profissional de Korver o colocam em constante contato com pessoas que enfrentam questões éticas difíceis. Como Howard, Korver tem uma reputação por traçar habilmente uma linha clara entre comportamento ético e não ético — e usar a tomada de decisão ética para transformar o trabalho e a vida para melhor.

Índice Remissivo

A

abordagem baseada em consequências a ética *versus* decisões baseadas na ação, 55-58, 133
   aplicada ao trabalho, 164-165
   caso Google (*ver* Google na China)
   desafios inerentes à, 130-131, 132-133
   desvio ético e, 24-25
   legado religioso e, 69
   legado secular e, 75-77
   perigo em decisões baseadas em consequências, 133-135
   relacionamentos e desvio ético, 24-25
   relacionamentos e enganações e, 31-33, 143-147
   relacionamentos e roubar e, 150-152
   responsabilidades éticas e, 132
aborto, 106
Academia Militar Norte-americana (West Point), 78-79, 79-80
ações e distinções éticas
   ações legais confundidas com éticas, 51-53
   caso de decisão do avião sequestrado, 56-58
   criando alternativas para ação (*ver* estratégias para criar alternativas éticas)
   decisões baseadas em ações *versus* nas consequências, 55-59, 133-134
   dimensão ética de ações, 49-50
   dimensão legal das ações, 50-51
   dimensão prudencial das ações, 49-50
   ética negativa *versus* positiva, 54-55
   ganho prudencial e, 52-53
   legado religioso de princípios éticos, 69-70, 80
   não distinguir dimensões de uma ação, 50-53
   obediência a leis injustas e, 52-53
   prudencial *versus* ético ou legal, 51-52
   responsabilidade por nossas ações e, 59
   tomada de decisão ética sistemática (*ver* tomada de decisão, ética)
   verdadeira natureza de dilemas éticos, 52-53
   visões de responsabilidade ética, 55-57
Allen, James, 65
Alternativas para ação. *Ver* estratégias para criar alternativas éticas

Altshuler, Lori, 23-24
ambiguidade, 78
Ambrose, Stephen, 13
American Bar Association, 82
American Medical Association, 82
Anderson, Charles, 165, 178
Argyris, Chris, 146
arrependimento *versus* remorso, 20-21
As a Man Thinketh (Allen), 65
Asch, experimentos, 61, 62
Asch, Solomon, 61
Auschwitz, 64
Autenticidade e palavras, 121-122. *Ver* também relacionamentos e éticas

B

Barkley, Charles, 84-85
Bentham, Jeremy, 55-56, 69-70
boa vontade, 173-174
Bok, Sissela, 146, 149
Brack, Viktor, 40
Brahms, Johannes, 180
Brandt, Karl, 40
Budismo, 70, 71-72
Buffett, Warren, 60
Burt, Vivien, 23-24

C

Carleton, Guy, 83-85
caso da administração de choque, 37-39
caso da decisão de avião sequestrado, 56-57
caso da ética de pesquisa humana, 111-112
Caso da fabricante de alimentos congelados, 167-168
caso da leitura de *e-mails* dos outros, 115-117, 126-127
Caso da substituição do time de beisebol, 139-140
caso da veracidade com os funcionários, 157-158, 168-169
caso de convite e declinação por estudante, 144-145
Caso de dilema do engenheiro químico, 171-172
caso de pesquisa ética, 111-112
Caso de revelação de conflito de interesses, 23-24
caso do pensamento falho, 45-47
Center for Academic Integrity, 27-28
Chang, Iris, 138-139
Chowdhury, Osman, 173-174, 178
código ético. *Ver* processo de código ético
Cohen, Lee, 23-24
conceito de comprometimento da qualidade, 170-171
Corão (*Alcorão*), 69-70, 70-71
Court of Arbitration for Sport, 85
Cristianismo, 69, 71, 72, 75
crueldade com animais, 106

D

Dalai Lama, 72
danos
    caso da administração de choque, 38-39
    definição, 36
    insensibilidade na Alemanha nazista, 39-42
    obediência à autoridade e, 40-41
    papel em nossas vidas, 36-37
    racionalizações usadas para infringir dor, 39
    tentações ao comprometimento, 38-39
    transformando tentações na vida pessoal, 152-155
    transformando tentações no trabalho, 175-176
decisão do menor dos males, 45-47, 103-104. *Ver também* abordagem da ética baseada em consequências
decisão ética
    abordagem à discussão ética, 18-19
    avaliando alternativas, 124-127
    caso da leitura de *e-mails* dos outros, 115-117, 126
    caso de ética em pesquisa humana, 11-112
    Caso Google (*ver* Google na China)
    criando alternativas para ação (*ver* estratégias para criar alternativas éticas)
    desafios inerentes à abordagem consequencialista, 131, 132-133
    erros na determinação das decisões, 115
    escopo de preocupações técnicas, 19-20
    importância de indiscrições grandes e pequenas, 14
    insight, sobre, 13-14
    moral *versus* ética, 19
    objetivo de superar desvio ético, 12
    pedindo permissão, 126-127
    percepções de veracidade e, 15
    perigo em decisões baseadas em consequências, 134-135
    processo, 112
    qualidade das decisões e, 113-114
    remorso *versus* arrependimento, 20-21
    responsabilidades éticas e abordagem consequencialista, 132
    técnicas para planejar decisões, 115-118
    tendência humana a violar nossa ética, 12
    torta de ruibarbo, incidente da, 113-114, 115-116, 124, 130, 142
    transformando sua vida pessoal (*ver* ética pessoal)
    transformando sua vida profissional (*ver* ética profissional)
    transformando-a em hábito, 180-182

visão baseada na ação *versus* nas consequências, 133-134
Declaração Universal dos Direitos Humanos, 80
desprendimento no legado religioso, 70-72
desvio ético
   categorias de transgressões, 25
   conflito de interesses, caso de revelação de, 23-24
   consequências do, 24-25
   danos inerentes em pequenos desvios, 14
   insensibilidade mostrada por experimento com choque, 39
   insensibilidade na Alemanha nazista, 38-42
   meta de superar, 12-13
   obediência a autoridade e, 40-41
   relacionamentos e lapsos éticos, 14
   tentações a danos (*ver* danos)
   tentações a mentira (*ver* mentir)
   tentações a roubar (*ver* roubar)
Dez Mandamentos, 70, 71-72
dimensão ética das ações. *Ver* ações e distinções éticas
dimensão prudencial das ações
   código ético e, 97-98
   conflito com ação ética, 53-54
   confundindo com questões éticas no processo de elaboração de código, 106
   distinções éticas e, 49-50
   esclarecendo decisões e, 116-117
dimensões legais de ações
   ações legais confundidas com éticas, 51-52
   obediência à autoridade e, 39-42
   obediência a leis injustas e, 53
   prudencial versus ético ou legal, 52
direito e ética, 160-161, 177-178
Disfemismo
   decisão ética e, 106
   racionalizações e, 59-60
   usadas para enganar, 31-32
distinções, traçando
   ação, ética de uma (*ver* ações e distinções éticas)
   caso do pensamento falho, 45-47, 122-123
   dimensão legal das ações (*ver* dimensão legal das ações)
   dimensão prudencial de ações (*ver* dimensão prudencial das ações)
   elementos do pensamento ético, fluxograma, 184
   ética positiva *versus* negativa, 54-55
   exemplo de decisão o menor dos males, 45-47
   experimento do presídio, 62-64
   isolando a questão ética, 47-48
   palavras e, 47-48
   papel na tomada de decisão ética, 47-48
   poder do contexto, 62-64
   raciocinar *versus* racionalizar, 46, 59-65

resultado da falha em traçar distinções, 64
testes de racionalização, 61-62
Dogonadze, Anna, 151

E

Einstein, Albert, 182
enganar. *Ver também* mentir
consequências no relacionamento de, 31-32, 143-147
descrição, 29-30
exemplos na política e na ciência, 30-32
formas de, 31-32
papel em nossas vidas, 29-30
segredos e, 33, 149
transformando tentações na vida pessoal, 144-147
transformando tentações no trabalho, 167-169
Enron, 51
escravidão, 83-84
Essex (navio), 83
estratégias para criar alternativas éticas
alternativas transformacionais, 120-121
autenticidade e, 121-122
consideração de modelos de papel ético, 120-121
exemplo de processo, 122-123
refrear ou estratégia de disciplinamento, 120-121
satisfação e, 119

ética, tomada de decisão ética. *Ver* tomada de decisão ética
ética deontológica, 56
ética médica
caso de conflito de interesse sobre divulgação, 23-24
código profissional, 82
desafios éticos inerentes, 160-161
pesquisa humana e, 111-112
ética negativa
consideração da utilidade, 79-80, 98-100
descrição, 54-55, 73-74, 103-104
legado religioso como base de, 68-69
legado secular e, 77-78, 79
processo de codificação ética, 91-92
Ética nos negócios
caso da empresa de alimentos congelados, 167-169
caso da opção de crescimento, 167-169
caso de sinceridade com funcionários, 157-159
caso do dilema do engenheiro químico, 171-172
conceito de compromisso com a qualidade, 170-172
desafios inerentes em algumas profissões, 159-162
examinando a ética de sua organização, 162-163
ferramentas para lidar com segredos, 171-172

noção de um padrão duplo, 158-159
opção de crescimento no trabalho, 177-178
transformar tentações de causar danos, 174-176
transformar tentações de enganar, 166-168
transformar tentações de mentir, 163-167
transformar tentações de roubar, 173-174
ética pessoal
  caso de substituição de time de beisebol, 139-140
  caso Nanquim, 137-138, 154
  criação de código ético (*ver* processo de codificação ética)
  evitando problemas éticos, 139-140
  opção de crescimento, 155-156
  traçando distinções (*ver* distinções, traçando)
  transformando danos causados, 152-155
  transformando mentiras, 141-143
  transformando os enganos, 143-147
  transformando promessas não cumpridas, 147-149
  transformando roubo, 124-126
ética positiva
  código ético e, 97-98, 100, 101, 103
  descrição, 54-55

legado religioso como base de, 70-72
legado secular e, 79-80, 81-82
ética teleológica, 56-57
ético, desvio, ético. *Ver* desvio ético
eufemismo, 15
  racionalizações e, 59-60
  tomada de decisão ética e, 106
  usos de, 32-33
exercício da coluna esquerda, 146
experimento do presídio em Stanford, 62-64

F

Farmer, Matthew, 177
Fastow, Andrew, 51-52
formalismo, 56-57
Franklin, Benjamin, 79-80

G

Gandhi, Mahatma, 77, 147
genocídio. *Ver* Alemanha nazista
Gerstein, Kurt, 45-47, 122-123
Google na China
  alternativas de negócios, 128-129
  decisão de lançar, na China, 131-133
  exigência de censura do governo chinês, 128-129
  incertezas envolvidas na decisão, 129-132
  passos na tomada de decisão, 129-130
Gore, Al, 62

graus de separação/distanciamento
  escolhendo uma profissão e, 160-161
  no processo de código ético, 102-104
  transformando danos e, 175-176
  transformando situações envolvendo, 152-153

H

Hamlet (Shakespeare), 76
Hamm, Paul, 85, 151
Hasan, Ali, 67-68, 86-87
hierarquia, ética, 104-105
hinduísmo, 69
Hitler, Adolf, 39, 40
Hofstadter, Richard, 31
Howard, Ron, 11-12, 21

I

I.A. Topf and Sons, 41-42
Igreja Anglicana, 84
invasão da China pelos japoneses, 137-138
Islã, 70, 71, 73

J

Jefferson, William, 35
Jesus, 72
Jogos Olímpicos (2004), 85, 151
Journal of the American Medical Association (*JAMA*), 23-24
Judaísmo, 69, 75
justiça social, 106

K

Kant, Immanuel, 55-56, 69, 125-126, 143
Karavaeva, Irina, 150-151
Kausika, história de, 70
King, Martin Luther Jr., 65
Korver, Clint, 12, 21

L

Lantos, Tom, 132
lealdade, 149-150
legado de princípios éticos no trabalho
  códigos profissionais, 81-82
  política empresarial e ética, 80-81
legado religioso na ética
  ética negativa, 69-70
  ética positiva, 70-72
  referências baseadas na ação, 69-70, 80-81
  Regra de Ouro, 72-74
  tomada de decisão competente e, 69-70
legado secular na ética
  ações baseadas nas consequências e, 76-77
  código de honra em West Point, 78-79, 80-81
  ética negativa e, 77, 78
  ética positiva e, 79-80
  influência das escolas, 77-78
  papel da Regra de Ouro, 79-80
lei real, 75

Life of Washington, The (Weems), 141-142
Lifton, Robert Jay, 41, 65
Lincoln, Abraham, 13, 31, 82-83
Lying (Bok), 146

M

Madre Teresa de Calcutá, 71-72
Mahabharata, O, 70
Mandela, Nelson, 79
matar por piedade, 40
McCartney, Bill, 52, 77, 152
McCoy, Bowen, 152-153
Mecanismo de busca Baidu, 128-129
mentir. Ver também palavras e ética
   custo psicológico, 27-28
   custos aos relacionamentos de se, 27-28, 32-33
   definição, 25
   definição pelo West Point, 78
   dizer toda a verdade, 140-144
   enganar e (*ver* enganar)
   eufemismos e disfemismos, 32-33
   mentiras bem-intencionadas, 28-29, 99
   papel em nossas vidas, 25-27
   percepção ao dizer *versus* ao ouvir/ler, 28-29
   racionalizações de, 27-28
   transformando tentações no trabalho, 163-166
   valor de ouvir a verdade, 28-29
mentiras bem-intencionadas, 28-29, 89, 143

Merck, 32
Milgram, Stanley, 38-39
Mill, John Stuart, 56
Missionários da Caridade, 71
moral *versus* ético, 19-20
Muçulmanos, 73
Muhammad, 70

N

Nanquim, China, 137-138, 154
   ações legais confundidas com éticas, 52
   Alemanha nazista insensibilidade a danos, 39-42
   programa T4, 40, 65
nepotismo, 67
New England Journal of Medicine, 32
Nietzsche, Friedrich, 179

O

obediência à autoridade, 39-42. *Ver também* dimensão legal das ações
opção produtiva, 155-156
Organização das Nações Unidas, 80
Orwell, George, 32
Outcome Software, 157-158, 169

P

"Parable of the Sadhu, The" (McCoy), 152-153
palavras e ética
   autenticidade e, 121-122
   disfemismos, 32, 60, 106
   distinções fornecidas por, 47-48

eufemismos, 14, 32-33, 60, 106
mentir (*ver* mentir)
uso de linguagem carregada de sentidos, 106
uso de linguagem neutra, 61-62, 116-117
pensamento ético, competente
   diferença entre decisões baseadas na ação e em consequências, 55-57
   distinções essenciais à, 47
   distinguindo as dimensões de uma ação, 50-53
   distinguindo ética positiva e negativa, 54
   raciocínio *versus* racionalização, 59-60
pensamento ético competente. *Ver* pensamento ético, competente
Philbrick, Nathaniel, 82-83
plágio (cópia), 78, 143
Polk, James K., 83-84, 143
Polônio (personagem de *Hamlet*), 76
Prêmio Nobel da Paz, 72
princípios, éticos. *Ver* princípios éticos
princípios éticos
   conciliando referências, 84-87
   engano dos ricos e famosos, 83-85
   esboçando seu próprio código (*ver* processo de código ético)
   escolhendo aquilo em que você acredita, 67-68
   legado profissional, 80-82
   legado religioso como base dos (*ver* legado religioso na ética)
   legado secular (*ver* legado secular na ética)
Prisão de Abu Ghraib, 39
privacidade e preocupações com danos nas decisões, 116-117
Processo de código ético
   adotando a ética dos outros, 107
   aspirações altas e, 107
   checagem da lógica, 95-96
   checagem do foco, 96-98
   códigos de exemplo, 185-201
   confundindo questões prudenciais e éticas, 106
   consideração da utilidade, 98-101
   esclarecimento de graus de separação/distanciamento, 101-103
   escolhendo exceções, 91-94
   evitando afirmações vagas, 108
   exemplos de situações eticamente ambíguas, 89-90
   inclusão de hierarquia ética, 104
   julgando as ações dos outros e, 106-107
   linguagem complexa, uso de, 106
   resolvendo conflitos de código, 95-96
   traçando limites, 103
   transformando seu código em protótipo, 109
   valor em códigos curtos, 108-109
pró-escolha, 106
programa T4 na Alemanha, 40-41, 64-65

promessas, 147-149
promessas não sinceras, 33-34

R

Rabe, John, 137-138, 154
raciocínio *versus* racionalização
    distinções éticas e, 46, 58-65
    testes de racionalização, 61-62
Rape of Nanking, The (Chang), 138-139
reciprocidade
    código pessoal e, 95-96, 154, 155-156, 158-159, 164-165
    dizer toda a verdade e, 141-142
    Regra de Ouro e, 85, 80-81
    testar o uso de alternativas, 124-125, 140-141
    transformando situações e, 146, 148, 149, 150-151
referências. *Ver* princípios éticos
regra da energia no código ético, 99-100
Regra de Alumínio, 74
Regra de Bronze, 74
Regra de Chumbo, 74
Regra de Diamante, 74
Regra de Ferro, 73-74
Regra de Ouro, 74-75, 79-80, 125
Regra de Platina, 74
Regra de Prata, 74
Regras de Metal, 73
relacionamentos e ética
    alternativas a mentiras, 166-167
    autenticidade e, 121-122

código pessoal e, 67, 90, 92-93, 94-95, 108, 109
código profissional e, 81-82
consequências de roubar, 149-151
consequências do desvio ético, 14-15, 16, 24-25
contar toda a verdade e, 28-29, 141-143, 158-159, 165-166, 166-167
criando oportunidades para aprofundar, 119-120, 126-127, 140-141, 175
custo de fraudes, 29-30, 32-33
custo de mentir, 27-28, 29
expressando questões em termos de, 117-118
honestidade e confiança e, 146-147
incidente da torta de ruibarbo, 114, 115-116, 124, 130-131, 141-142
segredos e fraude e, 33-34, 147-149, 171-172
testando seu código e, 100-101
transformando danos e, 175-176
remorso *versus* arrependimento, 20-21
Rogers, Kenny, 26-27, 141-142
roubar
    definição, 34-35
    definição pelo West Point, 78-79
    exemplos em política e negócios, 35-36
    impacto em relacionamentos, 149-150

papel em nossas vidas, 34-35
transformar tentações no trabalho, 173-175
ruibarbo, torta de, incidente, 113-114, 115-116, 123-124, 130, 141-142

S

Sander, Fritz, 41-42
satisfação, 119
Schiltz, Patrick, 35-36
Schrage, Elliot, 132-133
Schultze, Karl, 41-42, 134-135
segredos
    enganar e, 33
    ferramentas para gerenciar segredos no trabalho, 171-172
    promessas e, 148-149
Shawcross, Hartley, 52-53
Solzhenitsyn, Aleksandr, 86
Suer, Oral, 165-166

T

TeGenero, 112
teste da droga TGN1412, 111-112, 113, 114, 126
teste da mãe, 62-63
teste da pessoa amada, 62, 124-125
teste da primeira página, 61, 100
teste da universabilidade, 125-126
teste de se colocar no lugar do outro, 61, 124-125
teste de viés na linguagem, 61, 124

teste do exemplo, 62, 100
tomada de decisão competente. *Ver* ética nos negócios; tomada de decisão ética; ética pessoal
Tomar emprestado, 79-80. *Ver* também roubar
Topf, I.A., and Sons, 41-42
transformando a vida. *Ver* ética dos negócios, ética pessoal
Tribunal de Nuremberg, 52-53

U

United Way of the National Capital Area, 164-166
University of Colorado Buffaloes, 51-52, 77, 152
University of Missouri Tigers, 51-52, 77
uso de linguagem neutra, 116-117
utilitarismo, 56

V

Viguera, Adele, 23-24
Vioxx, analgésico, 32

W

Wall Street Journal, 23-24
Washington, George, 84, 143
Weems, Mason Locke, 143
West Point, 78, 79-80

Z

Zimbardo, Philip, 15, 62-64

GRÁFICA PAYM
Tel. (011) 4392-3344
paym@terra.com.br